WYBRAŁEM
ŻYCIE

WYBRAŁEM ŻYCIE

Michał Czernecki

w rozmowie
z Moniką Sobień

Pascal

Gdziekolwiek jestem, na jakimkolwiek miejscu
na ziemi, ukrywam przed ludźmi przekonanie,
że n i e j e s t e m s t ą d.
Jakbym był posłany, żeby wchłonąć jak najwięcej
barw, smaków, dźwięków, zapachów, doświadczyć
wszystkiego, co jest
udziałem człowieka, przemienić co doznane
w czarodziejski rejestr i zanieść tam, skąd
przyszedłem[1].

„Gdziekolwiek"
Czesław Miłosz

[1] Cz. Miłosz, [wiersz:] *Gdziekolwiek*, [w:] *To*, Społeczny Instytut Wydawniczy Znak, Kraków 2000, s. 32.

SKĄD PRZYSZEDŁEM

Pamiętam, jak obudziłem się w szpitalu. Czułem się wtedy, jakbym wyłonił się z ciemności. Nie widziałem twarzy ludzi, którzy pochylali się nade mną, a jedynie czarne kontury. Coś do mnie mówili. Zdałem sobie sprawę, że jestem przywiązany do łóżka. Ręce miałem przypięte profesjonalnymi, podbitymi od spodu filcem, skórzanymi pasami (jakich używa się na izbie wytrzeźwień albo w psychiatryku). Dzięki temu nie wrzynały mi się w nadgarstki, gdy się ruszałem. Na nogi już widocznie takich zabrakło. Przywiązano je bandażami, a te z każdym ruchem zaciskały się i blokowały krążenie. Chciałem powiedzieć, żeby mi je zdjęli, bo bardzo mnie boli, ale z jakiegoś powodu nie byłem w stanie wydawać z siebie artykułowanych dźwięków. Wydaje mi się, że krzyczałem i próbowałem się gwałtownie wyswobodzić. Ktoś się nade mną nachylił zbyt nisko i uderzyłem go mocno z główki. Nie wiem, kto to był, może lekarz, może ktoś z rodziny. A przecież nigdy wcześniej nie przejawiałem agresywnych zachowań. Nigdy nikogo nie pobiłem, nie zaczepiłem, zbierałem raczej baty albo uciekałem. W tym półświadomym stanie byłem uosobieniem nieposkromionej złości, gniewu i agresji. Później urwał mi się film. [...] Gdy ponownie odzyskałem świadomość, zobaczyłem nad sobą twarze milczących krewnych.

W końcu któraś z sióstr mojej mamy powiedziała, że fajnie, że się już lepiej czuję i że wszystko się dobrze skończyło. Po czym pochyliła się i na ucho wycedziła mi: „Coś ty nam zrobił?". Nie jestem w stanie precyzyjnie określić, co wtedy poczułem. Wiem jedno – w tamtym momencie postanowiłem, że na pewno spróbuję to zrobić jeszcze raz. Poczułem w każdej komórce mojego ciała, że bardzo źle się stało, że się obudziłem, że nie udało mi się umrzeć.

Do rany przyłóż doktor Sadzik z „Diagnozy",
komediowe zwierzę z „Ucha Prezesa",
amant z filmów i seriali o wojnie,
a prywatnie facet, który dwa razy
próbował się zabić, popadł w depresję
i miał niełatwe dzieciństwo. O jakim
Michale Czerneckim będziemy rozmawiać?

O tym, który jest sumą tych wszystkich postaci. Przez wiele lat łatwiej mi było wierzyć, że jestem jednowymiarowym, raczej mrocznym i zagmatwanym typem. Potem ja sam, a za mną otoczenie, zaczęło dawać mi do zrozumienia, że ten obraz nie jest tak jednoznaczny. Że bywam i taki, i taki. Później zrozumiałem, że mogę wybierać, jaki będę i w którą stronę skieruję swoje życie, również to zawodowe. To zajęło mi sporo czasu i kosztowało niemało. O tej drodze chciałbym z tobą porozmawiać. Bo wiele osób taką drogę definiowania siebie na nowo przechodzi albo będzie musiało przejść.

Czterdzieści lat to wcześnie jak na
udzielanie wywiadu rzeki. Dlaczego właśnie
teraz postanowiłeś opowiedzieć o sobie?

Intuicyjnie czuję, że zbliża się koniec pewnego etapu mojego życia. Etapu ślepych uliczek, błądzenia, wątpliwości co do podstawowych wyborów. To był bardzo burzliwy czas nieustannego zmagania się ze sobą, spektakularnego upadania i mozolnego wstawania wbrew sobie i wszystkiemu. Nie chcę chować moich doświadczeń przed światem. Już teraz mam zamiar wyciągać wnioski i zmieniać się, a nie dopiero wtedy, gdy będę już stary. Poza tym chciałbym w końcu opowiedzieć historie, które z jakichś powodów przyciągam do siebie jak magnes. Noszę je w sobie, przerabiam, cytuję. Niektóre uratowały mi życie i myślę, że w wielu z nich odnajdą się osoby, które dziś są na krawędzi. Mam nadzieję, że moje opowieści im pomogą. Ale znajdą się tu też historie innego kalibru. Też bardzo ludzkie, bo pokazujące, jak różne mamy oblicza. Będą historie, na które podrywałem kobiety, a czasem usprawiedliwiałem nimi małe i duże kurewstwa swojego autorstwa. Tych przygód nazbierało się tyle, że momentami tracę w nich orientację. I choć mijają lata, one ciągle są we mnie. Jakby miały się do czegoś jeszcze przysłużyć. A im jestem starszy, tym jest ich więcej i stają się dla mnie większym ciężarem. Trochę chciałbym się ich pozbyć, a trochę się w nich przejrzeć. Zobaczyć siebie prawdziwego na tyle, na ile w ogóle się da. Nie jestem pewien, czy będzie to obraz, którego się spodziewam. Ale nie boję się. Myślę, że opowiem te historie ostatni raz.

Będziesz się cenzurował?

Może wtedy, kiedy będę mówił o innych osobach. Jeśli jednak uznasz, że przytoczenie konkretnych nazwisk ma sens, to powstrzymam się od cenzurowania.

Ciągniesz za sobą ciemną historię.
Nie boisz się, że jak opowiesz o niej publicznie, twój aktorski wizerunek

na tym straci i nie dostaniesz już pewnych ról?

Nie zastanawiałem się nad tym. Decyzję o tym, że chciałbym porozmawiać właśnie z tobą i opowiedzieć o swoim życiu, podjąłem z poziomu serca. Myślę (i moje życie jest na to dowodem), że decyzje podejmowane w wyniku racjonalnej kalkulacji nie przynoszą tak dobrych efektów. Jeśli wybór i działanie jest wynikiem głębokiej intuicji, to zawsze bardziej się opłaci, nawet jeśli od razu nie widać efektów. Jak w „Planecie singli" Mitii Okorna – nie zawsze to, czego chcesz, jest tym, czego potrzebujesz.

Odważnie, zwłaszcza że masz czterdzieści lat, w zawodzie pracujesz od piętnastu, a dopiero teraz zostałeś naprawdę odkryty. Grasz jednocześnie w czterech serialach, dostajesz propozycje filmowe, teatralne, kabaretowe. Dlaczego tak długo musiałeś czekać na swój czas?

Od skończenia szkoły powtarzałem za Janem Englertem, że nie muszę odnieść sukcesu do poniedziałku (*śmiech*). Nawet jakiś wywiad ze mną z czasów serialu „Na dobre i na złe" nosi taki tytuł. Ale tak całkiem serio, myślę, że to kwestia dojrzałości i nauki rzemiosła. Jedno i drugie szło u mnie dość mozolnie. Czułem, że najpierw muszę dojść do ładu ze sobą tak po ludzku, a rzemiosło rozwijać równolegle, żeby było jak by co gotowe. No i jestem w takim momencie, jaki sobie przepowiedziałem, a o jakim kiedyś nawet nie śmiałbym zamarzyć, nawet tak po cichutku, w najskrytszej skrytości. I nie chodzi o splendory ani o pieniądze. Dla mnie najważniejsza jest możliwość wyboru. Możliwość, której nigdy nie miałem albo na którą nigdy nie byłem w stanie sobie pozwolić.

Wyboru materiału, na którym chcę bądź nie mam ochoty pracować, wyboru ludzi, z którymi mam dobre porozumienie, wyboru materii aktorskiej, w której czuję się swobodnie i w której moje umiejętności mogą zabłysnąć najpełniej. Wybór to niedoceniany komfort w naszych czasach.

To porozmawiajmy najpierw o tych czasach, kiedy daleko ci było do komfortu. A zaczęło się już w dzieciństwie…

Mam ogromne dziury w pamięci, jeśli chodzi o dzieciństwo i wczesną młodość. Jakby ten cud niepamięci mnie chronił. I tak jest od samego początku mojego życia, począwszy od żłobka. Nie pamiętam z tego okresu nic, poza tym, że płakałem tam cały czas, codziennie, od momentu wejścia do wyjścia. Chociaż pracowały tam bardzo fajne panie. Ale płakałem, bo chyba przeraźliwie się bałem, że zostanę sam. Może to lęk, który został we mnie po tym, jak moi rodzice wpadli na pomysł, żeby zostawić mnie z babcią, kiedy miałem zaledwie pięć miesięcy, i pojechać z moją siostrą na wakacje. Niby tego nie pamiętam w poukładanych obrazach, ale emocjonalnie bardzo silnie to odczułem. Co zresztą czarno na białym wyszło w terapii, którą później przechodziłem. Długo trawił mnie lęk przed byciem odrzuconym.

Zapytałeś kiedyś mamę, dlaczego wtedy cię zostawiła?

Ona już tego nie pamiętała. W tamtym momencie to była dla niej prosta, naturalna decyzja. Nie zastanawiali się z tatą nad tym. Chcieli odpocząć, wyjechać na urlop. W zasadzie cały ten

Ja w żłobku. Rok zapewne 1979 lub 1980.

Płakałem tam, z tego co pamiętam, od momentu wejścia do wyjścia.

Zdjęcie: prywatne archiwum Autora.

czas przeleżałem w łóżeczku. Potrzebowałem wtedy bliskości ukochanej osoby, żeby ktoś wziął mnie na ręce, pokazał mi świat. A ja tego w ważnym momencie zostałem pozbawiony... I teraz dygresja.

Moja żona, Lenka, która jest psychologiem, opowiadała mi kiedyś, że w ramach praktyk studenckich poszli całą grupą do domu dziecka. Weszli do sali, gdzie przebywały dzieci w wieku od trzech do siedmiu lat. Kto był w takiej placówce, ten wie, że dzieci rzucają się na wszystkich ludzi, którzy je odwiedzają. Wieszają się na rękach, szyi. Tak bardzo potrzebują kontaktu fizycznego, jakiejkolwiek czułości. I na początku to jest podobno nawet przyjemne, ale kiedy po długim czasie nie można się ruszyć, staje się to krępujące. One nie chcą człowieka puścić, ściskają tak na śmierć i życie. Studenci wyszli z tej sali w poczuciu, że muszą się jakoś ratować, odetchnąć. I za chwilę nakłada się na to jeszcze smutniejszy obrazek, też ze wspomnień mojej żony. Tym razem był to ośrodek preadopcyjny. Otóż moja żona weszła kiedyś do sali, gdzie stało jakieś dziesięć łóżeczek, a w nich leżały niemowlęta. Choć nie spały, to w sali panowała dojmująca, niezakłócona niczym cisza. Te dzieci nie poruszały się, nie krzyczały, nie kwiliły nawet, po prostu patrzyły w sufit. Jakby pogodziły się z tym, że i tak nikt do nich nie przyjdzie. Moja Lenka powiedziała mi, że niemal w każdej książce o rozwoju człowieka jest napisane, że do pierwszego roku życia nikt z nas nie ma poczucia czasu, czyli nie uświadamia sobie, że coś będzie później. Dziecko czuje to tak, że jak cię nie ma przy nim teraz, to znaczy, że nie będzie cię już nigdy. Poza tym do jakiegoś momentu jako małe dziecko myślisz, że jesteś z mamą jednym organizmem. Nie odróżniasz siebie od niej. Więc kiedy moja mama wyjechała, to pewnie czułem, jakby i mnie nie było. Nie pamiętam detali, ale pamiętam sytuację, że leżę sam w pustym łóżeczku, długo patrzę w sufit i cały czas wywołuje to we mnie jakiś rodzaj lęku i smutku, na który chcąc nie chcąc się godzę. Nie oceniam moich rodziców. Po prostu zrobili coś dla siebie, a dla mnie miało to takie konsekwencje. No nie przewidzisz.

A pamiętasz coś z przedszkola?

W przedszkolu było już fajniej, bezpieczniej. W tamtym okresie miałem pierwsze doświadczenia erotyczne. Na przykład z moją koleżanką, nazwijmy ją A, bo teraz jest dorosłą i piękną kobietą i może byłoby jej jakoś niefajnie o tym czytać tak wprost, pokazywaliśmy sobie nawzajem intymne części ciała. Wydawało się to nam absolutnie normalne i naturalne. Pamiętam też posiłki. Często była legumina albo szpinakopodobna zielonkawa breja. Mniej zapamiętałem obrazów, twarzy i dźwięków, a więcej smaków. Ale najbardziej znamienne jest to, że mam ogromne, nieprawdopodobne wręcz luki w pamięci odnośnie każdego okresu z dzieciństwa. Patrzę na niektóre swoje zdjęcia i widzę obcą osobę. To znaczy rozpoznaję się fizycznie, ale nie wiem, skąd się w danym miejscu wziąłem, co to było za wydarzenie. Po latach chodzenia do terapeuty pewne obrazy wróciły, część się poskładało w całość, inne przyszły do mnie razem ze zrozumieniem emocji, które wtedy czułem. Wiele jednak przepadło w czarnej dziurze w pamięci. Kiedy poznasz historię mojego życia, być może stwierdzisz podobnie jak ja, że mózg wyparł je, żebym jakoś przetrwał i nie zwariował doszczętnie.

Jakie masz wspomnienia związane z twoją mamą?

Pamiętam, że bardzo szybko zacząłem się obrażać. I wszyscy mieli o to do mnie pretensje. Obrażałem się na wszystkich i o wszystko, w każdej możliwej sytuacji. Byłem w tym arcymistrzem. Pamiętam moje pierwsze wakacje nad morzem. Jak tylko wyszedłem zza wydmy na plażę i zobaczyłem tę masę falującej, szumiącej wody, natychmiast się obraziłem, w sensie zamknąłem w sobie. Stanąłem na tej pięknej słonecznej plaży, skrzyżowałem ręce i odizolowałem się, jak potrafiłem najlepiej. Myślę, że tak naprawdę bardzo mi się to morze podobało, być może też trochę się przestraszyłem, ale zachwyt był na bank. Do tej pory mam do morza ogromny sentyment. Kiedy dojeżdżam do Gdyni, jestem podekscytowany na samą myśl, że zaraz zobaczę tę przestrzeń i poczuję słony zapach wody. Mój młodszy syn też tak ma. Czasem jeśli dotyka go jakaś bardzo silna emocja, i nie ma znaczenia, czy jest ona przyjemna, czy nieprzyjemna, to decyduje się przeżywać ją w samotności, odcina się. A wracając do mojej mamy, to pamiętam, że proponowała mi często sojusze w stylu „Będę cię kryć, nie powiem o tym ojcu". I to związywało mnie lojalnością – wiedziałem, że jestem jej coś winien, że mam jakiś dług wobec niej. Ponadto w naszej rodzinie nie rozmawialiśmy ze sobą o ważnych, trudnych sprawach. Zresztą o tych szczęśliwych też nie. Egzystowało się obok siebie, tworząc w miarę sprawny układ organizacyjny: jedzenie, spanie, obowiązki. Nie pamiętam, żeby mama kiedyś spytała o to, co przeżywam, co się w moim życiu dzieje, dlaczego jestem smutny, wesoły, jakich i czy w ogóle mam przyjaciół. Przez pierwsze lata podstawówki byłem takim dobrym, trochę okrągłym Michałkiem, który tylko grzecznie siedział i czytał, miał swój świat i nie trzeba było zwracać na niego uwagi, a w sklepie z zabawkami to nigdy nic nie chciał (sic!). Taki trochę niepokojący objaw, chociaż w sytuacji skromnego budżetu – jak znalazł. Gdyby moje dziecko, stojąc w sklepie z zabawkami, nigdy nic nie chciało i przekonywało mnie, że wszystko na półkach to, cytuję sam siebie z dzieciństwa – „belegówno", to od razu bym pomyślał, że jest coś nie tak. Z tego, co pamiętam, głównie bawiłem się sam. Dużo czasu spędzałem, bawiąc się na przykład swoimi dłońmi, udając że to samoloty lub samochody. Myślę, że dziś na pierwszej wizycie w przychodni wlepiono by mi diagnozę zespołu-kogoś-tam-kogoś i skazano na dwa lata integracji sensorycznej pod okiem fachowca. Wydaje mi się, że po prostu szukałem jakiegoś kontaktu ze swoim ciałem, bo mało mi go było. Zawsze za mało.

Jako mały chłopiec nie przyznałeś się nigdy rodzicom, że jest ci smutno?

W naszym domu panowała niepisana zasada, że o emocjach i przeżyciach się nie rozmawia i nigdy nie komunikuje się ich wprost. To od rodziców nauczyłem się odwracania uwagi od własnych emocji. Jako dziecko musiałem nauczyć się odczytywania stanów emocjonalnych rodziców bez żadnych podpowiedzi. Na przykład czujesz od rana, że mama jest zła. Nie wiesz dlaczego i nie wiesz na kogo, ale wyczuwasz napięcie. Jednocześnie mama podśpiewuje pod nosem wesołą melodyjkę, robiąc różne rzeczy. Dorosłemu się to nijak do kupy nie złoży, więc zapyta w końcu, o co chodzi. Z dziećmi jest chyba inaczej. Tym bardziej takimi jak ja. Obserwujesz i po kilku latach takiego treningu już wiesz, a może czujesz, że jak ona tak podśpiewuje, to znaczy, że jest już bardzo źle. Z ojcem było niby podobnie, ale całkiem inaczej. On nie podśpiewywał. Było super albo w miarę OK i nagle bez ostrzeżenia wybuchała dzika awantura. Dlatego jego się bałem jak ognia. Czułem, że jest w jakiś straszny sposób nieprzewidywalny i groźny. Po setkach i tysiącach godzin podobnych obserwacji stajesz się mistrzem odczytywania takich niuansów i reagowania zawczasu. To znaczy schodzisz z drogi, stajesz się jak najmniej uciążliwy lub znikasz rodzicom z oczu. Teraz paradoksalnie przydaje mi się to w pracy. Na przykład gdy wypowiadane przeze mnie słowa przeczą stanowi emocjonalnemu postaci. Już w domu miałem szansę uczyć się od wirtuozów. Przez, by tak rzec, osmozę.

Nigdy nie usłyszałeś od rodziców „kocham cię"?

Od ojca nie usłyszałem tych słów nigdy. Tego jestem pewien. Natomiast mama po latach nauczyła się artykułować pewne zwroty, które wie, że chciałem i może teraz chciałbym usłyszeć. Czyli właśnie takie: „kocham cię", „wierzę w ciebie", „jestem z ciebie dumna". Ja wiem, że ona w to wierzy i mówi to szczerze, ale ponieważ dużo w naszych relacjach było udawania, trudno mi potraktować te słowa jako coś więcej niż tylko deklarację. To rodzi patową sytuację. Jak się tego nie mówiło, było źle, teraz gdy się mówi – też jest źle. Tylko że nie da się kontrolować własnych emocji, tak jak i tego, w co się wierzy, a w co nie. Wiem, że mama naprawdę to czuje i pewnie czuła zawsze, ale coś we mnie każe mi odbierać to jako wykluczające się wzajemnie komunikaty. Bo ktoś na co dzień ci nie ufa, nie zadzwoni, jak jest mu źle, nie podzieli się niczym trudnym i udaje, że zawsze jest git, ale też chce dawać i brać tylko to, co dobre. To tak nie działa. Jak mawiał nieśmiertelny Jerzy Dobrowolski: „Niestety, niestety, niestety".

Jakie obrazy z rodzinnego domu zapamiętałeś najlepiej?

Osamotnienie i takie poczucie, że każdy jest osobno. Że nie ma razem, nawet jak jest. W mojej rodzinie panowała zasada zamiatania wszystkich trudnych spraw pod dywan. Wyobraź sobie, że mój ojciec przez dwadzieścia pięć lat małżeństwa nie powiedział swojej żonie, że człowiek, którego wszyscy mieliśmy za jego ojca, czyli mojego dziadka, w rzeczywistości nim nie jest. Moja mama, ja i siostra dowiedzieliśmy się o tym dopiero po jego śmierci. Ja miałem wtedy dziewiętnaście lat! I tak w sumie dobrze, że w ogóle się dowiedziałem, zanim zmarła ostatnia osoba, która o tym wiedziała – ciocia Gienia, kuzynka mojej babci od strony taty. Mój ojciec po prostu nikomu nie ufał.

A okazywał miłość twojej mamie?

Nie pamiętam takiej sytuacji, żeby rodzice okazywali sobie czułość. Zawsze albo to był układ organizacyjny, albo słyszałem jakieś pretensje. Dopiero teraz gdzieś tam dochodzą do mnie mgliste informacje od mamy, kiedy wspomina pierwsze lata ich małżeństwa, że wyglądało to trochę inaczej. Ale ja tego nie doświadczyłem. Dla mnie mój ojciec był zupełną enigmą. Ze zmysłowych wspomnień pamiętam, że miał mocny, donośny głos i wiecznie pachniał tytoniem, bo jarał z entuzjazmem godnym lepszej sprawy. Żyłem z nim przez szesnaście lat i właściwie nie wiedziałem o nim nic i nadal niewiele wiem. Na przykład w naszym domu były takie piękne czarno-białe wielkoformatowe zdjęcia, zrobione przez profesjonalnego fotografa. Jedne z najładniejszych, a już na bank największe ze wszystkich, jakie mieliśmy. Zdjęcia przedstawiały ojca z jakąś kobietą. Nikt nigdy nie pytał, kto to jest, nie komentował, choć zdjęcia leżały na widoku.

Dlaczego sam nie zapytasz o to mamy?

W końcu nie wytrzymałem i zapytałem. Wymijająco odpowiedziała, że to jakaś znajoma ojca. Ale przecież to musiał być ktoś ważny. Widać zażyłość na tych zdjęciach, poza tym w latach sześćdziesiątych profesjonalne sesje zdjęciowe nie były na porządku dziennym. Gdyby to nie było ważne, to ojciec nie trzymałby tych zdjęć przez

Ja na wakacjach z rodzicami nad polskim morzem.

Zdjęcie: prywatne archiwum Autora.

całe życie. W dodatku nie schował ich głęboko, żeby nie trafiły na przykład w moje ręce. Ale nikt o tym nie rozmawiał. To są właśnie takie białe plamy rodzinnej historii. Wiesz, że ja nawet nie znam okoliczności poznania się moich rodziców? Coś tam słyszałem, że to było w Gdańsku, gdzie mój ojciec wtedy studiował w Wyższej Szkole Marynarki Wojennej. Ale to są tylko strzępki opowieści. Odkąd pamiętam, ojciec nie angażował się w życie. Żadne. Ani moje, ani rodzinne, ani mamy. Myślę, że wewnętrznie był zajęty rozkminianiem swojej relacji z samym sobą i ojcem, którego nigdy nie poznał.

Co to znaczy?

Myślę, że latami mierzył się z traumą po tym, że nie miał szansy go spotkać, porozmawiać z nim, a co za tym idzie, określić własnej tożsamości. Nie dano mu nawet prawa do pamięci o nim. I z miłości do niego wziął tę jego historię na siebie. To jego wyautowanie, odrzucenie, zmarginalizowanie. Ja to zobaczyłem, a w zasadzie doświadczyłem tego bardzo mocno, kiedy jeden jedyny raz brałem udział w ustawieniach hellingerowskich. To była sesja nie na ludziach, tylko na figurkach. Figurki miały ruchome głowy i ręce, można je było dowolnie względem siebie i w przestrzeni ustawiać. Miałem do dyspozycji wszystkich członków mojej rodziny i musiałem ich usytuować w grupie. Zrobiłem to w kilka sekund, bez namysłu. Kiedy ustawiałem te głupawe, plastikowe ludziki w zasadzie dobrze się bawiłem, ale gdy zorientowałem się, co mi z tego wyszło, to jakbym oberwał obuchem przez potylicę. Zobaczyłem czarno na białym, co drzemie w mojej podświadomości i jak ta moja rodzina naprawdę wyglądała, albo, dla tych, którzy nie wierzą w tę metodę, jak ja ją postrzegam.

Jak je ustawiłeś?

Ja z siostrą i ojcem staliśmy na przedzie, moja mama z tyłu, ojciec przodem do mnie, ale w znacznym dystansie. Dziadek był bardzo daleko, po prawej stronie. A mój ojciec, choć stał frontem do mnie, to patrzył na dziadka, nie na nas, nie na żonę, nie na swoje dzieci. I tak było przez całe moje dzieciństwo. Ojciec w odruchu solidarności ze swoim ojcem, zrezygnował ze swojego życia. Postanowił heroicznie dźwignąć tatowe brzemię, myślał, że da radę. A to jest tak, jakbyś chciała wyjść dziś na ring z Tysonem, mówiąc sobie, że jakoś to będzie. No można, ale...

Co takiego zrobił twój dziadek, że tak bardzo pochłonęło to życie twojego ojca?

Mój ojciec, jak to się mówiło dawniej, był dzieckiem z nieprawego łoża. Jego matka została zesłana w czasie II wojny światowej na roboty do Niemiec. Tam poznała mężczyznę. Dziś wiem, że nazywał się Józef Bąkała. Babcia zakochała się i zaszła w ciążę. Szczęśliwie zwolniono ją z robót, wróciła do Polski. Ale ten mężczyzna musiał zostać. Obiecał jej, że przyjedzie do niej po wojnie. I moja babcia czekała. Urodziła mojego ojca w 1942 roku i cały czas miała nadzieję, że Józek przyjedzie. Ale on nigdy się nie pojawił. Wiem, że babcia miała jedno jego zdjęcie i któregoś dnia je porwała, pogodziła się z tym, że on jednak jej i dziecka nie chce, że nie będzie jej szukał. A on nie przyjechał, bo został zamordowany w czasie wojny, pewnie jeszcze na tych robotach, dokładnie dwa lata po urodzeniu się mojego ojca. Babcia została sama z dzieckiem i jeszcze z podejrzeniami otoczenia, że to może być niemiecki bękart. Po kilku latach poznała Piotra Czerneckiego, którego przez całe życie mój ojciec podawał nam za swojego ojca. Ten człowiek ożenił się z moją babcią, narażając się na mezalians, bo niby było po wojnie, ale ludzie hołdowali nadal przedwojennym zasadom. Później urodził się brat przyrodni mojego ojca – Marek. I rodzina jakoś funkcjonowała.

Kiedy twój ojciec poznał prawdę o swoim pochodzeniu?

Nie wiem. Ja się dowiedziałem dopiero kilka lat po jego śmierci. Moja mama o tym nie wiedziała, pomimo że była z nim dwadzieścia pięć lat. Dla mnie i dla mojej siostry to jest najtrudniejsze do przełknięcia. Po co i na co komu taka tajemnica? Czasy przecież się diametralnie zmieniły, nie było powodu tego ukrywać. W mojej rodzinie w ogóle nie było miejsca dla mojego prawdziwego dziadka, Józka Bąkały. Myślę, że ani moja babcia o tym nigdy nie chciała rozmawiać, ani mój ojciec, ani krewni. Uznali to za sprawę, którą na zawsze jednym ruchem trzeba zamieść pod dywan. Bardzo jestem wdzięczny nieżyjącej już cioci Gieni, że przerwała ten zaklęty krąg milczenia, bo bym nie wiedział, żem nie Babinicz, żem Kmicic-Bąkała.

Wstydzili się tego?

Tak przypuszczam. W ogóle babci musiało być ciężko, bo popełniła mezalians. Rodzina Czerneckich to byli zamożni sklepikarze. A ich syn, Piotr, wziął sobie za żonę kobietę z kilkuletnim dzieckiem, w dodatku biedną jak mysz kościelna. Za to został kompletnie zmarginalizowany przez swoich rodziców, wykluczony z dziedziczenia. Dużo musiał zapłacić, również materialnie, za życie z moją babcią i jej synem. Wydaje mi się, że również babcia płaciła za to ogromną cenę. Dlatego właśnie mój prawdziwy dziadek w ogóle nie został wpuszczony do obiegu rodziny, pamięć o nim wyrzucono na

Od lewej: ja, moja siostra Joanna, mama Maria i babcia Anna (mama ojca).
Zdjęcie: prywatne archiwum Autora.

Ja na letnim wyjeździe z babcią Anną. Zdjęcie: prywatne archiwum Autora.

śmietnik. Mój ojciec nie miał szansy, by swoją tożsamość uczciwie zbudować. A wiem też, że zdarzały się awantury, podczas których jego ojczym w największym gniewie wyzywał go od niemieckich bękartów. Myślę, że taka atmosfera w domu sprawiła, że jego poczucie własnej wartości było bliskie zeru.

A jakie miał relacje ze swoim przyrodnim bratem?

Bardzo rywalizowali. Myślę, że to wujek dostał od świata i od rodziców więcej dobrych rzeczy, odrobinę lepsze narzędzia do życia, a mój ojciec był zawsze tym wybrakowanym. Co zresztą później bardzo wpłynęło na jego przyszłość, a my jako rodzina dostaliśmy rykoszetem. W tym sensie, że rodzina mojego wujka była znacznie lepiej sytuowana od nas, czuliśmy się przy nich jak ubodzy krewni. Wracając do ojca, myślę, że żył w poczuciu, w jakim i potem solidarnie ja żyłem przez lata – że wszyscy mają lepiej, na więcej zasługują, a jemu nic się nie należy. Ojciec na początku próbował coś dla siebie wywalczyć, ale szybko się wycofał. Miał być marynarzem, był w szkole morskiej, ale został wyrzucony. Ostatecznie podjął pracę jako galwanizer i to mu niby wystarczyło. Myślę, że to nie jest przypadek, że wyrzucono go z tej szkoły. On po prostu czuł, że na nią nie zasługuje. I sam skwapliwie odebrał sobie marzenia.

Być może twojemu ojcu nie wyszło w życiu, bo nie umiał być cwaniakiem, bo robił rzeczy honorowe, przez które tracił rzeczy materialne?

Coraz częściej tak myślę. To właśnie dzięki pragmatyzmowi, zaradności i zapobiegliwości mamy, tata mógł sobie pozwolić na wszystkie honorowe i ryzykowne wybory i uchodzić za idealistę. Ona mówiła mu, że trzeba chodzić na kompromisy, czasem naginać się i chować godność w buty, bo na tym też polega życie. Ojciec, o ile wiem, zupełnie się z tym nie zgadzał.

Kłócili się o to?

Tak. Było napięcie. Szczególnie w tym okresie, kiedy tata stracił pracę. Zresztą oboje stracili. On jednak popadł w jakiś rodzaj stuporu, a mamę to irytowało, a nawet dobijało, bo ona nie składała broni. Ojciec pracował w państwowym zakładzie SILMA w Sosnowcu produkującym silniki małej mocy, na przykład do odkurzaczy, młynków do kawy. Moja mama była księgową w WPHW (Wojewódzkim Przedsiębiorstwie Handlu Wewnętrznego), które w okresie transformacji z oczywistych powodów zostało zlikwidowane. W trakcie przemian ustrojowych zakład ojca także ostatecznie upadł, były masowe zwolnienia. Ojciec nie umiał się w tej sytuacji odnaleźć. Pod naciskiem mamy zajął się popularnym wtedy handlem obwoźnym. Jeździł po parkach pożyczonym samochodem i sprzedawał słodycze. Interes szedł kiepsko. Było mi za niego wstyd. I za to, co robi, i za to, że mu to nie wychodzi. Jak dziś o tym myślę, to zastanawiam się, na ile był to mój wstyd, a na ile jego. Trzeba jednak przyznać, że i ja przyłożyłem rękę do fiaska handlowego. Podkradałem tacie gumy Turbo, które sprzedawał na sztuki. Były pysznie brzoskwiniowe, a pod papierkiem ukryte miały zdjęcia najlepszych zachodnich aut. W związku z niepowodzeniem obwoźnej inicjatywy ojciec stopniowo zapadał się w sobie. Nie odzywał się, całymi dniami rozwiązywał krzyżówki, po prostu się poddał.

Nie szukał innych możliwości zarobku?

Miał jeszcze taki, tyleż desperacki, co absurdalnie heroiczny, epizod. Próbował odkryć system gry w totolotka oparty na wyliczeniach matematycznych. Miał rozpisane jakieś schematy, arkusze i tabele, z których nikt prócz niego nic nie rozumiał. Później mama załatwiła mu pracę w Hucie Metali Nieżelaznych w Szopienicach, ale popracował tam tylko kilka lat, bo poważnie zachorował. Teraz do mnie dotarło, że dzięki jego pracy nauczyłem się niezgorzej śląskiej mowy. Wyjeżdżałem regularnie ze śląskimi dziećmi na kolonie i ferie i słuchałem, jak „godajom". W związku z tym mogę teraz wiarygodnie grać doktora Sadzika w „Diagnozie". No nie ma przypadków.

To smutne i jednocześnie ciekawe dowiedzieć się, jak twój ojciec zaczynał i jak skończył swoje życie.

Wyobraź sobie, że znalazłem kiedyś fotos przedstawiający ojca grającego w sztuce wystawianej w sosnowieckim Teatrze Zagłębia. To jest wątek, którego nawet moja mama za dobrze nie zna. Wychodzi na to, że ojciec jako nastolatek dostał rolę w jakimś spektaklu. Dyrektorem w Sosnowcu był wtedy legendarny Wiesław Drzewicz. Ojciec miał w domu sporo klasycznych dzieł literackich i wygląda na to, że nie zbierał ich z czystego snobizmu. Kiedy patrzę na jego życie, zaczynając od wątku teatralnego, później studiów w Wyższej Szkole Marynarki Wojennej, to spina się to wszystko bardzo smutną klamrą w miejscu, w którym skończył jako galwanizer, w dodatku ostatecznie wyrzucony z pracy. Równia pochyła. Droga człowieka, który się poddał, choć miał wielkie aspiracje i mierzył wysoko. Żałuję, że nie zdążyłem z nim o tym porozmawiać. Właśnie o tych jasnych stronach: o przygodzie z teatrem, o jego młodzieńczej pasji do podróży. Podobno z kolegą Jackiem zbudowali łódź i próbowali spłynąć Przemszą do Bałtyku... Tyleż romantyczne, co zupełnie niewykonalne.

Winisz kogoś za to, że tak mało wiesz o własnym ojcu i że niemal każdą informację o nim musiałeś wyrywać od innych?

Teraz już nie, ale przez długi czas winiłem właśnie ojca. Za to, że nie miał odwagi mi nic powiedzieć, że musiałem się dowiadywać przypadkiem. Myślę jednak, że gdyby tak dla hecy zmienić optykę obserwowania historii o jego prawdziwym pochodzeniu, można by stwierdzić, że życiem mojego ojca kierowała czysta miłość. No może miłość w czasach pogardy, na tyle czysta, na ile się wtedy dało. No bo Józek-dziadek z miłości dał życie, zakochany w Hani-babci, niepomny na zakazy i niewolnicze okowy hitlerowskich siepaczy. Potem Piotrek-niby-dziadek też z miłości, niepomny na zakłamaną rodzinę bezdusznych sklepikarzy bierze Hanię-babcię i Waldka-ojca w opiekę i wychowanie. Daje to, co ma najlepszego i najgorszego, jak każdy ojciec świata. Nie wiem, czy taka narracja mi nawet bardziej nie leży.

Próbowałeś dotrzeć do rodziny Józefa Bąkały, który jest twoim prawdziwym dziadkiem? Chciałeś poznać swoich krewnych?

Mam wszystkie dane, nazwę miejscowości, sprawdzałem w IPN. Wiem, co trzeba zrobić, żeby się dowiedzieć, ale już nie chcę. Teraz już jest za późno. Samo zobaczenie twarzy tego faceta na zdjęciu nie jest mi do niczego potrzebne. To był człowiek, który z miłości dał życie mojemu ojcu. Ani więcej, ani mniej.

Mówisz, że twoje dzieciństwo przesiąknięte było poczuciem samotności, brakiem więzi emocjonalnej z bliskimi. To pierwsze składowe lęków. Bałeś się jako dziecko?

Bałem się, kiedy ojciec pił. Widziałem, że traci wtedy panowanie nad sobą, że jest kimś innym. Do tego dochodziły tak zwane sceny z życia, które kompletnie odbierały mi poczucie bezpieczeństwa. Na przykład kiedy mama prowadziła pijanego ojca z kolejnej rodzinnej imprezy do autobusu. Już nie mówię o tym, że samo w sobie jest to dość żenujące i nie chcę sobie nawet wyobrażać, co musi czuć kobieta w takiej sytuacji. Opowiadam ci to teraz z punktu widzenia dziesięciolatka. Podjeżdża nocny autobus, wokół kręcą się jacyś podejrzani ludzie, raczej potencjalnie niebezpieczni i w dużo lepszej kondycji od twojego starego. Nagle dociera do ciebie, że ten facet, który ma zapewnić tobie, mamie i siostrze bezpieczeństwo, nie jest w stanie zapewnić go nawet sobie. Zatacza się, jest kompletnie nieprzytomny i trzeba go całą rodziną holować do domu.

Twój ojciec był alkoholikiem?

Kiedy pytasz mnie o takie rzeczy, to ja właściwie nie wiem, co odpowiedzieć. Bo to są właśnie te enigmy. Pamiętam, że znalazłem kiedyś u niego książkę pod tytułem „Piłem". Była to książka o alkoholizmie. W środku wpisana dedykacja: „W dowód poprawy Waldkowi ktoś tam...". Wydaje mi się, że miał problem, już dużo wcześniej, zanim ja się urodziłem. Podobno nawet szkoły oficerskiej w Gdańsku nie skończył, bo wyrzucili go za „naftę". Chociaż akurat tu zdania są podzielone, bo niektórzy mówią, że wyleciał, bo się za kimś wstawił. Ćwiczył boks i pobił kogoś wyższego stopniem w obronie kogoś słabszego. Taki wizerunek bohaterskiego ojca próbowano mi sprzedać przez całe życie. No i ja bym nawet taki wolał. Ale prawdą jest, że musiał mieć problem z piciem, chociaż ja jego ciągów alkoholowych nie pamiętam. Nie widziałem, żeby pił sam. Po prostu albo były imprezy w domu, albo po pracy. Ciągle ktoś miał imieniny, były święta państwowe, niepaństwowe. Zawsze znalazła się okazja. Zresztą w tamtych czasach w większości rodzin było tak, że wszyscy mniej lub więcej pili i palili.

Ale przyznajesz, że się tego bałeś.

Teraz, kiedy z tobą rozmawiam, przypomniałem sobie, że właściwie podczas każdej imprezy, która odbywała się w naszym domu, przychodziłem co jakiś czas do pokoju, gdzie siedzieli dorośli, i monitorowałem stan ojca. To znaczy jak bardzo jest już pijany. Mam nawet zdjęcie z tamtych czasów, zrobione właśnie podczas jakiejś rodzinnej imprezy, gdzie ojciec podnosi kieliszek, a ja siedzę w pobliżu i patrzę, jak łyka. Byłem czujny, kontrolowałem sytuację: czy już zaczynają się śpiewy (dominowało „Jadziem panie Zielonka, ja dzisiej humor mam, ja dzisiej forse mam, w zastaw poszła jesionka, więc jak nie wypić tu za zdrowie dam…"). To był sygnał, że tato już gotów. Mój ojciec był jak świeca – najjaśniej płonął przed zgaśnięciem.

Nie miałeś zaufania do ojca?

Jeśli twój ojciec się upija aż do utraty kontroli nad sobą, to krok po kroku tracisz do niego zaufanie. Widzę to też doskonale na przykładzie swoich dzieci. Mój młodszy syn Piotrek bardzo uważnie mi się przygląda, gdy piję alkohol. Raz widział mnie, gdy byłem naprawdę naprany. Wracaliśmy z rodzinnej imprezy i zwymiotowałem, kręciło mi się w głowie. Przegiąłem z pigwówką u szwagra. Mój syn był przerażony. Franio się ze swoim lękiem nie afiszuje, ale myślę, że też woli, żebym nie pił. Kiedy patrzę na to z perspektywy swoich dziecięcych doświadczeń i widzę w swoich synach siebie, jak stoję i patrzę na pijanego ojca, to wiem, że zauważają we mnie kogoś zupełnie innego. Alkohol bardzo wypacza perspektywę. Widzisz w najbliższym inną osobę. To jest przerażające.

Doznałeś jakiejś krzywdy od pijanego ojca?

Bezpośrednio w sensie fizycznym to nie, ale ojciec kręcił afery po pijaku. Szczególnie w okresie, kiedy moja siostra już wyprowadziła się z domu i zostałem tylko ja z mamą. Miałem wtedy jakieś jedenaście, dwanaście lat. Jedną z tych awantur zapamiętałem szczególnie dokładnie. Przeżyłem ją w wersji audio, bo część wydarzyła się za drzwiami mojego pokoju. Mama nie chciała siedzieć z ojcem, bo ten był pijany, przyszła więc do mojego pokoju, żeby obejrzeć telewizję. Pamiętam, że w pewnym momencie stanął w drzwiach. Zobaczyłem wtedy kogoś, kto nie był moim ojcem, nie mógł nim być. Nie rozpoznałem go w nim. Widziałem jakiegoś potwora, który sapał, oddychał głośno przez nos, w taki specyficzny dla mocno pijanych sposób. I nic nie mówił. To było chyba najgorsze. Bo tylko patrzył, kipiała w nim agresja, ale nic nie mówił. Byłem przerażony tym, co może się za chwilę wydarzyć. Pamiętam, że matka w końcu zapytała go: „Co?", a on na to odpowiedział „Gówno!". I wyszedł. Wtedy myślałem, że ta scena była czymś najgorszym, co mogło się wydarzyć, bo nigdy wcześniej go takiego nie widziałem i nigdy w ich relacji nie doświadczyłem czegoś tak okropnego. Ale okazało się, że czeka nas kontynuacja i że to była dopiero przygrywka. Pamiętam tylko flesze: mama coś krzyczy, słyszę jakieś uderzenie o szafę w przedpokoju, raczej kimś niż czymś. Nie wiem, co tam się dokładnie działo, bo siedziałem w swoim pokoju, skurczony do niemożliwości ze strachu i niepewności. Mama mówiła następnego dnia, że w sumie nic takiego się tam nie stało. Ale to jest właśnie zaklinanie rzeczywistości. Później ojciec wyszedł z domu i narozrabiał. Z tego, co pamiętam, nawet była wzywana policja, a może jeszcze milicja. Mama z ciotką i chyba kimś jeszcze przyholowały go potem do domu, poszły załatwiać coś, a mnie zostawiły samego ze śpiącym w dużym pokoju ojcem. Przed ich wyjściem usłyszałem zdanie, które do dziś dokładnie pamiętam, każdą zgłoskę: „Ubierz się, Michałku, i jeśli tata się obudzi, szybko uciekaj z domu", koniec cytatu. Powiedziała mi to nie mama, tylko żona mojego wujka Marka, przyrodniego brata ojca. Siedziałem pod drzwiami dużego pokoju ubrany już na wszelki wypadek do wyjścia i wsłuchiwałem się w chrapanie i bezdechy ojca. Przy najmniejszej zmianie rytmu albo chwili ciszy podrywałem się i otwierałem drzwi wejściowe. Poważnie potraktowałem ostrzeżenie i uciekłbym bez wątpienia. Nie wiem, ile to trwało. W tym momencie funkcjonowałem poza czasem. Nie pamiętam też tego momentu, kiedy wszyscy wrócili. Nie wiem bardzo wielu rzeczy. Nawet nie wiem, o co im w sumie poszło, ani co dokładnie ojciec zrobił. Byłem wtedy za smarkaty, żeby o tym ze mną rozmawiać, ale już wystarczająco duży, żeby brać w tym udział. System był taki: pozwala się rzeczom wydarzać, a po fakcie zostawia się je bez komentarza i już się do nich nie wraca – nigdy. Gdy na przykład ktoś nawywijał coś po pijanemu, po prostu spychało się to do najgłębszych zakamarków pamięci i w ten sposób, po kilku latach naprawdę trudno było powiedzieć, czy to się w ogóle wydarzyło, czy nie. Nie wiem, może ten mechanizm chronił rodzinne *status quo*, a może po prostu pozwalał myśleć o swoim życiu i o sobie ciut lepiej. Ale przecież ta ochrona jest w sumie dość iluzoryczna, bo ani ofiara nie ma okazji dochodzić swoich praw i wyrazić tego, co czuła, ani kat nie może wziąć na siebie części odpowiedzialności i wyciągnąć wniosków na przyszłość. Nikt tej potwornej sytuacji, z ojcem w roli głównej, która odcisnęła na mnie swoje piętno, nie skomentował. Już nie mówię o tym, że nikt nie powiedział „Przepraszam" ani nie starał się mnie uspokoić. Byłem przecież tylko jedenastoletnim dzieckiem, na litość boską! Nie padło nawet jedno słowo komentarza. Od żadnego z rodziców. Nie potrafię tego zapomnieć ani wybaczyć. Chciałbym, ale nie jestem w stanie.

A czy jako dorosły człowiek nie chciałeś jednak porozmawiać o tym z mamą?

Wielokrotnie. Przeprowadziłem z mamą wiele trudnych rozmów, padło z mojej strony wiele słów, które były dla niej straszliwie bolesne. Mówię to też z perspektywy rodzica, którym sam jestem i który nie chciałby takich słów nigdy usłyszeć. Ale najpewniej usłyszę je już wkrótce od swoich synów, jak każdy rodzic świata. Smutne jest to, że choć mnie te burzliwe rozmowy pomogły, to w mojej mamie nie wywołały gruntownej przemiany. Sam jestem przekonany, że zmiana jest możliwa w każdym momencie, dopóki człowiek oddycha. Ale trzeba jej chcieć. Myślę, że w tym wieku i momencie życia, w jakim jest moja mama, to już po prostu dla niej za trudne. Ciężko jest mi się z tym pogodzić, ale przecież ma do tego pełne prawo.

Kiedy zdecydowałeś się na pierwszą naprawdę szczerą rozmowę z mamą?

Dopiero kiedy zająłem się pracą nad sobą, czyli mniej więcej wtedy, gdy poszedłem na studia. Coraz bardziej się w siebie zagłębiałem, zadawałem sobie coraz więcej pytań i wiedziałem, że muszę pewne rzeczy powiedzieć na głos. Mama nie unikała rozmów, ale mówiła wprost, że są dla niej nieprzyjemne i chętnie by nie kontynuowała podejmowanych przeze mnie wątków. Stała na stanowisku, że rozdrapywanie i drążenie przeszłości nie jest potrzebne, że trzeba się kochać i cieszyć z tego, co jest. A ja czułem, że bez tych retrospekcji i wstecznego nazywania i wyrażania emocji nie dam rady pójść dalej. Doszło do tego, że zacząłem jej unikać albo ograniczać czas naszych, czasami koniecznych, spotkań. W końcu zebrałem się jednak na ostateczną rozmowę. Usłyszała ode mnie wiele trudnych słów na temat tego, jak się czułem w dzieciństwie, jak postrzegałem ją i ojca, jak mało czułem bliskości i jak bardzo im nie ufałem. Widziałem, że bardzo ją to zabolało. Wtedy wydawało mi się, że wyjawiłem już wszystko, co domagało się ujawnienia.

Nie bałeś się, że wyplucie wszystkich toksyn ostatecznie was rozdzieli i stracisz matkę na zawsze?

Nie bałem się, bo wiedziałem, że nie mam wyboru. Gorzej między nami już być nie mogło. Dlatego powiedziałem jej wszystko z pełną świadomością. Wiedziałem, że być może po tych słowach już nigdy się do siebie nie odezwiemy. Czuła się po tym spotkaniu bardzo źle, ale na szczęście nie postąpiła zgodnie z rodzinną tradycją i nie zamknęła się ze swoją niedolą. Zadzwoniła do mnie, poprosiła, żebym przyjechał. Zrobiłem to i wtedy powiedziała mi: „Mimo tego, że miałam najlepsze intencje, nie wszystko się udało, popełniłam bardzo wiele błędów i chcę cię za to przeprosić". Myślę, że to było dla niej bardzo trudne i wymagało heroicznej odwagi i pokory, ale dzięki temu, że padły te słowa, nasza relacja ocalała. Lody zostały przełamane, pojawiła się jakaś iskra. Zbliżyliśmy się wtedy do siebie. To było jej i nasze największe osiągnięcie w tej relacji i jestem mamie za to bardzo wdzięczny.

Chciałabym wrócić do twojej relacji z ojcem. Kiedy dowiedziałeś się, że jest chory na raka, że umiera? Sam ci to powiedział?

Nie, ale czułem, że ojciec jest chory na długo wcześniej, zanim został zdiagnozowany. Najpierw chorował na serce, później miał wszczepiane bajpasy i po jakimś czasie okazało się, że ma nowotwór. I wszystko potoczyło się szybko, w jakieś pół roku. Znów nie mówiono mi ani siostrze wprost, co się dzieje. Później mama tłumaczyła, że to dlatego, że chcieli mnie chronić. Że wydawałem się im za mały, by to udźwignąć. Ale przecież miałem już wtedy piętnaście lat, byłem młodym, lecz emocjonalnie i umysłowo ukształtowanym człowiekiem. Wiem to i widzę na przykładzie mojego starszego syna.

Ojciec też cię traktował jak dziecko?

Niestety tak. I to mnie bolało. Pamiętam takie urywki, flesze, jak chory już ojciec leżał w szpitalu onkologicznym w Gliwicach. Gdy odwiedzaliśmy go z siostrą, zaczynał płakać. Prosił wtedy, żeby ktoś nas wyprowadził, żebyśmy wyszli. Chciał być sam albo tylko z mamą. To powiększało dystans między nami.

Nie uważasz, że w ten sposób chciał cię chronić albo że nie potrafił sam udźwignąć ciężaru tej sytuacji?

To oczywiste. Ale dla mnie, jako dorastającego mężczyzny, to było okrutne. Pytam sam siebie, przed czym niby chciał mnie chronić? To jest odwracanie kota ogonem. Uznano, że nie jestem gotowy na kontakt z umierającym ojcem, ale na jego śmierć już tak. Przed tym mnie ojciec nie umiał ochronić. Bo przecież to było niemożliwe. Przez to cała odpowiedzialność, pustka i bezdenna rozpacz spadły na moje ramiona. To jest właśnie nie fair, o to mam żal. I to nie jest tak, że ojciec nie umiał mówić o emocjach, o tym, co się z nim dzieje. Po prostu nie chciał ze mną rozmawiać. Dlaczego wiedząc o tym, że umrze w najbliższym czasie, chciał chronić najbliższych mu ludzi przed emocjami, które przeżywał? Z perspektywy dorosłego wiem, że on wtedy nie miał narzędzi do tego, żeby z tymi emocjami sam sobie poradzić, ale jako dziecko nie miałem prawa tego wiedzieć. Zostałem w tym wszystkim sam, w dodatku z poczuciem odrzucenia. Jego postawa była dla mnie jednoznacznym sygnałem, że ojciec mnie nie chce, że nie ma do mnie zaufania, nie chce, żebym w jakikolwiek sposób dzielił z nim jego życie i śmierć. W głowie takiego nastolatka rodzi się jedna myśl: „A chuj, co mnie obchodzi ta cała twoja choroba, chcę, żeby to się już skończyło, już umrzyj i daj mi żyć". Jednocześnie z drugiej strony myślisz: „Jezus Maria, nie umieraj, zostań, przecież ja cię jeszcze tak bardzo potrzebuję...".

A czy on z kimkolwiek potrafił rozmawiać o swojej chorobie? Dla niektórych pacjentów onkologicznych to jest ponad siły.

Przez chwilę tak myślałem, ale później, już po jego śmierci, dowiedziałem się, że w czasie choroby często i w sumie intymnie rozmawiał z moim szwagrem Mariuszem, który jest tylko o kilka lat starszy ode mnie. On potem nam opowiadał, co ojciec myślał, co czuł. Poczułem się tak, jakbym jeszcze zza grobu dostał od niego z liścia (uderzenie w twarz – przyp. red.) albo lepiej – strzała w tył głowy (uderzenie otwartą dłonią – przyp. red.). Moja siostra, która była dorosłą kobietą, kiedy ojciec umierał, nie usłyszała nic osobistego od niego, ja tego nie usłyszałem, a usłyszał to wtedy jeszcze obcy facet.

Może dlatego, że wcześniej nie zbudowaliście bliskiej relacji.

Pamiętam do dziś, kiedy ojciec po pijaku na jakiejś imprezie rodzinnej mówił o mężu mojej siostry: „Ja bym się z nim nie ożenił". Cała familia na to gruchnęła śmiechem, jakby to rzeczywiście było zabawne. Obraził wtedy jego i moją siostrę za jednym zamachem. Tak ja to odczułem. Poza tym w pale mi się nie mieści, że gościa, którego raczej nie traktujesz poważnie, raptem wybierasz sobie na powiernika przedśmiertnych refleksji. Już nie chcę się domyślać, gdzie w takim razie jest miejsce syna, bo mi wychodzi, że gdzieś na korytarzu, pod kiblem.

Czy kiedykolwiek przeprowadziliście ze sobą bliską rozmowę?

Nie. Dlatego właśnie tak sakramencko długo to w sobie mielę – tę relację albo jej brak. To siedzi we mnie cały czas. Ale były momenty, kiedy czułem ogromny żal i złość. Pamiętam, jak kiedyś przed premierą w teatrze siedziałem z kolegą, reżyserem, i on zadzwonił do swojego ojca. Rozmowa wyglądała mniej więcej tak: „No... ale będziesz, kurwa, na tej premierze czy nie? Co? Dobra, weź i nie pierdol. Powiedz mi, czy będziesz, czy nie... Powiedz po prostu jak człowiek, czy przyjedziesz". Wyszedłem na korytarz i strasznie się rozpłakałem. Pomyślałem sobie wtedy, że jakkolwiek skrótowa i wulgarna była to rozmowa, to jednak była. Była gorąca, pełna emocji i w sumie ważna, bo temu chłopakowi zależało na tym, żeby stary jednak się pojawił. Ja z moim ojcem nigdy nie miałem takiej normalnej relacji, w której mogłem z nim rozmawiać jak młodszy facet ze starszym. Dla mnie on stał i stoi na jakimś piedestale, pomniku, który nie tylko ja mu budowałem. Coś tam sobie wyobrażam na jego temat, ale wciąż jest dla mnie kimś nieodgadnionym. A jednocześnie większość swojego życia żyłem jego życiem, a nie swoim. Właśnie dlatego, że zabrakło tej relacji.

Gdy ojciec zmarł, miałeś szesnaście lat. To jest jednak kawał czasu na bycie nawet tylko obok siebie. Coś się musiało też przyjemnego zadziać przez te wszystkie lata. Nie masz żadnych dobrych wspomnień?

Pamiętam takie rzadkie, odosobnione, ale przyjemne momenty z naszych wypraw w góry. Pamiętam, że coś mi tam pokazywał, coś tam sobie strugał jakimś nożykiem, takie statki z kory. Mimo to miałem wrażenie, że cały czas oddzielał nas jakiś mur. Że do świata mężczyzn wszedłem sam, tylnymi drzwiami i po omacku, bez jego pomocy.

Inna historia: pojechaliśmy kiedyś razem do Międzybrodzia. Nie pamiętam z jakiej okazji. Znów utkwiły mi w pamięci tylko wyrywkowe obrazy. Kiedy wracaliśmy ze sklepu, zaczepił nas duży, wypełniony po brzegi złą gorzałą i jeszcze gorszymi intencjami facet. Staliśmy na bardzo wąskiej ścieżce. Po lewej wysoki betonowy płot, po prawej stroma skarpa do rzeki. Uciekać można było tylko do tyłu. Ale tatko nie z tych, jak się okazało. Pamiętam, że ojciec dał mi do potrzymania jakąś reklamówkę, załadował agresorowi prawego prostego w pysk, tamten się potoczył ze skarpy i uciekliśmy naprzód, bo się miejsce zrobiło. Ale nie pamiętam, żebyśmy później kiedykolwiek o tym rozmawiali. Po tym wszystkim, już w ośrodku wczasowym, ojciec stał na schodach i jarał nerwowo jednego za drugim. Z jego twarzy wyczytałem, jak mi się zdaje, że kalkuluje, czy ten typ nie przylezie za nami, a jak tak, to czy sam, czy nie będzie jakiejś dramatycznej kontynuacji. Tylko tyle zostało mi w pamięci z tego wyjazdu.

Powiedział ci kiedyś jakieś miłe słowo?

Raz odgadłem wyraz do krzyżówki, które on pasjami rozwiązywał, jarając przy tym po dwie paczki fajek dziennie. Ojciec był kompletnie zaskoczony, że w wieku dziesięciu lat (choć niewykluczone, że to było wcześniej) znam to słowo i jego znaczenie. Jako dziecko miałem takie hobby, że przeglądałem z ciekawością i nie bez przyjemności „Słownik wyrazów obcych" Kopalińskiego, który stał u rodziców na półce. Ojciec spojrzał na mnie wtedy z uznaniem. Nic nie powiedział, ale widziałem, że mu zaimponowałem. To było słowo „erozja". Minęło trzydzieści lat, a ja wciąż pamiętam. Byłem w szoku, że wiedziałem coś, czego on nie wiedział. Ale z kolei kiedy sam chciałem mu zaimponować, to nie szło już tak łatwo. Na przykład kiedy dostałem się do technikum, do którego nie chciałem, a nawet chyba nie powinienem chodzić, z uwagi na moje zainteresowania. Ale zdawałem, bo było trudno się dostać i w tym upatrywałem szansy na zyskanie jego podziwu czy choćby zainteresowania. Podświadomie czułem, że nie zrobię wrażenia ogólniakiem, bo to była kompletnie nie jego bajka. I kiedy po trudach, korepetycjach i mecyjach przeróżnych w końcu się dostałem, przyszedłem do domu i postanowiłem go uroczyście poinformować. Wypadło nie aż tak uroczyście, bo siedział wtedy w kuchni i obierał ziemniaki. Ale niezrażony z dumą poinformowałem, że jestem oto uczniem technikum elektronicznego. Spojrzał na mnie znad obierek i powiedział bez żadnych emocji: „To był twój obowiązek". I tyle. Obierał sobie dalej. Z tym technikum to też była w sumie komedia. No może bardziej tragikomedia, ale jednak. Opowiem ci o tym później.

Pamiętasz ten moment, kiedy dowiedziałeś się, że ojciec umarł?

Przed szóstą rano zadzwonił telefon. Wiedzieliśmy z mamą, że to ze szpitala, bo kto inny miał dzwonić o tej porze? Telefon był w przedpokoju. Taki czerwony, z tarczą. Głośno dzwonił. Nikt nie chciał wstać, oboje zdawaliśmy sobie sprawę, co usłyszy w słuchawce ten, kto ją podniesie. Ale telefon dzwonił i dzwonił, i w końcu odebrała go mama. Leżałem w swoim łóżku i z całych sił zaciskałem powieki, wmawiając sobie, że jeszcze śpię, że nie ma mnie w tym domu, w tej sytuacji. Najlepiej, jak bym w ogóle zniknął. Po chwili mama weszła do pokoju, a ja nadal leżałem odwrócony do ściany i zaciskałem powieki. Ale wyraźnie usłyszałem głos matki: „Michał, wstań, tata nie żyje."

Jak wyglądało wasze ostatnie spotkanie?

Ojciec był wtedy w domu. Miał wprawdzie wodę w płucu, ale wypisali go na kilka dni ze szpitala. Trudno się do tego przyznać, ale wolałem, żeby mnie w tych dniach nie było w mieszkaniu, bo nie potrafiłem się odnaleźć w tej sytuacji. Nie mogłem patrzeć na to, jak ta choroba wypłukuje z niego życie. Nie zgadzałem się na postępującą dewastację ciała i błyskawiczne zanikanie woli życia. Jakby robił się przezroczysty. Ale nie zawsze dało się uniknąć konfrontacji. Któregoś wieczora znalazłem się z nim w jednym pokoju. Późno przyszedłem z podwórka, mama chyba już spała, a ojciec półleżał w ciemności oświetlanej jedynie światłem kineskopu telewizora. Chyba ze względu na tę wodę w płucach oddychał bardzo szybko i płytko. Chciałem chyba coś obejrzeć w telewizji, bo przecież życie pozornie szło zwykłym trybem. Z boku wyglądało to tak, że niby oglądamy razem. I on po jakimś czasie zapytał mnie: „Co tam w szkole?". Padły słowa zupełnie normalne, ale wyduszenie z siebie tego krótkiego pytania trwało dobre kilkanaście sekund, bo ojciec fizycznie nie był w stanie ich wypowiedzieć. Próbował złapać oddech prawie po każdej sylabie. To było przerażające. Przyjąłem to na plecy, nawet się nie odwróciłem, bo nie byłem w stanie. Powiedziałem tylko: „Dobrze", żeby go zbyć. To była, o ile pamiętam, nasza ostatnia rozmowa.

Następnego dnia, kiedy poszedłem do szkoły, ojciec poczuł się gorzej, zabrano go do szpitala. I tam nad ranem zmarł. Ta końcówka jego życia była dla mnie bardzo wyczerpującym, trudnym momentem. Zdawałem sobie sprawę, że tuż za ścianą on umiera, że coś bardzo ważnego się bezpowrotnie kończy, a ja równolegle usiłuję prowadzić normalne życie. Mam jakieś tam obowiązki, chodzę do szkoły, piszę bezsensowne klasówki, które nie mają żadnego znaczenia. Życie twojego ojca się kończy, a ty zajmujesz się jakimiś bzdetami...

Przeżyłeś po nim żałobę?

Po jego śmierci najpierw czułem ulgę i zaraz potem coś w rodzaju zdziwienia i buntu. Pamiętam, że tego dnia, a to był pierwszy kwietnia, czyli prima aprilis, szedłem do siostry. To na mnie spadł obowiązek, by powiedzieć jej, że ojciec nie żyje. Mieszkała niedaleko z mężem i małą córką Magdą. Był to wyjątkowo piękny i słoneczny dzień. Miałem pretensje do świata, że się nic a nic nie zmienił. Że w ogóle nie zareagował na tę śmierć. Mój wewnętrzny świat runął jak stary dach, a ten wielki zewnętrzny wygląda nawet lepiej niż wczoraj. Niemniej jednak – nauczony przykładem właśnie zmarłego mistrza – dałem radę odciąć się od swoich emocji. Nie płakałem, nie krzyczałem, nie przeżywałem tego wszystkiego, co bezsprzecznie we mnie wtedy było. Przyszedł na to czas dopiero po kilkunastu latach. Z tego dnia pamiętam właśnie tę pretensję do świata, to że się nie odniósł, nie uszanował. Tym bardziej że był to właśnie pierwszy kwietnia, a w moim odczuciu to jest dzień, w którym ludzie emanują specyficzną energią. Nawet jeśli nie robią sobie psikusów, to w powietrzu wisi coś na kształt przymrużenia oka i wyczekiwania jakiejś hecy. A ja czułem się tak poważnie, że bardziej się nie dało. Z jednej strony doświadczyłem ulgi, że to najgorsze się w końcu stało, coś się ostatecznie, że tak powiem, wyjaśniło, że ojciec umarł i już przynajmniej to jest wiadome na sto procent. A jednocześnie czułem, że coś definitywnie się skończyło. Zaczął się wtedy dla mnie rozciągnięty w czasie okres chaosu i mroku. Jakbym nieświadomie chciał dołączyć do ojca. Pchało mnie w stronę śmierci. Ciągnąłem za sobą cały ciężar niewyrażonego żalu, rozpaczy, poczucia winy za śmierć taty i za to, jak wyglądała nasza relacja przed samą śmiercią. Wziąłem na siebie całą odpowiedzialność, bo nikt mnie z niej nie zwolnił. W dniu śmierci ojca przypuszczałem, że już nic nie będzie takie samo, ale jako szesnastolatek nie wiedziałem jeszcze, co to właściwie będzie oznaczać: że nie zadam mu bardzo ważnych dla mężczyzny pytań, nie będę wiedział wielu podstawowych rzeczy o relacjach, o kobietach, o tym, jak być mężczyzną. Mimo to wtedy czułem ulgę, stałem się w jakiś sposób wolny, cieszyłem się, że w końcu to się jakoś rozstrzygnęło. Dwa lata temu obejrzałem najważniejszy film w moim życiu – „7 minut po północy". Opowiada o miłości, stracie, odpowiedzialności i poczuciu winy w bezwzględnie szczery i prosty sposób. Jednocześnie jest to film bardzo piękny wizualnie i nadzwyczaj taktowny. Podczas kluczowej dla mnie sceny potwór nieznoszącym sprzeciwu i rozsadzającym kino, moją czaszkę i wszystkie wnętrzności głosem wyciąga z dziesięcioletniego

Connora najgłębsze i najbardziej poruszające wyznanie. Dzięki temu filmowi przeżyłem wszystko to, czego jako szesnastoletni Michał nie byłem w stanie nawet sobie uświadomić. Rozpoznałem w sobie ten straszny, rozdzierający konflikt dwóch pragnień. Żeby tatę na siłę tu zatrzymać i jednocześnie żeby pozwolić mu na nieuchronne odejście.

Trudno ci było wybaczyć ojcu brak bliskości. A czy doznałeś od niego krzywdy fizycznej? Uderzył cię kiedyś?

Raz w życiu. Dostałem od niego w twarz z tak zwanego liścia, że aż się zatoczyłem. Z perspektywy lat ten policzek najbardziej boli dlatego, że tak naprawdę nic złego wtedy nie zrobiłem. Spóźniłem się do domu kilka godzin, już któryś raz z rzędu zresztą. Nie robiłem tego złośliwie, tylko dlatego, że kompletnie straciłem poczucie czasu, bo pierwszy raz w życiu się zakochałem. Ona miała na imię Magda. Siedzieliśmy godzinami i rozmawialiśmy, słuchając jej ulubionego Queen z małego jamnika. Byłem najszczęśliwszym chłopakiem na świecie. Przestałem kontrolować zegarek, a w zasadzie zupełnie wszystko, co się wokół mnie działo. Bo poza nią, reszta była mi obojętna. I najgorsze, najboleśniejsze dla mnie z perspektywy lat jest to, że nikt, ani ojciec, ani mama, nie podjęli nawet próby porozmawiania ze mną o tym, co się ze mną dzieje, dlaczego się tak zachowuję. Kiedy wszedłem do domu, ojciec był ubrany do wyjścia. Podobno wychodził mnie szukać. Zapytał przez zaciśnięte zęby, gdzie byłem. Nawet nie wiem, czy zdążyłem odpowiedzieć. Uśmiechałem się tylko. I dostałem strzała znienacka. Potem, zgodnie z tradycją, cisza. I tyle. Po latach mama powiedziała mi, że oni wówczas podejrzewali, że biorę jakieś dragi, i ojciec wyprowadzony z równowagi stracił nad sobą panowanie. Ja to wszystko rozumiem doskonale. Wiem, jak nastolatek działa na układ nerwowy. Nie mieści mi się tylko w głowie to, jak można tak zupełnie nie wiedzieć, co się u twojego dziecka dzieje, nie rozmawiać z nim ani przed, ani po takiej akcji. Relacja z Magdą była dla mnie wtedy czymś najpiękniejszym i najwartościowszym, co miałem. Ta dziewczyna była najbliższym mi człowiekiem. Po tym upokarzającym i tak strasznie, niesprawiedliwie nieadekwatnym policzku postanowiłem sobie, że koniec, ni chuja, nic starym nie dam i niczego od nich nie wezmę. Więc przechyliłem wajchę w drugą stronę, żeby zwrócić na siebie uwagę. Mając trzynaście lat, zacząłem palić papierosy i pić – regularnie i raczej na poważnie.

Zadziałało? Udało ci się wtedy zwrócić na siebie uwagę rodziców?

Wyobraź sobie, że nie zrobiło to na nich wrażenia. Pamiętam, gdy pierwszy raz kompletnie się upiłem (wypiłem dwa wina). Zwymiotowałem za łóżko, więc mój stan się szybko wydał. Ale nigdy o tym nie rozmawiałem z rodzicami. Mama poszła tylko porozmawiać z ludźmi, z którymi piłem, bo przyznałem się, kto to był. Ale w domu nie było żadnej reakcji. Nikt ze mną nie rozmawiał. Cisza była odpowiedzią na wszystko, co zrobisz. A to jest największa kara.

Może to była po prostu bezradność?

Nie wiem, czy to wynikało z bezradności. Jako trzynastoletni chłopiec nie analizowałem tego przecież. W zasadzie nawet dziś, jako dorosły, mógłbym powiedzieć rodzicom, że nie obchodzi mnie to, że wtedy nie wiedzieli, co zrobić. Zastanawiam się po prostu, także jako praktykujący rodzic, czy naprawdę nie można było gdzieś pójść, kogoś zapytać, przeczytać w książce, a przede wszystkim o tym po-roz-ma-wiać? Jest spora różnica między „nie potrafisz", a „nie chcesz". Nie umiesz zmienić koła w samochodzie, to albo się tego uczysz, albo idziesz do mechanika i on ci je zmienia. Jeśli masz problemy z dzieckiem i nie wiesz, jak je rozwiązać, to idziesz do kogoś, kto się na tym zna. Pytanie, czy chcesz i wierzysz, że coś da się zmienić. Gdy trzynastoletnie dziecko przychodzi kompletnie pijane do domu, to jest poważny sygnał, że trzeba się tym zainteresować, że jest już bardzo źle. Co miałem jeszcze zrobić, żeby zwrócić na siebie uwagę? Po śmierci ojca zacząłem więcej i częściej jarać i pić oraz dołożyłem do tego zestawu samookaleczenia (preferowałem poparzenia). Ból wewnętrzny był nie do zniesienia, więc ten zewnętrzny przynosił mi ulgę. Wiem, że obecnie sporo dzieciaków praktykuje samookaleczanie w różnych formach i natężeniu. Wiem też z autopsji, że to niestety działa.

W domu czułeś się na marginesie uwagi.
A jak było w szkole?

Picie i palenie było z jednej strony po to, żeby zwrócić na siebie uwagę rodziców, a z drugiej, by zyskać akceptację silnych i popularnych osobowości w klasie i w szkole. Czyli jak mawia młodzież, dla fejmu. Wśród takich podrostków w różnych stadiach mutacji czerwonym paskiem na świadectwie nie powalczysz raczej. Zwłaszcza że zbyt dobrze pamiętałem takie akcje z podstawówki, gdzie na przykład przyklejono mi na dość długo ksywę Gruby, po części zresztą adekwatnie. Ale że dzieckiem byłem aż nadto wrażliwym, to smak odrzucenia pozostał mi w pamięci. Z roku na rok robiłem wszystko, żeby się zahartować. Wziąłem się za sport. Wyszczuplałem i urosłem. Nie pamiętam, żebym wtedy płakał. Kląć nauczyłem się szybko – piętrowo i soczyście. Do dziś tak zresztą mówię. Ale wciąż, nieco nawet bardziej desperacko, szukałem w kimkolwiek oparcia i akceptacji. Do czwartej, piątej klasy podstawówki próbowałem znaleźć je w relacji z ojcem. Chciałem zrobić na nim wrażenie wynikami w nauce. Nie było to dla mnie specjalnie trudne, bo podobała mi się szkoła i samo uczenie się. Zdobyłem nawet świadectwo z paskiem, ale ponieważ ta strategia nie odniosła skutku, to uznałem, że ten kierunek nie rokuje dobrze. Wtedy wszedłem w osiedlowe i szkolne towarzystwo, które dużo i często piło, paliło, niektórzy nawet buchali kleje i rozpuszczalniki, ale to ostatnie sporadycznie i były to naprawdę pojedyncze przypadki. Kojarzenie twojej osoby z taką grupą miało wymierne korzyści, bo ci ludzie akurat należeli do tej bardziej liderskiej, wpływowej części szkoły. Trzymając się z nimi, można było dostać się do radiowęzła, włączać muzę na dyskotece, wnosić nielegalnie alkohol na szkolne imprezy. Czyli wszystko to, co w hierarchii podrostków całego świata było i pewnie dalej jest najwyżej cenione. Nigdy nie byłem liderem, ale liderzy pozwalali mi koło siebie być, lubili mnie. Kilka razy zaimponowałem im drobnymi kradzieżami, nałogowym już paleniem, wymyślnymi bluzgami, piciem dużej ilości alkoholu. Poza tym wydaje mi się, że byłem lojalny, dość inteligentny i zabawny. Dzięki temu przyjęli mnie do siebie. Swoją drogą mój kolega, który był wtedy liderem w klasie, już niestety nie żyje. Zmarł bardzo młodo, bo nie poprzestał na szkolnych jabolach i piwie. Brawurowo poszedł w twarde narkotyki i zupełnie się rozpuścił. Kilka lat po skończeniu podstawówki widziałem go i już w niczym nie przypominał tego prawie dwumetrowego, śniadego przystojniachy, który wiódł prym w VIII B. Potem jeszcze kilka razy widziałem go na dworcu w Katowicach, już w czasach, kiedy studiowałem w szkole teatralnej. Był chudy jak nieszczęście i kompletnie go odklejało od rzeczywistości. Próbowałem się przywitać, ale chyba nawet mnie nie poznał. Tak się składa, że jest pochowany na tym samym cmentarzu co mój ojciec. Co roku pierwszego listopada, idąc z Lenką i chłopcami w stronę nagrobków mojej rodziny, mijam grób Konrada. I kiedyś przyszło mi do głowy, że to jest jakieś memento dla mnie. Bo start mieliśmy podobny.

Ja w podstawówce. Pewnie III lub IV klasa.
Mówili na mnie wtedy Gruby. Zdjęcie: prywatne archiwum Autora.

VII lub VIII klasa szkoły podstawowej. Współprowadziłem radiowęzeł z A. Piegzą i M. Milą. Zdjęcie: prywatne archiwum Autora.

A czy miałeś tak zwanych „kolegów z bloków"?

Tak, zwłaszcza w podstawówce. Dlatego to wcześniejsze dzieciństwo w oderwaniu od sytuacji domowej pamiętam jako całkiem fajne. Najtrudniejszy moment przypadł na czas od technikum i jednocześnie na okres choroby i śmierci ojca. Wcześniej ja i moi koledzy z sąsiedztwa mieliśmy o tyle więcej szczęścia w porównaniu do moich dzieci, że obowiązywała rejonizacja i wszyscy chodziliśmy do tej samej szkoły. Czyli spędzaliśmy wspólnie czas i na podwórku, i w szkole. I to dotyczyło jednego, względnie kilku sąsiednich osiedli. Staliśmy pod trzepakiem, jeździliśmy na rowerach, kopaliśmy piłkę, nudziliśmy się, skubaliśmy słonecznik, strzelaliśmy z procy, kradliśmy komuś owoce z działek, łowiliśmy nielegalnie ryby z prywatnych stawów. Dużo czasu spędzaliśmy bez rodziców. Nikt nas nie kontrolował, po szkole szybko odrabiałem lekcje i wychodziłem z domu. Wracałem późnym wieczorem. Chyba każdy z moich kolegów tak robił. Miałem też wtedy koleżankę Martę. Była dla mnie kimś pomiędzy kumplem a dziewczyną. Chodziła po drzewach, walczyła na miecze, nie okazywała strachu. Mieliśmy swoje miejsca z kilkoma jeszcze dzieciakami i bawiliśmy się, byliśmy bardzo zżyci. A ponieważ była to przyjaźń jeszcze z przedszkola i trwała już kilka lat, to w sposób naturalny uznaliśmy, że jesteśmy sobie przeznaczeni do końca życia. Ale jak to zwykle bywa w takich sytuacjach, kiedy skończyliśmy podstawówkę i poszliśmy do różnych szkół, nasze drogi się rozeszły. Gdy wróciłem do Sosnowca już po studiach, zapytałem naszego wspólnego kolegę o to, co się dzieje z Martą, jak się potoczyło jej życie. Wiedziałem, że on może mieć z nią jakiś kontakt, bo chodzili razem do liceum. Wtedy powiedział: „Marta to już nie jest Marta. Ona zmieniła płeć. Przeszła operację, kurację hormonalną, jest mężczyzną, ma żonę i chyba nawet mają dzieci". Zaniemówiłem. Nigdy w życiu nie zetknąłem się z taką sytuacją i byłem w totalnym szoku. Co innego o tym czytać czy oglądać w kinie, a co innego tego doświadczyć.

Nie chciałeś się do niej, a w zasadzie do niego, odezwać? Spotkać się po latach, pogadać? Przecież łączyła was silna więź przez tyle czasu.

Nie chciałem i nadal nie chcę. Wolę zapamiętać ją taką, jaka była w dzieciństwie. Wiąże się z nią wiele moich pierwszych dziecięcych fantazji i wyobrażeń wspólnej przyszłości. Dlatego przyjąłem to do wiadomości i tyle. Cieszę się, że nie musi się już męczyć w ciele osoby, którą nie była, czy też nie był. Życzę mu wszystkiego dobrego, mam nadzieję, że on i jego rodzina są i będą szczęśliwi przez długie lata.

Ty też doświadczyłeś życia, którego się nie chce... Gdy miałeś szesnaście lat, próbowałeś popełnić samobójstwo. Cudem cię odratowano. Dlaczego zdecydowałeś się na tak desperacki krok?

Byłem już u kresu sił. Dobiło mnie osamotnienie, poczucie winy za śmierć ojca, narastająca beznadzieja i nawracające czarne myśli. O świecie myślałem nie najlepiej, ale najgorzej zawsze o sobie samym. Byłem też zmęczony brakiem jakichkolwiek relacji emocjonalnych z kimkolwiek. Dopóki nie trafiłem do najlepszego terapeuty świata – pana Jacka, a później też do pana Michała, akupunkturzysty, odpowiedzi na to pytanie było kilka. I to takich, na jakie w danym czasie pozwoliła mi moja dojrzałość. Na każdym etapie życia gdzie indziej upatrywałem przyczyn, które pchnęły mnie do samobójstwa. A akupunktura dała mi nieprawdopodobną i nieporównywalną z niczym wcześniej możliwość przeżycia tego, doświadczenia, a nie rozumowego analizowania. Samo zrozumienie to jest za mało. Pan Michał pracuje z energią w taki sposób, że mogłem wrócić tam, do tego miejsca, pokoju, w którym próbowałem się zabić. I przeżyć to jeszcze raz. To było kurewsko trudne, ale dziś wiem, że konieczne. I takich powrotów do przeszłości było więcej. Przez trzy lata tej terapii byłem w stanie z dużą dokładnością określić, w którym miejscu mojego przeszłego życia aktualnie znajduje się moje ciało, co przerabia i do czego wraca. Raz miałem tak, że leżałem cały wieczór na wznak i nie byłem w stanie się ruszyć. Leżałem i mogłem tylko płakać, wyć z niewysłowionej rozpaczy, która mnie przepełniała bez reszty. To jest o tyle niezwykłe, że rozpaczy owej nie dało się sensownie połączyć z czymkolwiek, co się działo wtedy w moim życiu. Wszystko się w nim układało.

Więc gdzie byłeś wtedy myślami?

W domu, ale nie rodzinnym. W mieszkaniu mojej babci Hani, matki mojego ojca. Pamiętam zapach, atmosferę tego miejsca. Widziałem ten pokój z perspektywy łóżeczka dziecięcego, takiego ze szczeblami i czułem to całym sobą, że nie jestem w stanie się z niego podnieść. Że jeszcze nie umiem. Moje ciało znieruchomiało i wiedziałem, że muszę mu pozwolić do końca wylać z siebie to, co jest do wylania. Wezbrało we mnie tyle i tak gwałtownych emocji, że myślałem, że to się nigdy nie skończy. Smutek, żal, rozpacz, samotność połączone w gigantyczną zapierającą dech falę. Porównałbym ten proces do wymiotów. Nie wiedziałem, ile tego we mnie zostało. Ale musiałem to wypłakać do końca. Doświadczyć świadomie, wziąć z tego, co się da na przyszłość, i zostawić, wydalić, odpuścić.

Co pamiętasz z dnia, w którym pierwszy raz próbowałeś się zabić?

Wszystko. Rano wyszedłem z domu, normalnie jak do szkoły. Poszedłem na cmentarz, na grób mojego ojca. To była pierwsza rocznica jego śmierci. Było dość pogodnie. Zauważyłem, że obok grabarze kopią nowy grób. Zrobiło to na mnie wrażenie, ale myślę, że gdybym miał możliwość zobaczyć swoją twarz z tego momentu, to byłaby pustą, martwą maską. Doprowadziłem się do takiego stanu, że wszystko we mnie krzyczało, ale byłem od tego odłączony. Nie byłem w stanie przeżywać już żadnych emocji. Teraz przypomniało mi się, że widziałem tam też kosa. Ten ciekawski ptak skakał sobie po nagrobkach i popatrywał z ukosa. Był dość blisko. Wspominam o nim dlatego, że w jakiś niewytłumaczalny sposób kojarzył mi się z moim ojcem... Nie podejmuję się wyjaśnienia dlaczego. Po prostu tak było i dalej jest. Po wizycie na cmentarzu wróciłem do domu. Wszystko zaplanowałem krok po kroku. Napisałem list do mamy, gdzie wyjaśniłem jej, co zrobię i dlaczego. Pamiętam, że napisałem go w zeszycie, który miał okładkę z rysunkiem tandetnego, uśmiechniętego od ucha do ucha hamburgera. Żałuję, że ten list gdzieś przepadł, bo treści niestety nie pamiętam. Nie pamiętam nawet, czy był długi, czy krótki. Za to wiem, że po powrocie do domu żołądek miałem ściśnięty ze strachu, ale silniejsza była myśl, że w końcu będę miał z tym całym burdelem święty spokój, że nareszcie się to wszystko skończy. Skupiłem się na wykonaniu zadania. Do dziś widzę tego szesnastolatka, który chodzi po mieszkaniu i kolejno, metodycznie wyłącza bezpieczniki, żeby w razie czego nie obudził go dzwonek do drzwi, zamyka drzwi od środka na wszystkie zamki, przygotowuje łóżko do spania, wyciąga z szafki nad zlewem leki. Do żaroodpornego dzbanka do zaparzania herbaty wrzuciłem wszystkie lekarstwa, które znalazłem w domu. Dzbanek miał czerwoną plastikową rączkę i dekielek. Każdy wtedy miał taki w domu. I jak w każdej tragicznej historii, tu też musiał pojawić się wątek komediowy. Bądź, co bądź był pierwszy kwietnia. W trakcie łykania tabletek zacząłem się denerwować tak, że powoli przestawałem nad sobą panować. Ze strachu miałem tak suche i zaciśnięte gardło, że leki przestały przez nie przechodzić. Trzeba było działać. Potrzebowałem się jakoś uspokoić i z ulgą znalazłem w szafce krople walerianowe. Były ohydne w smaku. Zazwyczaj podaje się zwykle tylko kilka kropel i to na łyżeczce cukru. Ja po prostu duszkiem opróżniłem buteleczkę. To spowodowało natychmiastową reakcję wymiotną. Walcząc z torsjami przez dobrą chwilę, myślałem o tym, że jak wyrzygam te leki, które już zdołałem połknąć, to tych, które zostały w dzbanku, może nie wystarczyć na skuteczną egzekucję, że to wszystko się nie uda i będę musiał jakoś wytłumaczyć się mamie z tej pustej apteczki. Powaga tej sytuacji nagle stała się więcej niż wątpliwa. Ostatecznie udało mi się zapanować nad wymiotami. Wziąłem pozostałe tabletki, położyłem się do łóżka, zakładając wcześniej piżamę, w której nota bene wyglądałem dość żałośnie. Leżałem, miałem otwarte oczy i w sumie nic takiego się ze mną nie działo. Po jakimś czasie koktajl z leków zaczął działać. Straciłem przytomność. Z tego, co było później, pamiętam już tylko urywki. Pamiętam, jak obudziłem się w szpitalu. Czułem się wtedy, jakbym wyłonił się z ciemności. Nie widziałem twarzy ludzi, którzy pochylali się nade mną, a jedynie czarne kontury. Na pewno coś do mnie mówili. Zdałem sobie sprawę, że jestem przywiązany do łóżka. Ręce miałem przypięte profesjonalnymi, podbitymi od spodu filcem, skórzanymi pasami (jakich używa się na izbie wytrzeźwień albo w psychiatryku). Dzięki temu nie wrzynały mi się w nadgarstki, gdy się ruszałem. Na nogi już widocznie takich zabrakło. Przywiązano je bandażami, a te z każdym ruchem zaciskały się i blokowały krążenie. Chciałem powiedzieć, żeby mi je zdjęli, bo bardzo mnie boli, ale z jakiegoś powodu nie byłem w stanie wydawać z siebie artykułowanych dźwięków. Wydaje mi się, że krzyczałem i próbowałem się gwałtownie wyswobodzić. Ktoś się nade mną nachylił zbyt nisko i uderzyłem go mocno z główki. Nie wiem, kto to był. Może lekarz, może ktoś z rodziny. A przecież nigdy wcześniej nie przejawiałem agresywnych zachowań. Nigdy nikogo nie pobiłem, nie zaczepiłem, zbierałem raczej baty albo uciekałem. W tym półświadomym stanie byłem uosobieniem nieposkromionej złości, gniewu i agresji. Później urwał mi się film. Gdy ponownie odzyskałem świadomość, zobaczyłem nad sobą twarze milczących krewnych. W końcu któraś z sióstr mojej mamy powiedziała, że fajnie, że się już lepiej czuję i że wszystko się dobrze skończyło. Po czym pochyliła się i na ucho wycedziła mi: „Coś ty nam zrobił?". Nie jestem w stanie precyzyjnie określić, co wtedy poczułem. Wiem jedno – w tamtym momencie postanowiłem, że na pewno spróbuję to zrobić jeszcze raz.

W pamięci utkwił mi też moment, gdy się obudziłem, już bez pasów i widziałem, że ci starsi faceci z sali siedzieli w grupie pod oknem i o czymś tam sobie gadali. Z perspektywy swojego łóżka, spod drzwi sali zobaczyłem, że nad nimi na suficie wiszą dwa ogromne pająki. Takie wielkości dłoni dorosłego, wielkie, włochate i na bank niebezpieczne. Pomyślałem sobie, muszę tym facetom o tym natychmiast powiedzieć, bo przecież jak zrobi się wieczór, to one zejdą i będzie niewesoło. Widziałem te pająki doskonale, długo patrzyłem, jak łażą nie niepokojone po suficie. Bałem się potwornie, ale też resztkami rozsądku dziwiłem się troszkę, dlaczego ci goście nic sobie z obecności tych stworów nie robią. Trwało to dość długo, nie wiem dokładnie ile, bo straciłem poczucie czasu. Aż w pewnym momencie mrugnąłem oczami i pająki zniknęły. Po prostu i od razu. Jakby ich tam nigdy nie było. Za to na ich miejscu pojawiły się wielkie, bure plamy z grzyba. Teraz było dla mnie oczywiste, że nigdy nie było tam żadnych pająków. Minutę wcześniej zaś niezaprzeczalnie je widziałem. Następna doba przyniosła kolejne niespodzianki i atrakcje. Pisałem na przykład list. Nie pamiętam do kogo i o czym. Nie pamiętam też po co. Po prostu wziąłem kartki, długopis i zacząłem pisać. Po dłuższej chwili mrugnąłem oczami i zobaczyłem, że po prostu siedzę z ugiętymi nogami, palcami trzymam nieistniejący długopis i piszę zawzięcie na nieistniejącej kartce. Niedługo potem ni stąd, ni zowąd do sali wszedł policjant w asyście lekarza. Wzięli mnie do izolatki i przesłuchiwali na okoliczność tego, skąd miałem morfinę. Moja próba samobójcza zbiegła się w czasie z napadem na aptekę i policji wydawało się, że mogłem mieć z tym coś wspólnego. Dopytywali, dość zresztą stanowczo i bez przesadnych pieszczot, od kogo dostałem narkotyk i kto mi robił zastrzyk. Miałem duże stężenie morfiny we krwi, to był fakt bezsporny. Próbowałem tłumaczyć, że nie było ze mną nikogo – drzwi przecież były zamknięte od środka – a sam nie zrobiłbym sobie zastrzyku, bo zwyczajnie nie umiem. Nie byli przekonani. Na dowód pokazywali ślady wkłuć na moich przegubach i mówili, żebym się przyznał, to wszystkim ułatwię robotę. Wkłucia były po wenflonach założonych już w szpitalu. Argumentowałem niby rozsądnie i dość pewnie, ale też zacząłem trochę powątpiewać, zwłaszcza w kontekście tych halucynacji na sali chorych, czy z moją głową jest na pewno wszystko dobrze. No bo jeśli oszalałem, to w sumie i morfina, i zastrzyki się też w tym obrazie sytuacji mieszczą, zaraz obok pająków i nienapisanego listu. Szczęśliwie dość szybko okazało się, że wśród leków, które wziąłem z domowej apteczki, był też tramal. Został jeszcze po ojcu, który brał go w zaawansowanej fazie raka. Tramal chyba jest pochodną morfiny i stąd to wysokie stężenie u mnie. Ale wziąłem go nieświadomie, nawet nie wiedziałem, że taki lek wpadł mi w ręce.

Jak to się stało, że zostałeś odratowany?

To był „przypadek". Miałem fart jak mieszkańcy japońskiego miasta Kokuro, głównego, drugiego po Hiroszimie celu drugiej bomby atomowej. Niefart miało Nagasaki, cel zastępczy. O tej porze, kiedy połknąłem dzbanek leków, nikt nie miał prawa zjawić się w naszym mieszkaniu. Ani tym bardziej mieć do niego kluczy. Zaplanowałem to precyzyjnie. Ale los chciał inaczej. Nieprzytomnego znalazł mnie mój szwagier Mariusz. Przyszedł do nas odebrać wiertarkę, którą wcześniej zostawił. Miał przyjść innego dnia, wiedziałem o tym, ale nagle zmieniły mu się plany i wpadł właśnie wtedy. Miał klucze do naszego mieszkania. Natychmiast wezwał karetkę. Było około piętnastej. Gdyby nie to, mama wróciłaby z pracy po godzinie dziewiętnastej i to ona by mnie znalazła. Już martwego albo w najlepszym razie w śpiączce. Inna sprawa, że zaplanowanie tego w taki sposób, by skazać własną mamę na znalezienie zwłok swojego dziecka w łóżku, jest czymś potwornym i niewyobrażalnie okrutnym. Jednak wtedy nie przyszło mi to w ogóle do głowy.

Jak wyglądało twoje pierwsze spotkanie z bliskimi po tym wydarzeniu?

Bardzo smutne. Zebrali się wokół mojego łóżka, miny mieli raczej poważne. Miałem wrażenie, że nikt się nie cieszy z tego, że jednak przeżyłem, bo nie było to takie pewne. Czułem wtedy, że wszyscy są na mnie źli, za to co zrobiłem. Ja z kolei czułem w każdej komórce swojego ciała, że bardzo źle się stało, że się obudziłem, że nie udało mi się umrzeć. Byłem na siebie o to zły. I na Mariusza, że mnie uratował.

Naprawdę nikt cię po tym wszystkim nie wspierał?

Dopuściłem do siebie wtedy tylko dwie osoby. Jedną z nich była moja siostra. Ona przynajmniej nic nie mówiła, nie komentowała tego, co się stało. Odwiedzała mnie w szpitalu. Przyniosła mi w prezencie kasetę Grzegorza Turnaua, którą nagrał z Andrzejem Sikorowskim. Znam ją na pamięć. To było jedyne, co miałem w walkmanie wtedy, i przez cały pobyt w szpitalu słuchałem jej na okrągło. Czułem, że siostrze na mnie zależy, że akceptuje mnie w milczeniu. Drugą osobą, która oszczędziła mi pytań i wyrzutów, był mój kuzyn. On po prostu przychodził do mnie, nic ode mnie nie chciał, tylko siadał ze mną przed szpitalem. Jaraliśmy szlugi i gadaliśmy o dupie Maryni. Potrafił mnie rozbawić w taki swoisty, niewymuszony sposób. Patrząc na tę sytuację z dzisiejszej perspektywy, jestem im obojgu wdzięczny, bo potrzeba mi było wtedy właśnie czyjejś uwagi. Tak po ludzku. Jednak rozumiem i to, że sobie ich wybrałem, i że dotrzeć do mnie było wówczas niezwykle trudno. W zasadzie było to niemożliwe.

Mama nigdy nie zapytała cię,
dlaczego chciałeś się zabić?

To jest dobre pytanie. Bo nie pamiętam, żeby ona kiedykolwiek zadała mi je w ten sposób. Ale wiem, że padało pytanie, które doprowadzało mnie do szału i na jakiś czas cyklicznie pozbawiało wszystkich sił i energii, czyli – czy ja wtedy rzeczywiście brałem narkotyki. Za każdym razem mówiłem jej prawdę, że nie, nie brałem wtedy żadnych narkotyków. Bo nie brałem. Aż pewnego razu, kiedy ona po raz milion piąty zapytała o to samo, powiedziałem trochę dla odmiany i trochę z ciekawości, co się stanie: „Tak, mamo, brałem". A ona na to „Eee, niemożliwe." „E" było charakterystycznie przeciągnięte. Nie było więc i nie ma na to pytanie dobrej odpowiedzi. Jeżeli w sytuacji, gdy próbujesz się zabić, dla twojej mamy najważniejszą kwestią do rozstrzygnięcia pozostaje to, czy brałeś narkotyki, to na sto procent jest to próba poszukiwania odpowiedzi zastępczej. Odpowiedzi w przystępny i ostateczny sposób wyjaśniającej powód twojego desperackiego kroku. I zdejmującej ciężar odpowiedzialności z wszystkiego i wszystkich – za wyjątkiem osoby zażywającej i samej substancji psychoaktywnej. Przede wszystkim zaś definitywnie zamykającym kwestię i pozwalającym do niej nigdy nie wracać.

Szybko zrealizowałeś to, co postanowiłeś
po wybudzeniu się ze śpiączki.
Spróbowałeś drugi raz.

Jeszcze tego samego lata. Cały czas chodziłem do technikum, w którym po śmierci ojca już nic mnie nie trzymało. W drugiej klasie stało się jasne, że to nie miejsce dla mnie. Przedmioty coraz bardziej się komplikowały, a ja czułem, że nie nadążam, nie dam rady i w końcu nie zdam. Zaciskała mi się na szyi pętla. Oprócz tego, że cały czas byłem potwornie osamotniony i szczelnie zamknięty w sobie, to jeszcze moje poczucie własnej wartości codziennie słabło, gdy uświadamianiem sobie, że jeśli idzie o szkołę, to nic nie umiem i nic nie wiem. Krótko mówiąc – nic dla siebie nie byłem wart. Zbierałem do wyimaginowanego pudełka te wszystkie zranienia. I w pewnym momencie pudełko przestało się domykać. Sam sobie zadajesz te mikrourazy i nadchodzi chwila, że krwawisz już ze wszystkich stron. Nie masz na nic siły i na niczym ci nie zależy. Ale paradoksalnie, w tej sytuacji bez wyjścia czujesz się jak w domu. Wiesz, że jest bardzo źle, ale jednocześnie bardzo dobrze, bo zyskujesz wspaniałe potwierdzenie tego, co o sobie myślisz. Myślisz, że jesteś do dupy i nic nie wart i za chwilę właśnie przez kolejne porażki, złe oceny w szkole, fatalną relację z bliskimi dostajesz potwierdzenie, że tak właśnie jest. Twoje życie jest tego jaskrawym dowodem, za chwilę wyrzucą cię ze szkoły albo nie zdasz. Słyszysz w sobie znajomy głos: „Zobacz, jak wszystko spierdoliłeś. Znowu. Gdziekolwiek nie spojrzysz, wszędzie są zgliszcza". I ciekawe jest to, że odczuwasz wtedy rodzaj ulgi, bo nie musisz się już starać. Jest beznadziejnie i inaczej nie będzie. Czekałem tylko, aż znów zbiorę się na odwagę, aż pojawią się sprzyjające okoliczności, żeby spróbować się zabić. I pojawiły się.

W tamtym czasie kumplowałem się z niejakim Januszem, który pewnego dnia pochwalił mi się, że zamierza uciec z Polski. Zaplanował, że pojedzie na Zachód, będzie grać na ulicach na gitarze i z tego na początku się utrzyma. Ja się do tego planu chętnie przyłączyłem, zakładając, że będę towarzyszyć Januszowi tylko do pewnego momentu. Bo później się oczywiście zabiję. Ale o tym już mu nie powiedziałem. Pamiętam, że uciekałem z domu w dzikim pośpiechu, nawet nie zamknąłem drzwi na klucz, który zresztą chyba zostawiłem w zamku. Dojechaliśmy z Januszem autostopem do Żywca, zatrzymaliśmy się w końcu w Węgierskiej Górce i dotarło do mnie, że już dalej nie pojadę, że to właśnie tu się to wszystko skończy. Janusz chyba po prostu był mi potrzebny do tego, żebym oddalił się od domu i mógł zrobić ten pierwszy, ale nieodwołalny krok. Dlatego podpiąłem się pod tę ucieczkę, a jego wystawiłem do wiatru. Mój kumpel postanowił wracać do domu. Rozstaliśmy się w nie najlepszej atmosferze. Zostałem sam i postanowiłem, że pójdę w góry. W aptece za ostatnie grosze, jakie miałem, kupiłem kilka opakowań apapu. Do tego jeszcze dwa piwka, żeby mieć czym popić. Wziąłem ten „śmiercionośny" zestaw i ruszyłem szlakiem na Baranią Górę. Gdzieś w połowie wysokości odbiłem od głównego szlaku i rozbiłem namiot w zaroślach. Wziąłem wszystkie tabletki, popiłem piwami i zasnąłem w pełnym przekonaniu, że już się nie obudzę. Nie bałem się. Tylko że o świcie niestety znów się obudziłem...

Mogłeś zrobić to bardziej radykalnie, rzucić się pod pociąg, skoczyć z wieżowca, a znów zrobiłeś to w sposób, który już raz cię zawiódł.

Więc pewnie podświadomie nie chciałem umrzeć. Masz rację, że trzeba być naiwnym, żeby uwierzyć, że opakowanie przeciwbólowych plus dwa browce cię zabiją, nawet z nadwątloną po ostatnim razie wątrobą. Może to miała być manifestacja mojej bezradności, samotności i całego tego bezsensu, które były moim udziałem. Koniec końców złożyłem ten namiot, zapakowałem się i czując się fizycznie bardzo źle, zacząłem schodzić z tej góry. Było potwornie gorąco i duszno. W gardle miałem zupełnie sucho. Poszedłem do jakiegoś źródła, napiłem się i zacząłem strasznie wymiotować. To, co wypiłem, natychmiast ze mnie wylatywało. Wirowało mi w głowie, miałem zimne ręce, serce mi tłukło, jakby miało wyskoczyć. Chciałem jak najszybciej trafić na ludzi. Trochę to trwało, ale jakoś zwlokłem się na dół. Przy wejściu na szlak był mały sklepik. Tam usiadłem na ławeczce. Kupiłem napój gazowany, który wypiłem duszkiem i od razu zwróciłem. Czułem się coraz gorzej. Na szczęście pojawiła się jakaś wycieczka dzieci. Podszedł do mnie chłopiec i zapytał, co mi się stało. Ja resztką sił poprosiłem, by zawołał swojego nauczyciela. A ten, jak mnie zobaczył, od razu wezwał karetkę z telefonu w sklepie. Zawieźli mnie do szpitala. Tam już otwarcie powiedziałem, co zaszło. Zrobili mi płukanie żołądka. Jest to zabieg, który na trwałe leczy z podejmowania prób samobójczych tym sposobem. I na zawsze pozostaje w pamięci, ze szczegółami. Następnego dnia przyjechała do mnie mama z wujkiem. Powiedziała mi wtedy coś, czego zupełnie się nie spodziewałem. Otóż mieliśmy wtedy psa. Taką czarną suczkę, kundelka, miała na imię Kora. Nie traktowałem jej dobrze, była mi obojętna jak prawie wszystko wtedy, a często nawet wyładowywałem na niej swoje złe emocje. I mama powiedziała, że tego psa oddała. Nie wiem dlaczego, ale strasznie się rozpłakałem. Pierwszy raz po śmierci ojca. Płakałem z ogromną siłą, zupełnie nieadekwatnie do tego, jak traktowałem tego psa. To był chyba jakiś zastępczy kanał, przez który uleciała część skumulowanych we mnie emocji.

W tych wszystkich bardzo mocnych historiach ledwie widocznie zarysowuje się postać twojej siostry. Na ile była ona obecna w twoim życiu?

Miałem bardzo słabą relację z siostrą w dzieciństwie, a później podzieliła nas śmierć taty i stosunek do tego, jakie życie z nim mieliśmy. Ja po latach zacząłem zgłębiać tę historię i próbować zobaczyć ją w prawdziwym świetle. Wiązało się to z tym, że trzeba było sobie uświadomić bardzo nieprzyjemne, karygodne, niedopuszczalne wręcz rzeczy z udziałem ojca, jakie miały miejsce w domu. A moja siostra przez długi czas hołdowała przekonaniu, że to był super facet. A jeśli wydarzyło się coś złego, to o tym nie będziemy rozmawiać. Taką przyjęła strategię, bo widać to jej pomagało. Ona w ogóle była zapatrzona w ojca i na pewno miała z nim bliższą relację niż z mamą. Ale też wydaje mi się, że po jego śmierci to jej uwielbienie wzrosło. Może ból straty zatarł w pamięci obrazy z przeszłości. Ja na początku przeżyłem to podobnie, potem wszystko się zmieniło. To nas podzieliło na długo. Właściwie mogę powiedzieć, że przez wiele lat czułem się jedynakiem. Nawet w dzieciństwie nie bardzo doświadczałem, że mam siostrę. A jeśli tak, to raczej w przykrych, konfliktowych sytuacjach. Między nami jest siedem lat różnicy i to była niełatwa relacja. Patrząc z perspektywy mojej siostry, na pewno ciężko było żyć z małym, wkurzającym chłopcem w jednym pokoju. Opiekować się nim, czy się chciało, czy nie.

Mieszkaliśmy wtedy w czterdziestodwumetrowym dwupokojowym mieszkaniu. W jednym pokoju była sypialnia połączona z salonem, a w drugim pokój mój i siostry. Trudno o porozumienie w takich okolicznościach. Jeśli w ogóle mam jakieś związane z nią wspomnienia z dzieciństwa, to raczej niemiłe.

Biliście się?

To za dużo powiedziane. Raczej ja dostawałem od niej manto. Wiek, waga i siła działały na jej korzyść. Oczywiście do pewnego momentu. Ale kiedy szala przechyliła się na moją stronę, siostra już się wyprowadziła. Miała wtedy siedemnaście lat. Kiedy mogłem się jej zrewanżować, jej już w domu nie było (*śmiech*). Tak naprawdę wszystkie dobre wspomnienia z siostrą mam tylko z dorosłości. Nie pamiętam z dzieciństwa żadnych scen bliskości, na przykład wspólnego świętowania urodzin, zabaw. Ona zawsze była wobec mnie uszczypliwa, złośliwa. Raczej czułem, że mam w domu dwie kobiety przeciwko sobie. Kiedy zacząłem wchodzić w wiek dojrzewania, zrobiło się jeszcze trudniej. Pomyśl sobie, zaczynasz okres zainteresowania własnym ciałem, poznawania seksualności, masturbacji. I mieszkasz w pokoju z siostrą. Z jednej strony masz mamę, która ci mówi „ręce na kołdrę", a z drugiej siostrę, która zwyczajnie nie rozumie, co się z tobą dzieje, a i też pewnie nieraz po prostu czuje się niezręcznie.

Długo było między wami źle?

Długo. Ta relacja pozostawała trudna, bo ja wraz z wiekiem stawałem się bardziej świadomy tego, co się wokół mnie dzieje. Robiłem też wszystko, żeby się ratować i oddzielić od rodziny. A siostra była bardzo blisko tego wszystkiego. I w efekcie przejęła charakterystyczne dla naszego domu emocjonalne przyciąganie i odpychanie. Polega to na tym, że ktoś daje ci zaproszenie do relacji, a jak tylko się zbliżysz, dostajesz po łapach. Mamy dziedziczną nieumiejętność odczuwania bliskości. Ja też to w sobie noszę. Bardzo chcę się do kogoś zbliżyć, a gdy już się to stanie, odczuwam paniczny lęk i wycofuję się. Na przykład były takie sytuacje z moją siostrą, już w dorosłym życiu, kiedy zapraszałem ją na spotkanie, siedzieliśmy do późnej nocy, rozmawialiśmy, śmialiśmy się, płakaliśmy i było super. Siostra zostawiła u nas pod domem samochód i następnego dnia miała po niego przyjść. Myślałem, że przy okazji wpadnie na herbatę, że jeszcze chwilę pogadamy. Zadzwoniłem do niej z pytaniem, kiedy przyjdzie po samochód. A ona powiedziała, że już była. Nawet nie dała mi znać. Po prostu przyjechała pod mój dom i niezauważona odjechała. Później nie kontaktowaliśmy się przez półtora miesiąca. Dawniej mnie to bolało, bo cały czas miałem nadzieję, że coś się zmieni. Po każdym takim spotkaniu, kiedy czułem, że jesteśmy ze sobą coraz bliżej, że teraz ta relacja się umocni, siostra znów się dystansowała.

Kto pierwszy wyciągnął rękę,
by w dorosłym życiu się do
siebie zbliżyć?

Ona. Ja w pewnym momencie pogodziłem się, że podobnie jak z mamą, z nią też nigdy nie będę miał głębokiej, bliskiej i trwałej więzi. To było bardzo przykre, odchorowałem to, ale ostatecznie uznałem, że po prostu tak już jest w tej rodzinie. Przez długi czas oboje mieszkaliśmy w Sosnowcu dziesięć minut drogi pieszo od siebie, a nie widzieliśmy się przez pół roku, czasem dłużej. Nie widywaliśmy się nawet w święta. To nie było dobre, ale też dałem sobie spokój z wychodzeniem z inicjatywą, żeby jakoś to zmienić.

Komunia mojej siostry Joanny. Mama, Aśka i ja. Rok prawdopodobnie 1982.

Zdjęcie: prywatne archiwum Autora.

Ta nasza relacja po prostu wpisała się w schemat przyciągania–odpychania. Na takich zasadach funkcjonowałem w większości bliskich związków. Nawet pierwszą dziewczynę taką sobie znalazłem. Mam zakodowany odruchowy model zachowania, że gdy zaczynam się angażować, to za chwilę odrzucam tę osobę albo robię wszystko, żeby to ona mnie odrzuciła. Po tylu latach terapii, setek prób wyzwolenia się z tego schematu, świadomie zacząłem ucinać znajomości z osobami, które mnie na tę ścieżkę pakowały. A właśnie moja relacja z siostrą jest dokładną jego egzemplifikacją. Dlatego pogodziłem się z tym, że nie będziemy bliskim sobie rodzeństwem. I wtedy wydarzyła się nieoczekiwana rzecz. Jakieś dwa lata temu siostra przyszła do mojego domu. Siadła w fotelu i wyglądała, jakby kompletnie się rozpadła. Powiedziała, że jest jej bardzo przykro, bo widzi, że ja sobie tak ze wszystkim dobrze radzę, a ona zupełnie nie. Rozpłakała się, a ja chwilę po niej. Zrozumiałem wtedy, że oboje zazdrościliśmy sobie nawzajem tego samego. Ona mnie tego, że tak mi się niby świetnie powodzi w pracy i w domu. A ja jej tego, że choć jej sukcesy nie są może spektakularne, to w moim odczuciu ma dobre życie, jest odważna, zaradna, reaguje na widzianą niesprawiedliwość, nawet często ryzykując swoje zdrowie. Ja taki odważny nie jestem.

A czy twoja mama próbowała w jakiś sposób zadbać o to, żeby wasza relacja, w sensie twoja i siostry, była lepsza?

Nie przypominam sobie. Tak samo, jak nigdy nie drążyła, dlaczego w naszym układzie matka–syn jest źle. Mam też wrażenie, że moja rodzina w szerszym ujęciu – ciotki, kuzyni, stanowi dla mnie w pewnym sensie zagrożenie. Funkcjonuje w niej rodzaj niepisanego porozumienia i albo to akceptujesz, zgadzasz się na ten układ, albo jesteś wykluczony. Najpopularniejszym modelem w tej rodzinie są relacje udawane. Pozornie jest wszystko fajnie, a pod spodem gruz i zgliszcza. Tym fajniej na wierzchu, im większy syf głębiej. I ja na to się nie godzę. Nie chcę w tej mistyfikacji brać udziału. A demistyfikacja nie wchodzi w grę. Wiem, bo próbowałem. W praktyce oznacza to, że moja bytność w tej rodzinie jest właściwie zerowa.

Wszyscy w tej rodzinie są tacy „rozdzieleni"?

Nie, ale ci, którzy zostali, płacą za to konkretną cenę. Ja się od tego odciąłem, nie wziąłem, ani nie biorę nic od nich, ale też nie pozwoliłem na ich ingerencję w moje życie. Skoro w trudnych chwilach były ze mną inne osoby, które są dla mnie do tej pory bliskie, to im mogę siebie dawać i im ufać.

Nie utrzymujesz żadnych kontaktów z ciotkami albo kuzynami?

Są to raczej sporadyczne i kurtuazyjne spotkania. I teraz jest tak, że ani oni, ani ja do nich nic dążę. Pewnie każdy ma swoje powody. Raz spotkaliśmy się w zasadzie wszyscy u nas w domu w Będzinie. Nie było źle, ale miałem wrażenie, że nie do końca swobodnie się u nas czuli.

Dałeś im odczuć, że nie są do końca mile widziani?

Nie, ale na pewno czuli się nieswojo w domu, w którym panują odmienne od tego, co sami praktykują, relacje. Może oni nie byli gotowi na zobaczenie mnie po latach w sytuacji, w której w końcu znalazłem równowagę w życiu i niczego mi nie brakowało. Rozglądali się po domu, komplementowali, że ładnie, że fajnie... Ale za chwilę dodali, że ten kredyt taki wysoki, że po co taki duży dom, po co ten kominek... Może to dlatego, że są to osoby, które dorastały w bardzo skromnych warunkach i mają w genach zakodowane ograniczanie swoich potrzeb. Taka lojalność wobec swoich korzeni. Nawet jeśli już teraz nie muszą sobie niczego odmawiać, to nie śmią zamarzyć o czymś więcej. I nie chodzi tu tylko o wymiar materialny. Każda z nich ma coś, dzięki czemu może być choć odrobinę nieszczęśliwa. To jest schemat, z którego trudno się uwolnić – wiem, bo sam byłem i w dużym stopniu jestem do dziś jego niewolnikiem – że cały czas musisz żyć w jakimś niedoborze. Jak z pieniędzmi jest OK, to trzeba sobie coś innego zabrać, na przykład satysfakcję z relacji z bliskim człowiekiem. Myślę, że w mojej rodzinie, a zatem i we mnie, mocno jest zakorzeniona i praktykowana dość gorzka prawda życiowa – nie można mieć wszystkiego.

Wrócę jeszcze na chwilę do mojej siostry, bo mam wrażenie, że ona żyje w tym właśnie schemacie. Jest w tym bardzo podobna do mojej mamy. Ja sam zresztą mimo wielu prób nie jestem od tego wolny, tylko u kogoś widzę to po prostu jaskrawiej. Obie na przykład mają coś takiego, żeby prowokować trudne rozmowy, a później wycofywać się z nich. Wiedzą, że coś je uwiera, i pytają o to, co było nie tak, dają sygnał „chodź, przytul się, jest miejsce na twoje uczucia, powiedz, z czym ci było nie tak". A kiedy mówisz, to słyszysz zaprzeczenie: „Niee, tak źle nie było". Dlatego nadal tak trudno nam zbudować prawdziwą bliskość z siostrą. Bo ona raczej woli nie mówić, niż mówić. Alkohol pomaga nam obojgu w rozpuszczaniu dystansu, ale to w sumie trochę za mało. No i nie zawsze się pije, prawda?

Jaką byś chciał mieć teraz z nią relację?

Już się zgodziłem wewnętrznie na tę, jaka jest. Od momentu, w którym ona przyszła do mnie, wiedziałem, że w jakimś, choćby minimalnym wymiarze odzyskałem ją. I to mi daje pewien spokój. Gdyby moje życie skończyło się dziś, to myślę, że byłbym zadowolony z tego, co wspólnie udało się nam wypracować i do czego ostatecznie dojść.

Siostra kibicuje twojej karierze aktorskiej?

Teraz już tak. Ale prawdę mówiąc, przez długi czas nie czułem przyjemności z zapraszania rodziny na swoje spektakle. Próbowałem kilka razy i zawsze miałem nadzieję, że przyjdą ludzie bardzo mi życzliwi, bo przecież najbliżsi. Najmniej spodziewasz się krytyki z ich strony. Wszyscy cię mogą krytykować, ale jest takie podstawowe, głębokie pragnienie tego, żeby ktoś z rodziny powiedział ci coś miłego, nawet jeśli na wyrost. Szczególnie na początku drogi, kiedy każdy krok wydaje się niepewny i sam jesteś mocno krytyczny wobec wszystkiego, co robisz. Pamiętam, jak zaprosiłem siostrę na swój spektakl dyplomowy, który bardzo przeżywałem. Byłem ogromnie ciekaw jej reakcji, liczyłem na wsparcie. A ona nie powiedziała w zasadzie nic, oprócz tego, że miałem słabą dykcję. Jak to się mówi, ręce z chlebem opadają. Nie mogłem w to uwierzyć, że to była naprawdę jedna, jedyna rzecz, którą ona zapamiętała i wyniosła z tej sztuki, że tyle znaczył dla niej mój udział w niej. Nawet jeśli naprawdę tak właśnie było. Później na długi czas odpuściłem. Aż po kilku latach zaprosiłem ją na „Fedrę" do Teatru Narodowego w Warszawie. I gdy zobaczyłem ją po tym spektaklu, ledwo ją poznałem. Była wstrząśnięta. Zapłakana do tego stopnia, że nie mogła mówić. Wybąkała tylko, że ją to bardzo dużo kosztowało i było dla niej nieprawdopodobnym przeżyciem. Wtedy poczułem, że stosunek mojej siostry do tego, co robię, się zmienił. Jest też jeszcze jedna rzecz, za którą jestem jej bardzo wdzięczny. W odróżnieniu od mamy, ona nigdy nie traktowała mojego zawodu i tego, co robię, jako czegoś, na czym ona prywatnie może coś ugrać. Nigdy nie patrzyła na mnie przez pryzmat zawodu aktora. A moja mama niestety często robiła to i robi.

W jaki sposób?

Na przykład taki, że dzwoni do mnie po dwumiesięcznej ciszy i mówi, że ktoś tam mnie widział wczoraj w telewizji. Ale nie zapyta mnie „Jak się masz?". Jestem na to bardzo wyczulony, gdy ktoś, a już zwłaszcza własna mama, patrzy na mnie przez pryzmat tego, co robię, a nie tego, kim jestem. Dziś na przykład, jadąc samochodem do Warszawy, podwiozłem obcego faceta. On już na wstępie powiedział, że ma zamiar spać przez całą drogę. Ostatecznie skończyło się na tym, że nie tylko nie spał, ale gęby nam się nie zamykały nawet na chwilę. I dopiero jak dojechaliśmy do miejsca, w którym wysiadał, zapytał mnie, czym ja się w ogóle zajmuję. Powiedziałem, że jestem aktorem. A on na to: „Aha, czyli mogłem cię widzieć w jakimś serialu? Wiesz, ja od dwudziestu pięciu lat mieszkam w Irlandii, więc nie bardzo wiem, co tu się nagrywa i ogląda". I nagle zaczął coś kojarzyć, jakąś „Pierwszą miłość" czy coś. I pomyślałem sobie, że to jest wspaniałe, że on nie zapytał mnie o to wcześniej, bo pewnie to by zdominowało naszą rozmowę. Wziąłby mnie za aktora z telewizji, a nie faceta, którego możesz po prostu polubić albo nie. I w tym sensie moja mama czy moje ciotki – jej siostry, są totalną odwrotnością. Dopóki nie dostałem się do szkoły teatralnej, nie zacząłem odnosić pierwszych sukcesów, to tak jakbym nie do końca istniał. A dzięki temu, że w jakimś sensie mi się powiodło, one zaczęły mnie dostrzegać.

Irytuje cię to?

Tak i w dupie mam taką widoczność. Są ludzie w moim życiu, którzy mnie dostrzegali, kiedy jeszcze nie robiłem tego, co robię. I tego się trzymam. Są też na szczęście ludzie nowo poznani, którzy też widzą mnie mimo tego, co robię.

Dużo opowiedziałeś mi o swojej rodzinie, o ciężarze, który włożyła ci na plecy na długie lata. Wspomniałeś, że wykonałeś ogromną pracę terapeutyczną, by się od niego uwolnić. Czy terapeuci mówili ci, że jesteś DDA?

Nie patrzyliśmy na to z tej perspektywy.

A diagnozowałeś się kiedyś pod tym kątem?

Nie i takie diagnozowanie mnie nie interesuje. Choć pewnie bym się kwalifikował. Zwróć uwagę, że większość diagnoz medycyny zachodniej konfrontuje ciebie i lekarza z chorobą, dając określoną i ograniczoną liczbę rozwiązań oraz porażek. Czyli tak naprawdę bardzo mocno zamyka pole działania. Co to za różnica, czy jesteś dzieckiem alkoholika, czy nie? Taka klasyfikacja jest mi potrzebna jak w dupie zęby. Dołożyłbym sobie przez to tylko kolejną rzecz, z którą musiałbym się zmierzyć. Podręczniki zapewne dawałyby mi niewielkie szanse, a ja musiałbym pogodzić się z przegraną, zanim na dobre zacząłem się leczyć. Zobacz, jest taki lekarz, który zajmuje się stawem skroniowo-żuchwowym i robi wkładki ortodontyczne do ust. Widziałem nagranie, na którym wkłada taką wkładkę do ust spastycznej kobiecie chorej na Parkinsona. Pacjentka cały czas się rusza i jest skrajnie napięta. Ale po chwili jej ciało odpuszcza, a ona bierze być może pierwszy swobodny oddech. Gdyby ten lekarz musiał się zmierzyć z całą formalną diagnostyką choroby Parkinsona, gigantycznym zestawem rzeczy, które można i których nie można robić, to nigdy nie osiągnąłby takiego efektu. A on po prostu spróbował czegoś alternatywnego, w co wierzył, a co nie mieści się w książkowej diagnostyce. I się udało.

W ilu terapiach brałeś udział?

Większości nie skończyłem. Teraz wspomagam się akupunkturą i mikrokinezyterapią. Ale ta najdłuższa i najbardziej złożona to ta, którą zacząłem pięć lat temu i w zasadzie nie wiem, czy ją skończyłem. Jej sukces to w dużej mierze zasługa pana Jacka, mojego terapeuty, który jest dobrym, życzliwym i uważnym człowiekiem. Ma wszystkie zalety świetnego psychologa. Jest bardzo czujny, zaangażowany, skupiony, odważny, nie boi się wejścia w relację i współodczuwania ze swoim pacjentem. Po tym, kiedy powiedział mi, że wszystko jest ze mną w porządku, to znaczy, że szesnastoletnie dziecko, które próbuje popełnić samobójstwo, nie może być obciążane za to, co zrobiło, poczułem, że jestem z odpowiednim człowiekiem. Ktoś po raz pierwszy zdjął ze mnie tę odpowiedzialność.

Czyli zrobiło ci się lepiej, bo on przerzucił winę z ciebie na kogoś innego?

Nie winę, a odpowiedzialność. I nie przerzucił, ale podzielił proporcjonalnie do posiadanych narzędzi rozwiązania sytuacji i dojrzałości. Myślę, że szesnastolatek, który ma przed sobą całe życie, nie mógł tak z niczego zaplanować sobie z zimną krwią krok po kroku, że się zabije.

Uważasz, że to jest sprawiedliwe, że za wszystko się obwinia rodziców?

Nie powiedziałbym, że obwinia. Ale obciążenie ich odpowiedzialnością za szukanie pomocy wydaje mi się fair. Jeśli ja jako rodzic zobaczyłbym, że mój syn robi takie rzeczy, jakie ja robiłem w młodości, to bym się bardzo zaniepokoił i postarałbym się dotrzeć do źródła problemu. Podobnie gdyby mój szesnastoletni syn chciał się zabić, to nie wysłałbym tylko jego do psychologa, lecz najpierw sam z żoną bym poszedł. Bo nastolatek to nie jest dorosły człowiek, tylko dziecko, które wychowywało się w naszym wspólnym domu, i jeżeli robi tak dramatyczną rzecz, to znaczy, że to, co dostał od nas, nie jest dobre, i coś trzeba z tym zrobić, wspólnie. Przecież dziecko poprzez swoje zachowanie sygnalizuje nam różne rzeczy: brak kontaktu, samotność, potrzebę akceptacji. Moja żona w swojej praktyce psychologa nigdy nie pracuje z samymi dziećmi. Gdy przychodzą rodzice z trzynasto- czy piętnastolatkiem, zaprasza do gabinetu najpierw wszystkich razem, a później prawdopodobnie samych dorosłych. Dziecko jest najczęściej papierkiem lakmusowym relacji rodziców i tego, co się dzieje w domu. Oczywiście istnieją choroby psychiczne dzieci, które trzeba leczyć, ale w większości przypadków zaburzenia młodych ludzi są wyraźnym sygnałem dla dorosłych, że coś w rodzinie nie działa.

Kiedy jako młody człowiek, jeszcze zanim poddałeś się terapii, pierwszy raz dostałeś od otoczenia wsparcie emocjonalne i akceptację?

W liceum. Trafiłem tam na wspaniałe nauczycielki, dzięki którym w końcu zyskałem jakąś podmiotowość. Zostałem po raz pierwszy w życiu bardzo poważnie potraktowany przez dorosłych. W technikum, w którym nie chciałem być, nie było żadnych relacji między nauczycielem a uczniem. Były chlubne wyjątki, ale szkoły nie zmieniały. Funkcjonował tam system podległości. Nauczyciele to nie byli nasi partnerzy, tylko ludzie traktujący nas z dużym dystansem, prawie zawsze z góry. Natomiast większość nauczycieli z liceum była zupełnie inna, pochodzili z harcerstwa i kierowali się zasadą: uczyć i wychowywać. Stosunek mojej klasy do wychowawczyni nie był zbudowany na lęku, tylko na wewnętrznym przeświadczeniu, że nie chcemy zawieść pokładanego w nas zaufania. To była dla mnie zupełna nowość. Z rodzicami łączyła mnie relacja oparta na strachu. Graliśmy w grę pod tytułem: oficjalnie jestem w porządku, choć wszyscy wiemy, że to niepełna prawda. Grunt to się nie dać złapać na kłamstwie, które przeczy oficjalnemu wizerunkowi. W liceum było zupełnie inaczej. Ci wspaniali pedagodzy zrobili ze mną coś takiego, że sam z siebie naprawdę chciałem stawać się lepszy. Nie byłem za to ani chwalony, ani ganiony, ale z życzliwą uwagą przyglądano się temu, co robię. Pani Basia, moja wychowawczyni zrobiła bardzo wiele, bym sam mógł poczuć, że coś znaczę i że jako człowiek jestem coś wart. Dzięki jej obecności zacząłem powoli wychodzić z tego bezwładu i bezsilnej apatii, którą miałem od czasu śmierci ojca. Spotkałem w końcu na swoje drodze dorosłego, który zaryzykował relację ze mną. Nie było to z pewnością dla niej łatwe zadanie, na początku ciężko mi było zaufać. Byłem w takim momencie, że nie miałem już nic w środku. Społecznie dziki, nieoswojony, poraniony. A ona dawała mi znać całą sobą, że mogę do niej przyjść, pogadać, że mnie zrozumie i że nie oceni.

Szkoła średnia to jest często okres poszukiwań i eksperymentów. W tym też miałeś wsparcie pedagogów?

Moja wychowawczyni cierpliwie, choć pewnie nie bez obaw, przyglądała się temu, jak na przestrzeni trzech klas zmieniałem subkultury jak rękawiczki. Byłem metalem z mocnymi skłonnościami do satanizmu, zaraz potem na krótko zostałem skinem z łysą glacą, w glanach i symbolem Waffen SS i swastą na wojskowym plecaku. Kończyłem szkołę chyba jako pseudohipis w zielonych dzwonach i Led Zeppelin oraz Hendrixem w słuchawkach. Ona patrzyła na mnie, na moich kolegów, którzy właśnie w ten sposób szukali pomysłu na siebie i nigdy tego nie krytykowała.

Była też tolerancyjna, gdy piliście alkohol na wycieczkach szkolnych?

Zbudowała z nami bardzo mądrą, dojrzałą relację. Kiedy jechaliśmy z nią na wycieczkę i przyszła usiąść obok nas przy ognisku, to nie było krępacji po żadnej ze stron. Pani Basia doskonale wiedziała, jak długo powinna z nami siedzieć. Ufała nam, że kiedy pójdzie, nie narobimy jakiejś kaszany. Myślę, że wiedziała też o naszych mniejszych i większych nadużyciach, czyli na przykład o alkoholu i marihuanie podczas wyjazdu. Nigdy nie usłyszeliśmy w tym temacie niczego więcej niż przestroga. Nie dawała nam oczywiście oficjalnego przyzwolenia, ale też była dyskretna, rozumiała, że takie rzeczy mogą się zdarzyć ludziom w takim wieku. Czuliśmy w klasie, że wychowawczyni traktuje nas poważnie i czystą głupotą z naszej strony wydawało się zrobienie czegoś, co tę relację mogłoby zniszczyć. Poza tym ona reprezentowała najlepszy model wychowawstwa, jaki można sobie wyobrazić. To znaczy praktykowała to, czego nauczała. Mówiła, że papierosy są złe, i sama też nie paliła. Była spójna w tym, co robiła i mówiła, a dla nastolatka to jest kluczowe. Teraz widzę po swoich dzieciach i potwierdza mi się to, co sam kiedyś czułem, że nastolatek to najbardziej chwiejny i nieprzewidywalny wynalazek wszechświata. Wystarczy często jeden mały błąd, jedna nielojalność albo niekonsekwencja ze strony dorosłego i dzieciak z miejsca zrywa tę relację, traci zaufanie. I pani Basia chyba zdawała sobie z tego sprawę. Była wobec nas fair, szanowała nas, pozwalała nam na błędy, ale też nie chroniła nas przed konsekwencjami. Jeśli ktoś przez cały rok zlewał naukę, ona go na siłę nie wyciągała na koniec roku. Ale popełniony błąd zawsze można było naprawić. Zawsze.

Długo rozmawialiście ze sobą po lekcjach?

Raczej nie, ale też nie było mi to potrzebne. Dla mnie najważniejsze było to, że pani Basia przez swoją postawę, działanie, a nie tylko słowne deklaracje, dawała mi znać, że jestem człowiekiem, z którym wszystko jest w porządku. Nie sztorcowała mnie, nie wyciągała na siłę informacji, akceptowała to, kim byłem, kim my wszyscy byliśmy w tej klasie. Nie była surowa, lecz bardzo konsekwentna. Wiedzieliśmy jako klasa, że jak przegniemy, to się rozzłości i tego nie ukryje, ale będzie też sprawiedliwa. Nigdy nie ukarała nas za coś nieadekwatnie. Dla mnie osobiście ogromną wartością i ułatwieniem było też to, że uczyła nas matematyki, czyli przedmiotu, który jest mi tak obcy, że bardziej się nie da. Szybko zorientowała się, że żaden ze mnie umysł ścisły. Wiedziała, że bezsensem jest tracić mnóstwo jej i mojego czasu na matematykę, na żmudne objaśnianie mi czegoś, do czego zupełnie nie mam predyspozycji. Pozwoliła mi zająć się czymś, do czego miałem serce i talent. Nie uważała jak wielu nauczycieli, że jej przedmiot jest najważniejszy.

Liceum zacząłeś od drugiej klasy. Uczniowie już byli ze sobą zgrani. Od razu cię zaakceptowali?

Gdy do nich przyszedłem, byłem jeszcze w bardzo złej kondycji psychicznej. Po dwóch próbach samobójczych i z kompletnie zrujnowanym poczuciem własnej wartości. Pamiętam bardzo dobrze ten moment, kiedy pierwszy raz wszedłem do sali i stanąłem przed moimi przyszłymi kolegami. Powiedziałem do nich: „Cześć. Jestem Michał. Jeżeli nie będziecie mogli mnie zaakceptować, to przynajmniej mnie tolerujcie". Nawet teraz, kiedy ci to mówię, towarzyszą mi ogromne emocje. Bałem się, jak to będzie. Co od tych ludzi dostanę. W tej szkole uczyła moja ciotka – żona brata mojego ojca, więc pewnie krążyły jakieś informacje o tym, dlaczego się tam znalazłem. Na pewno wiedziała o tym moja wychowawczyni. Pamiętajmy też, że dołączyłem do ludzi, którzy byli młodsi ode mnie o rok. W takim wieku ma to znaczenie.

Dlaczego poszedłeś do klasy niżej?

Przez te wszystkie zawirowania musiałbym nadrobić w wakacje materiał z dwóch lat, a to było dla mnie za dużo, głównie jeśli chodzi o biologię. Zdecydowałem się ten rok poświęcić. Zatem nie dość, że przyszedłem do obcych ludzi, już zgranej klasy, to jeszcze jako drugoroczny. Ale zostałem tam bardzo ciepło przyjęty. Pamiętam, jak zaraz na początku roku pojechaliśmy na wyjazd integracyjny. Miałem wtedy bardzo mało pieniędzy. Kupiłem sobie bilet na tramwaj, papierosy i już było po flocie. Wszyscy się rozpakowaliśmy i zaraz każdy pobiegł, żeby pochować po krzakach tę wódkę i inne zakazane rzeczy, które prawie wszyscy chłopcy z sobą mieli. Jak to na wycieczce. Ja nic nie miałem, więc zostałem sam ze swoją gitarą. I w pewnym momencie przyszedł do mnie

Przemek, kolega z klasy, z którym zresztą do dziś się przyjaźnię, i mówi: „Słuchaj, jest taka sprawa, bo mam flaszkę, a nie mam z kim wypić. Nie napiłbyś się?". Odmówiłabyś? I poszliśmy w krzaczory. On był największy z klasy, miał pokaźną brodę i jak go zobaczyłem po raz pierwszy, myślałem, że to czyjś dużo starszy brat. Wziął tę połówkę, która w jego dużych dłoniach bardziej wyglądała na ćwiartkę, i mówi: „Wiesz, ale ja nie jestem za mocny w piciu, więc zróbmy to tak z czuciem". Po tych słowach przechylił tę butelkę wódki i wypił połowę jednym haustem. Patrzyłem na to i byłem pod wielkim wrażeniem. Wiedziałem, że teraz moja kolej i w głowie miałem tylko jedną myśl: „Ja pierdolę, ale zaraz będzie wstyd". Ale jakoś zmogłem tę resztę, zimno i ambicja sporo mi pomogły. Potem Przemek kupił jeszcze alkohol od jednego z kolegów. Pointa była taka, że ponieważ tylko ja i Przemek mieliśmy gitary, poproszono nas o akompaniament na pierwszej, uroczystej, integracyjnej imprezie tego wyjazdu. Pamiętam to zdarzenie jak przez mgłę. Ale przyjaźń została.

Kiedy poczułeś, że jesteś w tej klasie na dobre?

Chyba dość szybko. To liceum i ta klasa były dla mnie ostatnią deską ratunku. Myślałem, że jeśli zmiana szkoły i środowiska nic nie pomoże, to już nie będę próbował. Nie miałem innych pomysłów na ratowanie siebie. W integracji z klasą bardzo pomogło mi to, że przestałem oczekiwać. Chciałem już tylko mieć spokój. I jak przestałem oczekiwać, to zostało mi dane bardzo dużo. Zresztą podobnie było z miłością w moim życiu. Dostałem ją wtedy, gdy już się pogodziłem z tym, że nie będę jej miał, że już nie znajdę osoby, którą pokocham i która mnie pokocha. Uznałem, że ten obszar mojego życia jest pusty i taki pozostanie. I wtedy poznałem moją żonę. Tak też było z klasą w liceum, w sensie z akceptacją

Kapela *Wolna Sobota* na próbach w Ochojcu, od lewej: G. Wydmuch, P. Piotrowiak, ja i P. Dusza. Zdjęcie: prywatne archiwum Autora.

od rówieśników. Może to dziwnie zabrzmi, ale czułem się w tej szkole jak pies wzięty ze schroniska. Byłem wdzięczny ludziom za każdy przejaw zainteresowania, uwagi i takiej zwykłej ludzkiej dobroci. Oczywiście wdzięczność okazywałem wewnętrznie, bo na zewnątrz nie byłem wtedy łatwym partnerem, kolegą. Zamykałem się w sobie, miewałem dziko zmienne nastroje. Ale mimo właśnie takiej nieobecności czy wycofania, ludzie mnie nie odrzucali. I to mnie uratowało.

W czasie liceum nie ciągnęło cię już w stronę ciemności?

Ciągnęło, ale o wiele mniej. Dzięki pani Basi krok po kroku, niezauważalnie dla siebie samego, zaangażowałem się w życie. Pamiętam właśnie ten mój hipisowski, rockowy etap, kiedy nawet założyliśmy z Przemkiem i z Jezusem zespół. Próby mieliśmy w domu na Ochojcu, u Grześka – perkusisty. Zagraliśmy kilka koncertów, jeden nawet w legendarnej Leśniczówce. Zespół nazywał się *Wolna Sobota*. To mnie też wzmocniło. Mimo że nie potrafiłem za dobrze śpiewać.

Trochę to zabawne, że ze skinheada stałeś się hipisem…

To zabrzmi jak żart, ale tak naprawdę stałem się niby-hipisem, bo trafiłem kiedyś w lumpeksie na zajebiste spodnie – jaskrawozielone dzwony, marki Lee, które pod kolanami zostały zafarbowane na błękit. Były wspaniałe. No i te spodnie zdecydowały o profilu mojej osobowości i zainteresowaniach na dłuższy czas. Miałem hipisowskie spodnie, a do nich pasował wyłącznie rozciągnięty sweter, ręcznie robiony z szarej gryzącej wełny, po ojcu jeszcze. Do swetra pasowała też marihuana, Bieszczady i granie na gitarze (*śmiech*). Na tym etapie zacząłem angażować się w życie. I mimo że w ciemność i autodestrukcję z przeszłości mnie jeszcze ciągnęło, to już znacznie rzadziej. I nie tak, rzekłbym, do dna.

A co ciągnęło cię w odmęty przeszłości?

Głównie alkohol. Jak już sięgałem po niego, to ostatni wstawałem od stołu. Pamiętam też z tego okresu taką sytuację. Pojechaliśmy z *Wolną Sobotą* na koncert. Graliśmy jako support trochę mniej amatorskiej kapeli w Leśniczówce w Chorzowie. Dostaliśmy za ten występ nawet pieniądze. Nieduże, ale jednak. Po powrocie wziąłem swoją część, usiadłem na moście nad trasą S86 i spaliłem ją. Uważałem, że pieniądze mi się nie należą, że gorzej niż źle śpiewam, że chłopaki zajebiście grali, a ja im coś zepsułem. Jak zawsze. Chciałem odebrać sobie to przecież w sumie niezwykłe przeżycie. Niezależnie od tego, że obiektywnie rzecz biorąc, rzeczywiście nie śpiewałem najlepiej. Ukarałem się jak dawniej. Na szczęście to już był etap, kiedy od ciemności silniejsze stawało się światło. I choć na tej drodze czekało mnie jeszcze mnóstwo prób i jeszcze więcej upadków, ten najczarniejszy czas zakończył się na dobre.

GDZIE BYŁEM

Umiesz przegrywać?

Nauczyłem się tego. Często musiałem przegrywać i po jakimś czasie zrozumiałem, że są dwie możliwości: albo zawsze będę wygrywać, albo nauczę się przegrywać. Z tą pierwszą opcją, jak wiemy, może być pewien kłopot. Więc jakoś wypracowałem w sobie mechanizm akceptowania porażek. Sport mnie tego nauczył. Nawet kiedy jeszcze rok temu grałem regularnie w siatkówkę, to wolałem być w tej drużynie, która ma mniejszy potencjał i szansę na zwycięstwo. W przegrywającej drużynie jest napięcie i determinacja, które spajają. To jest doskonały test ludzi, z którymi jesteś na boisku. Wygrywanie jest łatwe i przewidywalne. W wygrywającej drużynie nie wiesz do końca, z kim masz do czynienia. Czy są to ludzie, na których możesz liczyć, czy ostatecznie cię wesprą, czy się odwrócą albo zrzucą na ciebie odpowiedzialność za to, co się nie udało. Zadziwiająco często było tak, że na początku moja drużyna przegrywała, a po jakimś czasie zaczynała wygrywać.

Jesteś dobry w sportach drużynowych?

Wydaje mi się, że lepszy niż w solowych. Lubię działać w grupie. Jeśli jesteś uważny i otwarty, szybko dostrzegasz, w czym kto jest dobry, i gdy umiejętnie tym zarządzisz, to można stworzyć z tego bardzo dobrze naoliwioną maszynę. To samo dotyczy słabszych stron. Ja chyba też nieźle sobie radzę jako lider grupy, bo przez to, że sam już nie karzę siebie za porażki, to potrafię pozytywnie wspierać innych. Zawsze byłem w drużynach, które bez względu na to, jak akurat im szło, potrafiły się najlepiej ze wszystkich konsolidować i miały najlepszą atmosferę. Tak sobie myślę, że wiara i zaangażowanie tych aspirujących do odległego zwycięstwa jest mi bliższe niż odcinanie kuponów przez zwycięzców.

Porażki cię mobilizują?

W większości przypadków tak. A na pewno nie paraliżują. Często w moim życiu to, co odbierałem za swoją największą porażkę, w krótkim czasie okazywało się moim największym zwycięstwem. I odwrotnie. Coś, co miałem za ogromny sukces, po jakimś czasie okazywało się największymi malinami, w które się wpieprzyłem. Dzięki temu nauczyłem się ostrożnie ferować wyroki na temat tego, co jest porażką, a co zwycięstwem. Cieszę się ze swoich małych sukcesów, ale doceniam porażki. Nawet synowi wczoraj mówiłem, że więcej się nauczy z błędów. Podobnie mam z wrogami. Oni uczą mnie więcej niż przyjaciele. Tak jak choroba – pokazuje, w jakim stanie jest mój organizm. Oczywiście to nie tak, że mnie porażki nie dotykają, że przez nie cierpię. Cierpię, ale to jest tylko ból tu i teraz. Staram się myśleć w ten sposób, że jeśli coś się nie udało w tej chwili, nie oznacza, że nie uda się nigdy. Jeśli mi na czymś bardzo zależało, to prędzej czy później to osiągałem. Jak mnie wyrzucali drzwiami, to wracałem oknem.

Masz w sobie imperatyw niepoddawania się?

Zawodowo na pewno tak. Jako ojciec też. A jako partner chyba dopiero się uczę. Tu jest najsłabszy element, bo odtwarza się pierwsza nagrana na twardy dysk matryca i wzór działania. Mój ojciec się poddał i ja też znam już smak poddania się. Wiem, że to umiem. A wolę i lubię robić to, czego jeszcze nie umiem.

Zapytałam cię o umiejętność przegrywania, bo wybrałeś zawód, który polega głównie na rywalizacji. I często się przegrywa.

Na początku w ogóle nie wiedziałem, że to się z tym wiąże. Poszedłem do szkoły teatralnej, bo do czegoś innego było mi to potrzebne. Nie chciałem stawać z nikim w szranki, mierzyć się, ani niczego sobie udowadniać. Potrzebowałem rozpoznać się we własnych emocjach, nauczyć je rozróżniać i wyrażać. Oczywiście później stanąłem do tego wyścigu, zgodziłem się na to. Głównie z powodów finansowych. Kiedy byłem już po studiach i pojawiło się w naszej rodzinie pierwsze dziecko, odczuliśmy potrzebę materialnej stabilizacji. Nie chcieliśmy przeprowadzać się z mieszkania do mieszkania, woleliśmy mieć coś swojego. Postanowiłem wtedy, że muszę zacząć pojmować ten zawód także i w taki sposób, który przyniesie mi pieniądze.

Teatr, od którego zacząłeś swoje życie zawodowe, nie dawał ci tego?

Zupełnie nie. Wzięliśmy z żoną kredyt na mieszkanie i bywało tak, że raty pochłaniały w zasadzie wszystkie pieniądze, które zarobiłem w danym miesiącu w teatrze. A moja żona wówczas nie pracowała, bo zajmowała się małym Franiem i jeszcze studiowała dziennie w Katowicach, a mieszkaliśmy w Krakowie. Czasem do tej raty brakowało nam jeszcze kilka stów i nie mieliśmy nic poza tym. Wtedy zrozumiałem, że muszę pojechać do pogardzanej w artystowskim mieście królów Warszawy, zacząć chodzić na uwłaczające dumie aktora Starego Teatru castingi i po prostu pracować tam, gdzie można zarobić pieniądze, z których da się żyć. Ale do tego wyścigu podszedłem tak jakoś po swojemu, bezstresowo. To znaczy nigdy nie zawracałem sobie głowy tym, ile osób startuje do jakieś roli, jakie mam szanse, kto jest lepszy. Wiedziałem, że muszę zarobić pieniądze i tyle.

I od czego się zaczęło?

Chyba od „Na dobre i na złe". A później „Warto kochać", projekt na którym niespecjalnie mi wtedy zależało, ale dostałem go na tak preferencyjnych warunkach, że się zgodziłem, i faktycznie odkuliśmy się wtedy finansowo.

Miałeś jakieś przykre doświadczenie z aktorami, dla których byłeś rywalem?

Na szczęście jakoś mnie to omijało. Tylko raz miałem nieprzyjemną sytuację, kiedy powiedziałem koleżance z planu, jaką mam stawkę. Dla mnie to było normalne, wydawało mi się, że nie ma co ukrywać takich rzeczy przed sobą, zwłaszcza że ona mnie o to zapytała wprost. Szczerze odpowiedziałem i następnego dnia w biurze serialu ta właśnie koleżanka zrobiła dym, że jak to jest możliwe, że ja – niższy stażem – mam taką stawkę, a ona inną. Wtedy doświadczyłem w praktyce, że aktorzy to nie jest jedna wielka kochająca się rodzina. Wcześniej mówił mi o tym na zajęciach pan Jan Peszek: „Nie dajcie sobie nigdy wmówić, że to jest wspólnota czy rodzina, nie dajcie się na te złudzenia nabrać, bo będziecie to musieli później bardzo odpokutować". Aktorzy na planie czy w teatrze to nie jest rodzina, nawet koło przyjaciół. My się często dobrze ze sobą czujemy, ale to nie znaczy, że jesteśmy przyjaciółmi. Zawsze jest w tym jakieś napięcie. Są wyjątki rzecz jasna. Na moje szczęście.

Kiedy po raz pierwszy pomyślałeś o tym, by pójść do szkoły teatralnej?

W liceum. Brałem udział w kilku akademiach szkolnych, no i moja polonistka dostrzegła we mnie potencjał. Staraliśmy się z kolegami, żeby to, co musimy zrobić, było lekkie, w miarę możliwości śmieszniejsze, atrakcyjniejsze po prostu. Siedzieliśmy u mnie w mieszkaniu w siedmiu, paliliśmy setki papierosów i tworzyliśmy wymyślanki różne, które później okazywały się śmieszne, na szczęście nie tylko dla nas. Miałem też ogromną przyjemność z własnoręcznego tworzenia kostiumu. I to mi zostało do dziś. Nawet niedawno Franio przygotowywał się do występu w szkole z okazji Dnia Niepodległości i ja z dziką rozkoszą pojechałem do lumpeksu, żeby szukać ciuchów i gadżetów wszelakich. Towarzyszyło mi poczucie ekscytacji podobne do tego, gdy w czasie egzaminów w szkole teatralnej można było sobie samemu skompletować kostium. Wchodziłem wtedy do pomieszczenia, w którym była tona ciuchów, butów, rekwizytów i brałem, co chciałem. Byłem z tym sam na sam. Tylko ja i moja niczym nieograniczona wyobraźnia. Uwielbiałem to. I teraz też, jak pomagałem dobierać kostium Frankowi, miałem z tego radochę. Robiłem na przykład kotylion i ta kreatywna, choć przecież dość prosta praca manualna mnie kompletnie pochłonęła i odprężyła. Opanowuje cię taki szał, że to się samo dzieje, jak robienie kolaży. Przypomniałaś mi dzięki temu wątkowi o czymś, co w szkole teatralnej było dla mnie rzeczą niezwykłą. Nikt mnie tego nie uczył, nie mieliśmy zajęć z kostiumu, ale lubiłem to. Zresztą już w liceum przejawiałem takie zdolności. Ujawniałem je na przykład, gdy robiliśmy z chłopakami strój, żeby przebrać kogoś za Czerwonego Kapturka albo Janosika. Każdy coś przynosił z domu, wymyślaliśmy i powstawał z tego kostium, który był naprawdę udany i znaczył to, co miał znaczyć.

O szkole teatralnej pomyślałeś dzięki sugestii polonistki. Ale ostatecznie sam podjąłeś decyzję, że składasz papiery i zaczynasz przygotowywać się do egzaminu. Zadziałał wtedy jakiś impuls?

Po prostu pomyślałem sobie, że to może być dla mnie dobry kierunek. Przygotowywał mnie Tomek Zaród. Przed maturą dowiedziałem się, że jest małe kółko teatralne w bibliotece w Sosnowcu. I tam poszedłem. Wydaje mi się, że Tomek w tamtym okresie zastąpił mi ojca. To jest bardzo dobry człowiek. Rzetelny, uczciwy, ma rozległą wiedzę na temat teatru. Był aktorem Teatru Zagłębia w Sosnowcu. Byłem dzięki niemu świetnie przygotowany na egzamin, ale... nie przystąpiłem do niego. Odebrałem to sobie. W ostatniej chwili pomyślałem: „Nie no, gdzie ty, jaka szkoła teatralna? Daj spokój, przestań się wygłupiać".

Ale pojechałeś złożyć papiery do Krakowa?

Tak i z tym wiąże się pewna zabawna sytuacja. Dotarłem tam z moją ówczesną dziewczyną i jej kuzynem. Wcześniej może ze dwa razy w życiu byłem w tym mieście. Wyszliśmy na ulicę Floriańską i uświadomiłem sobie, że ja właściwie nie wiem, gdzie ta szkoła teatralna w ogóle jest. Wcześniej tego nie sprawdziłem. A nie było przecież wtedy telefonów komórkowych i nawigacji.

Na zdjęciu jestem z T. Zarodem. Tomek przygotowywał mnie do egzaminów do PWST i odkrył dla mnie teatr. Rok 2002. Zdjęcie: prywatne archiwum Autora.

Papierowej mapy nie posiadałem. Nie miałem pojęcia, dokąd iść, i uzmysłowiłem sobie, że nawet nie znam adresu. I przysięgam, że w chwili gdy o tym pomyślałem, zauważyłem, że ulicą idzie w moim kierunku Edward Linde Lubaszenko. Nie widziałem wcześniej na żywo żadnego znanego aktora, a on był dla mnie legendą. „Psy" oglądałem setki razy i znałem je na pamięć, więc pan Edward vel kapitan Stopczyk wydawał mi się dodatkowo człowiekiem nieco nierealnym. Z drugiej strony pomyślałem, realny czy nie, ale on na pewno będzie wiedział, gdzie jest ta szkoła. W końcu się przemogłem i bardzo zestresowany podszedłem do niego. Jakoś idiotycznie, po chłopsku ściągnąłem czapkę i nerwowo miąłem ją w dłoniach. Przywitałem się i zapytałam o tę szkołę. Pan Edward był bardzo sympatyczny, wyjaśnił mi życzliwie i dokładnie, jak tam dojść. Ja stałem prawie na baczność i tylko patrzyłem na niego wielkimi oczami. On skończył mówić, pożegnał się i odszedł. A ja jeszcze tak stałem i po chwili zapytałem moją dziewczynę, czy ona pamięta cokolwiek z tego, co on mówił, bo ja zupełnie nic. Byłem tak zdenerwowany, zaaferowany, że on stoi obok mnie i mówi do mnie tym wspaniałym aksamitnym barytonem, że detale opisu mi umknęły. Na szczęście Magda i Łukasz zapamiętali, doszliśmy do PWST, złożyłem papiery. Ostatecznie jednak nie podszedłem do egzaminu. Żeby jakoś się ratować przed bezczynnością, próbowałem się dostać na dzienne kulturoznawstwo. Podszedłem do egzaminu z marszu, kompletnie nieprzygotowany. Oczywiście się nie dostałem i żeby nie zostać z ręką w nocniku, poszedłem na rozmowę kwalifikacyjną do czegoś, co nazywało się Policealną Szkołą Pracowników Służb Socjalnych. Przyjęli mnie od razu, ale byłem tam tylko miesiąc. W zasadzie okazało się, że poszedłem tam tylko po to, żeby poznać moją przyszłą żonę. Lenka ostatecznie skończyła tę szkołę, a ja w październiku dowiedziałem się, że dostałem się na to kulturoznawstwo, tyle że zaoczne. Studia były płatne, ale miałem rentę po ojcu, więc się zdecydowałem.

Jak ci było na kulturoznawstwie?

Dużo wtedy czytałem, obejrzałem mnóstwo filmów. Niektóre rzeczy wydawały mi się naprawdę interesujące, ale po kilku miesiącach zrozumiałem, że to nie dla mnie, że zamęczę się tam na śmierć. Czułem, że wiedza o teatrze, którą tam zdobywam, jest wiedzą jałową. Że uczę się o przedstawieniach, których nie widziałem i nie zobaczę, bo już dawno ich nie ma. I ani zapis video, ani najlepszy nawet opis nie zastąpi tego, co w teatrze jest kluczowe – wspólnego, ludzkiego doświadczenia, spotkania w tym jednym niepowtarzalnym momencie. Uczyłem się o przedstawieniach i filmach, w których chciałbym grać. Wiedziałem już, że chcę zdawać do szkoły teatralnej. Zrobiłem to za rok. I choć wydaje mi się, że byłem dużo gorzej przygotowany niż za pierwszym razem – dostałem się.

Byłeś bardzo zestresowany?
Sprawdzałeś, ile jest osób na miejsce,
szacowałeś swoje szanse?

Nie, byłem skupiony tylko na tym, że muszę się dostać. Tylko i wyłącznie na tym. Czułem wszakże stresującą atmosferę panującą przed egzaminem. Z rozmów na korytarzu dowiedziałem się, że niektórzy zdawali już siódmy raz, inni mieli za sobą kilkuletnią naukę w krakowskim studium aktorskim Lart StudiO, o którym wtedy nawet nie słyszałem. Prawie wszyscy zdawali jednocześnie do wszystkich trzech szkół teatralnych: w Krakowie, w Warszawie i we Wrocławiu, niektórzy jeszcze i do Łodzi. A ja tylko do tej jednej, bo wymyśliłem sobie, że chcę się dostać do Krakowa i nie wziąłem jakoś pod uwagę, że może mi się nie udać. Ci ludzie mnie trochę przerażali, a trochę drażnili. Popisywali się, który w czym jest lepszy: a że w dykcji, a że w śpiewie, a że w tańcu. Na tym korytarzu spotkałem tylu wybitnych i doświadczonych aktorów, że w całej późniejszej karierze zawodowej mi się nie zdarzyło. Z tym, że niestety świat się o nich nie dowiedział, bo większość z nich się nie dostała. Ale ja wtedy czułem się między tymi mistrzami jak uosobiona pomyłka. Zestresowany chudzielec, w okularach, z rozstrojoną gitarą w ręku – wymyśliłem, że zaśpiewam „Zbroję" Kaczmarskiego do własnego akompaniamentu. Byłem przerażony do tego stopnia, że prawie nic nie pamiętam z tego egzaminu – jedynie ostatni etap, teoretyczny. Tam przydała mi się wiedza, którą zdobyłem podczas kilku miesięcy studiów na kulturoznawstwie.

Miałem na Uniwersytecie Śląskim świetnych wykładowców, którzy nauczyli mnie nie tylko teorii, ale też wyrażania i formułowania własnych opinii. To mi bardzo pomogło, bo miałem swoje zdanie, potrafiłem krytycznie myśleć o sztuce.

Z kim byłeś na roku?

Na przykład z Maćkiem Stuhrem, ale on szybciej skończył PWST, ponieważ miał od pewnego momentu indywidualny tok nauczania. Był też Grzesiek Mielczarek, Michał Sitarski, Mariusz Zaniewski, Marta Król. Sporo osób z mojego roku nie pracuje już w zawodzie. Piotrek jest prezenterem telewizyjnym, Łukasz handlowcem, Urszula wyjechała do USA, zmieniła imię i zajmuje się ezoteryką.

Dobrze ci było w tej szkole?

Bardzo dobrze. Czułem się tam bezpiecznie i na swoim miejscu. Ja Krakowa w ogóle nie znam od, by tak rzec, imprezowej strony. Po prostu wiedziałem, że nie mam czasu na szlajanie się. Przez wszystkie lata studiów upiłem się tylko cztery razy, czyli średnio raz na rok. Wiedziałem, że jestem nikim znikąd, czułem, że dostając się do tej szkoły, zaciągam kredyt i muszę go spłacić. To widać, kiedy ogląda się mój indeks. Zaczynałem od dwój i trój, a doszedłem do celujących na końcu. Ja naprawdę na początku nie umiałem nic i doskonale sobie zdawałem z tego sprawę. Przeważająca część kolegów miała o wiele większe umiejętności ode mnie. We mnie chyba dostrzeżono jakiś potencjał, skoro mnie przyjęto, ale miałem przed sobą masę pracy. Nie umiałem się ruszać, nie potrafiłem dobrze mówić, śpiewać, byłem emocjonalnym dyletantem. Wiedziałem, że mam tylko cztery lata na to, żeby to nadrobić. Poza tym dla mnie sam fakt, że jestem w tej szkole, był ogromnym wyróżnieniem. Przecież wcześniej nigdy

Ludzie z mojego roku, od lewej: U. Pietrzykowska, Ł. Apostel, ja, M. Król, G. Mielczarek, J. Laskowska, prof. D. Michałowska, M. Stuhr, mgr Szafrańska. Tu prawdopodobnie po egzaminie z poezji u prof. Michałowskiej. Zdjęcie: prywatne archiwum Autora.

nie byłem nawet w teatrze w Krakowie. Ba! Odwiedziłem to miasto chyba tylko raz w życiu. Widziałem, jak na zajęciach pracuje na przykład Krzysiek Globisz, Jan Peszek, Romek Gancarczyk i sobie myślałem, że trzeba mieć odwagę albo być kompletnym matołem, żeby zarywać noce na chlaniu i w efekcie opuścić którekolwiek z tych zajęć. Przecież ci mistrzowie też kiedyś chodzili do tej szkoły, też od niej zaczynali i stali się tacy nie mimo tej szkoły, tylko właśnie dzięki niej. Rozumiałem, że nie mogę marnować czasu, bo na razie jestem w czarnej dupie. Na szczęście trafiłem na wybitnych pedagogów, do tego czynnie praktykujących rzemiosło. Cieszyłem się, że spotkałem ludzi, którzy myśleli podobnie do mnie. Znalazłem w końcu, po tylu trudnych latach, środowisko, w którym moja inność nie jest nie tylko czymś złym, lecz jest wręcz pożądana. A moja wyobraźnia stała się najniezbędniejszym, podstawowym narzędziem pracy! Wszystko to, co było we mnie irytujące, niepotrzebne, w szkole teatralnej okazało się świetnym materiałem, mogłem z tego korzystać. Nie było dla mnie zajęć zbędnych. Były trudniejsze i łatwiejsze, ale żadnych nie traktowałem lekceważąco. Wystarczyło po prostu przychodzić do szkoły i robić z przyjemnością to, czego od ciebie oczekują. Dzień po dniu. Dzięki takiemu podejściu miałem wkrótce najlepsze wyniki na roku i otrzymałem stypendium ministerialne. To były spore pieniądze. Na trzecim i czwartym roku dostałem jeszcze do tego stypendium od rodzinnego Sosnowca plus moja renta po ojcu. Więc w sumie miałem wtedy więcej pieniędzy niż po dyplomie, gdy poszedłem na etat do teatru. A potrzeby były w sumie skromne.

Na co wydawałeś te pierwsze własne pieniądze?

To był pierwszy moment w moim życiu, gdy mogłem pozwolić sobie na coś porządnego. Kupiłem żonie i sobie pierwsze markowe dżinsy, a później porządne kurtki, buty. Dla żony to było wzruszające doświadczenie. Skończyły się czasy, kiedy musiała nosić buty po bracie albo błagać rodziców o przysłowiowe pięćdziesiąt złotych na ubranie, z których jeszcze trzeba było przynieść resztę. Oboje znaliśmy „skromną" rzeczywistość i bardzo odczuliśmy tę odmianę. Choć przecież patrząc na to z dzisiejszej perspektywy, nie były to żadne luksusy.

W szkole teatralnej dużo było „bananowej" młodzieży?

Bardzo mało. Pamiętam te początki, kiedy naprawdę nikt nie miał pieniędzy. Kiedy pod koniec miesiąca zrzucaliśmy się i kupowaliśmy do wspólnej kuchni podstawowe produkty. Ktoś przyniósł mąkę, ktoś cebulę, ktoś sól. Robiliśmy z tego wyborne najprostsze, choć twarde jak nieszczęście, placki. Darek, mój kolega, był po gastronomiku, potrafił w kuchni robić czary-mary. Pewnego razu upiekł chyba ze dwieście bułek drożdżowych, w proces powstawania których zaangażowanych było z dziesięć osób, a jadło je później pół akademika. Piekliśmy je na dwóch piętrach, bo w jednym piekarniku trwałoby to całą noc. Kiedyś na przykład jednemu z kolegów mama wysłała sto złotych. Schowała je w papierze, którym owinęła jakąś wędlinę czy żółty ser, żeby na poczcie nie ukradli. I on najpierw rozpakował te pyszności, a potem dopiero, następnego dnia przeczytał list, w którym była informacja o ukrytych pieniądzach. Oczywiście zatłuszczone opakowania dawno już były w koszu zbiorczym, pod akademikiem. Szukaliśmy we trzech, ale nie znaleźliśmy tej stówy. To są takie sytuacje, które nie tylko pamięta się do dziś, ale które wtedy nas bardzo jednoczyły. Bo wszyscy mieliśmy w zasadzie podobną sytuację finansową.

Ale była też fuksówka i bardzo się z jej powodu buntowałeś...

Bo ta w Krakowie była głupia, upokarzająca i niepotrzebna. Rządziła nią prosta zasada: bici biją. Czyli ci, którzy dziś na pierwszym roku dostają w dupę, zrobią to samo innym za rok. Rozumowałem sobie w ten sposób: dostałem się do prestiżowej, artystycznej szkoły i nagle doświadczam prymitywnych, koszarowych metod jak z „Samowolki". Cały proceder polega na tym, że zaczynasz studia i jesteś dla starszych roczników tak zwanym fuksem roku zerowego, czyli nie masz żadnych praw jako student. Masz za to obowiązki. Na przykład przez miesiąc trzeba było nosić na szyi dużą jaskrawą tekturę na sznurku z danymi osobowymi. Do tego był chyba nawet jakiś idiotyczny strój, w którym chodziło się również po mieście. Wydaje mi się, że też jaskrawy. Trzeba było tytułować tych starszych studentów w jakiś kretyński sposób, nie pamiętam już w jaki dokładnie. Oni wymyślali sobie pseudonimy, im bardziej absurdalne i dłuższe, tym lepiej. Było dużo durnych i zwyczajnie chamskich wymagań. Trzeba było się meldować na korytarzu albo biegać do knajpy po jedzenie dla starszych „kolegów". Wszystko to było nieprzyjemne i przygnębiające. Po godzinie dwudziestej pierwszej, gdy wszyscy kończyli zajęcia, spotykaliśmy się w jakiejś sali i musieliśmy robić etiudy. Ja wtedy bardzo ciężko nad sobą i swoimi brakami pracowałem, byłem zmęczony. I jeszcze dochodziły te debilne wymagania gnojów z roku wyżej. To się przenosiło też na akademik i zdarzyło mi się, że fuksujący przerwał mi rozmowę z moją dziewczyną (a aparat był jeden dla wszystkich na korytarzu), bo miał taką zachciankę. Wszyscy się na te szykany godziliśmy, tłumacząc to sobie tradycją szkoły albo strachem przed odrzuceniem. Na szczęście dość szybko, zresztą nie bez pomocy mojej dziewczyny, a obecnie żony, dałem sobie szansę na refleksję nad tym, co się tam wyprawia. Dostałem się do wymarzonej szkoły i zamiast całą swoją energię poświęcać na naukę i zajęcia, ja się stresuję, męczę i spalam na jakieś idiotyczne i pozbawione celu działania związane z fuksówką. No i któregoś dnia szliśmy przez park we czterech chłopaków z naszego roku: ja, Grzesiek Mielczarek, Łukasz Apostel i Darek Matys. Oczywiście mieliśmy na sobie te duże, idiotyczne tablice i coś jaskrawego. Było ponuro, lało, a my w ogóle nie gadaliśmy ze sobą. Zatrzymaliśmy się, popatrzyliśmy na siebie i któryś z nas powiedział: „Chłopaki, co my w ogóle, kurwa mać, robimy?". Poczuliśmy się jak ostatni kretyni. Wyglądaliśmy żenująco, szliśmy umordowani z tej szkoły i dotarło do nas, że przez fuksówkę, którąś noc z rzędu nie spaliśmy do drugiej w nocy, a od siódmej rano zaczynaliśmy zajęcia. Ja dość niepewnie powiedziałem, że chyba mam dość. Koledzy, jak się okazało, też mieli po kokardy. Weszliśmy do akademika zdecydowani, że koniec z tym. Na piętrze czekał na nas już dość bojowo nastawiony chłopak, który fuksował chętnie, zapamiętale i uważał się za wyjątkowego twardziela. Miał ksywę Czarny. Generalnie wzbudzał lęk, bo wydawał się średnio obliczalny. W każdym razie stał na korytarzu w miejscu zbiórek fuksów i coś tam pokrzykiwał niby to groźnie, że mamy się meldować i gdzie są nasze tabliczki. I Grzesiek Mielczarek odpowiedział mu na to pewnym głosem, ale bez patosu: „Weź się odpierdol!". Z chłopaka w momencie zeszło powietrze i chwilowo zaniemówił. Jak już odzyskał głos, zaczął się odgrażać (ale już z odległości), że zgłosi naszą niesubordynację kierowniczce fuksówki. Kazaliśmy mu najzwyczajniej spierdalać. Na odchodne dodaliśmy, że jesteśmy zmęczeni po zajęciach i idziemy odpocząć. Tego samego dnia zostało powołane specjalne nadzwyczajne zebranie rady fuksówkowej, w temacie tego, że jakieś fuksy się wyłamały i coś trzeba z tym zrobić. Ostatecznie Grzesiek z Łukaszem dali się namówić na dokończenie fuksówki, a ja i Darek odeszliśmy. Koronnym argumentem jednego ze starszych studentów, żeby nas nakłonić do pozostania, było: „A jaką masz pewność, że po tym, jak się wyłamiesz, ja jeszcze kiedykolwiek będę chciał napić się z tobą wódki?". Nigdy z nim nie piłem. Nie żebym nie mógł, ale nie chciałem (*śmiech*).

Nie zostałeś po tym buncie odrzucony przez kolegów?

Wręcz przeciwnie. Wydaje mi się, że nawet byliśmy za ten wyłom jeszcze bardziej szanowani. Darek był z Białegostoku, ja z Sosnowca. Widać można być z prowincji i spoza wszelkich szkolnych układów i znaleźć sobie miejsce. Ta nasza postawa była nawet nie tyle pryncypialna czy heroiczna, ile zdroworozsądkowa i pragmatyczna.

Po szkole teatralnej miałeś ogromne szczęście. Dostałeś główną rolę w słynnym „Hamlecie" w reżyserii Łukasza Barczyka i angaż w Teatrze Starym u samego Krystiana Lupy.

Tak i oba te wydarzenia zakończyły się w moim odczuciu porażką. Ale dziś, z perspektywy czasu, uważam, że były konieczne w moim życiu. Cieszę się, że tak wcześnie doświadczyłem, czym dla aktora jest spotkanie z tak zwaną wielką sztuką. Co znaczą autorytety, czym jest manipulacja na scenie i za kulisami. Być może, gdybym wtedy tego nie przeżył, nie umiałbym się później obronić w wielu zawodowych sytuacjach.

To zacznijmy od „Hamleta". Główna rola w towarzystwie najwybitniejszych polskich aktorów: Zbigniewa Zapasiewicza, Janusza Gajosa, Grażyny Szapołowskiej, Jana Frycza, Andrzeja Chyry, Jacka Poniedziałka to jak gwiazdka z nieba dla świeżo upieczonego absolwenta szkoły teatralnej. Co poszło nie tak?

Tuż po studiach miałem całkiem dobre notowania ze względu na dyplom, który zrobiliśmy z Krzyśkiem Globiszem. To był spektakl „Maestro", z którym wygraliśmy Festiwal Szkół Teatralnych w Łodzi. I myślę, że właśnie ten spektakl otworzył mi drzwi do „Hamleta". Zresztą otwierał potem bardzo wiele drzwi, nawet do – jak to się mówi – ordynarnej komerchy. Któregoś dnia Łukasz Barczyk zadzwonił i powiedział, że zaprasza mnie do zagrania głównej roli w Teatrze Telewizji w „Hamlecie" w obsadzie marzeń. Dodał, że będziemy to kręcić w nadzwyczajnych wnętrzach kopalni soli w Wieliczce. Na hasło, kto ma tam grać, odjęło mi mowę. Gdy już ją odzyskałem, z miejsca się zgodziłem, wietrząc życiową szansę i otwierające się bezkresy perspektyw zawodowych. Pamiętam, że robiliśmy jakieś próbne zdjęcia, na których kilka dziewczyn startowało do roli Ofelii. Najbardziej zapamiętałem zjawiskową Karolinę Gruszkę. Ostatecznie została wybrana Kamilla Baar. Spodziewałem się żmudnych prób, w końcu to Szekspir. Odbyło się jednakowoż tylko kilka spotkań, podczas których czytaliśmy po prostu ten tekst całą obsadą, tak raczej na luzaku. Pamiętam, że Jan Frycz był poirytowany, chyba pierwszy z nas wyczuł pismo nosem.

To znaczy co konkretnie?

To, że Łukasz Barczyk wykonał tak ogromną pracę dramaturgiczno-objaśniającą, że samego scenariusza po skrótach było bodajże sześćdziesiąt stron, a jego eksplikacji do tekstu dobre dwadzieścia pięć. Nie wiem, jaki jest antonim słowa „eksplikacja". Internetowy słownik podaje trzy propozycje: łamigłówka, niewiadoma, zagadka. Do tego, co nasz reżyser tam wysmarował, pasują wszystkie trzy, najbardziej zaś trafna wydaje mi się łamigłówka. Wówczas postrzegałem to jako swoistą mgłę, która dla mnie – aktora bez doświadczenia, mogła nieść i niosła złudzenie, że coś nadzwyczajnie mądrego i odkrywczego zarazem się za nią kryje. Wprawdzie ja tego nie dostrzegałem, ale złożyłem to na karb mojego nikłego obycia z zawodem i prowincjonalnego, bądź co bądź, sposobu myślenia.

Co było w tej eksplikacji?

Pytanie, czego tam nie było. Nie wszystko już pamiętam, ale na pewno było sporo o egzegezie biblijnej. Było tyleż spektakularne,

Zdjęcia z dyplomowego spektaklu PWST pt. „Maestro", rok 2002.
Na zdjęciu z G. Mielczarkiem. Zdjęcie: Andrzej Rubiś.

Z G. Szapołowską w „Hamlecie". Zdjęcie: Ryszard Kornecki.

co brawurowe wyprowadzenie słowa Hamlet jako anagramu słowa Telmah, a od tego już prosta droga do Telemacha – Odysowego syna. Asocjacje, inspiracje, tajemne związki wszystkiego ze wszystkim i nowatorskie odczytania starych prawd. Taki wciągający, zawiły labirynt, który składał się z samych ślepych uliczek. Niestety ja za późno zorientowałem się w sytuacji.

Złapałeś się na to?

Tak, bo Łukasz Barczyk bardzo mi wtedy imponował. Czułem się przy nim głupkiem i żółtodziobem. Miał pieniądze i znanych znajomych, wspaniałych zresztą aktorów i aktorki. Żył w innym świecie. On był: seks, prochy i rock and roll, a ja raczej: Turnau i precle. Poddałem się temu praniu mózgu, nawet dość chętnie, bez bicia. Pamiętam też, że opowiadałem mu o mojej traumie z ojcem. To też mu pasowało do roli, którą miałem zagrać. Dziś, gdybym był w tamtej sytuacji, zapytałbym go przede wszystkim, o czym dla niego ma być ten spektakl, o czym ma być ta opowieść i dlaczego akurat tę chce ludziom pokazać. I nigdy w życiu nie opowiedziałbym mu o swoich przeżyciach bez wiedzy, w co wchodzę. Wtedy nie byłem odporny na taki rodzaj manipulacji, a nawet chętnie się im poddawałem.

Co to były za manipulacje?

Takie proste uwodzenia. Klasyka w tym zawodzie. Poloniusz by powiedział: plewy na młode wróble. Reżyser zaprasza cię: „Opowiedz mi tę swoją historię, a my coś z tego zrobimy, zaprzęgniemy ją do pracy dla ciebie... Te wszystkie monologi wewnętrzne, które musisz stworzyć, kryją się właśnie w tej twojej osobistej historii. Czerp z niej i będziesz wiedział, jak to grać". Ja się niestety na to uwodzenie złapałem. Dopiero później zrozumiałem, że to jest nadużycie, bo poza tą mgłą i wszystkim, co kryje się za pustym jak chiński bęben słowem „pejzaże wewnętrzne", nie dostałem od reżysera żadnych konkretnych narzędzi, żadnych zadań aktorskich.

Były jakieś próby?

Były tylko te czytane. Może dwie, trzy. A później od razu zdjęcia. Łukasz uznał, że próby nie są potrzebne, bo przecież ma wszystkie składowe do tego, żeby odnieść sukces: świetny tekst (i jeszcze lepsze eksplikacje), obsadę i ekipę marzeń, plus tę zjawiskową kopalnię. I teraz trzeba wszystkich wrzucić do jednego garnka, zamieszać i samo wyjdzie.

Co wyszło?

Można by powtórzyć za trenerem Górskim: „Skoro było tak dobrze, to dlaczego jest tak źle?". Z mojego punktu widzenia sprawa wyjaśniła się szybko. Przyszło do pierwszej sceny i zorientowałem się, że nie wiem, co robić. Dotarło też do mnie, że nic z tego, co Łukasz sobie i nam obiecywał, się nie wydarzyło. Składniki, które miały wymieszać się i same z siebie tworzyć jakość, jej nie dają. Patrząc na to z perspektywy czasu, wydaje mi się, że Łukasz wymyślił sobie pewnego rodzaju intelektualno-życzeniową konstrukcję, którą na chama nałożył na Szekspira, i wydawało mu się, że ten układ zadziała automatycznie. Teraz wiem, że to dość naiwne założenie. Ja miałem bardziej przesrane niż reszta doświadczonej obsady, bo nie umiałem jeszcze zadawać reżyserowi właściwych pytań. Z początku wydawało mi się, że faktycznie stworzenie i odtwarzanie sobie we łbie monologu wewnętrznego o mojej traumie z ojcem, wystarczająco mnie odpali na granie tego Hamleta. Tylko że jak przyszło co do czego i zacząłem mówić przed kamerą tekst Szekspira, to usłyszałem słowa, słowa, słowa... Parafrazując przewrotną autoreklamę pewnego zespołu muzycznego. Dźwięki wydobywające się z moich ust były puste, ale za to bardzo fałszywe. Obok słyszałem wirtuozów aktorstwa, u których te dźwięki brzmiały pewnie i wiarygodnie, bo oni sobie to sami przepracowali i przygotowali. Mieli do tego narzędzia wypracowane latami. Ja ich nie miałem. I czułem, że jest ze mną coraz gorzej. Byłem coraz bardziej bezradny aktorsko i zgnębiony jako człowiek.

Reżyser to widział?

Nie wiem, ale przerzucał całą odpowiedzialność na mnie. Na przykład podchodził i szeptał mi do ucha: „Zrób coś, bo to nie wychodzi". Jako uwagi musiało mi wystarczyć darcie japy przed każdym ujęciem: „Energia! Energia! Energia!". Niosło się to tysięcznym echem po słonych ścianach. Później reżyser miał do mnie coraz większe pretensje, obiektywnie uzasadnione zresztą, bo faktycznie mi nie szło. Ale subiektywnie uważam, że te pretensje były kompletnie nie na miejscu, bo nie wykonaliśmy żadnej pracy warsztatowej. Łukasz dawał mi same przymiotniki, że mam być w tej scenie taki albo owaki. Zabrakło czasowników, które mówią o tym, co się dzieje, określają motywacje i mają według mnie kluczowe znaczenie dla inscenizacji. Na przykład pytałem o to, czym dla niego jest dany fragment, a Łukasz na to mówił, żebym sobie wyobraził, że Hamlet jest teraz „jakby" – najczęstsze słowo polskiej reżyserii teatralnej – „z innego świata". Nie wytrzymałem już wtedy i powiedziałem mu, że trudno mi wziąć cokolwiek z tej uwagi, bo jest ogólnikowa i jałowa. Na co on do mnie podszedł bardzo blisko i wysyczał mi w twarz: „Zapamiętaj sobie raz na zawsze, ja nie daję chujowych uwag". Albo kolejna sytuacja, gdy próbowaliśmy nakręcić scenę z wybitnym aktorem Jerzym Nowakiem, który grał Grabarza, i ten nasz dialog miał mieć zabawny rys. Szło to, nie przymierzając, jak sierp z dupy. Usłyszałem wtedy od reżysera na stronie: „Słuchaj, to jest jedna z najlepszych scen komediowych w historii dramaturgii, a tu, kurwa, nie idzie. Zrób coś". Obarczył mnie za to winą całkowicie. Nie wiem, może też się czuł bezradny, ale głupio mu było wobec takich tuzów się do tego przyznać. Doszło już do tego, że przestaliśmy ze sobą rozmawiać. Wracałem do domu w bardzo złej kondycji psychicznej. Byłem do tego potwornie zmęczony, jak każdy z ekipy. Plan zaczynał się o piątej rano, wjeżdżaliśmy do kopalni, gdy jeszcze było ciemno, i wyjeżdżaliśmy o dwudziestej pierwszej, gdy już było ciemno. Byłem wymęczony poczuciem winy, atmosferą permanentnego napięcia, mrokiem w środku i na zewnątrz. Pamiętam te ostatnie dni, kiedy zakładałem ten znienawidzony już kostium Hamleta i myślałem, że brnę w coś złego na ślepo, siłą bezwładu. Czułem się pusty i zobojętniały. Coraz bardziej tonąłem w poczuciu bezradności i winy. Idealnie współbrzmiało to wszystko z ciężarem, który od lat nosiłem w sobie. Łukasz stał się, chcąc nie chcąc, fizycznym uosobieniem sumy wszystkich moich lęków i wszechpotężnej wewnętrznej krytyki. Idealnie się w to wpasował.

A co on twoim zdaniem powinien ci powiedzieć? Jaką dać wtedy radę, żeby ci pomóc?

To było nieudane spotkanie dla obu stron, bo ja nie umiałem zwerbalizować tego, co konkretnie potrzebuję, a on nie umiał mi pomóc. Teraz gdybym sam widział takiego bezradnego aktora, jakim wtedy byłem, dałbym mu cokolwiek. Chociażby techniczne narzędzia do przejścia przez trudne sceny. Pauzy, spojrzenia, instrukcje, jak przejść, kiedy wstać... Cokolwiek poza analizą tekstu.

Bo te słowa są dobrze napisane, to jest Szekspir na litość boską, grany od kilkuset lat, nie trzeba w tym jakoś specjalnie majstrować. Jedyne, co można zrobić z aktorem, który jest niczym trzęsąca się galareta, to dać mu zajęcie, zaprząc go do działania. Pewnie spróbowałbym odwrócić jego uwagę od tego, czego się boi, dając mu bardzo konkretne, fizyczne zadanie. Bo ciągła analiza i budowanie sobie w głowie tych tak zwanych pejzaży, powodowało jeszcze większe poczucie winy. Mówisz pierwszą kwestię i wiesz, że to nie działa, że słowa są puste. Natychmiast przychodzi poczucie winy, że nie czujesz, że nie wierzysz. Wtedy to już jest równia pochyła i sprzężenie zwrotne. Im gorzej grasz, tym gorzej myślisz o sobie. Kiedy w takim stanie aktor słyszy, że reżyser jest z tych, co nie daje złych uwag, a tekst jest, wiadomo, arcydziełem, no to czyja to jest wina, że jest, jak jest? Nie twierdzę, że Łukasz się zachował jak bezduszny sadysta, tylko że wtedy ja nie byłem w stanie podołać takiemu wyzwaniu, jakie on mi dał, bez konkretnej reżyserskiej pomocy. Tyle.

A jak reagowali aktorzy? Pomogli ci jakoś w tej beznadziejnej sytuacji?

W większości byli bardzo wspierający. Czułem bardzo dobrą energię od Andrzeja Chyry. Zresztą do dziś, chociaż nie pamiętam, żebyśmy kiedykolwiek dłużej rozmawiali, kiedy spotykamy się gdzieś i ściskamy sobie ręce, jest coś w naszych oczach, jakieś porozumienie, pamięć, że uczestniczyliśmy w tamtym projekcie, że było w tym coś mocnego, granicznego i to nas zbliżyło. Tak ja to odczuwam. Jacek Poniedziałek też bardzo mi pomógł. Był życzliwy, wyrozumiały, powtarzał mi, żebym się nie martwił, że trzeba to jakoś dociągnąć do końca. Pan Jan Frycz też dał mi wsparcie, choć takie może dość kontrowersyjne. Siedzieliśmy na przerwie obiadowej, chyba w drugim dniu zdjęć, i powiedział do mnie raptownie: „Dobra, nie przejmuj się, ja też kiedyś spieprzyłem Hamleta" (*śmiech*). Byłem mu wdzięczny za szczerość. Wtedy nie było mi specjalnie do śmiechu, ale czułem, że nie tylko ja w tej obsadzie mam wątpliwości. Przecież właśnie przy tym projekcie widziałem jeden jedyny raz w życiu, jak taki gigant aktorstwa, jak Janusz Gajos jest zupełnie niewiarygodny w scenie modlitwy Klaudiusza. To było przerażające i pocieszające zarazem, bo wiedziałem przynajmniej, że jemu też zabrakło wsparcia.

A wracając do Jacka Poniedziałka, to uratował mnie bardzo konkretnie ostatniego dnia zdjęć. Kupiłem wtedy butelkę whisky. Pomyślałem, że w końcu to był mój debiut przed kamerą, a skoro jest ostatni dzień, to napijemy się z ekipą choćby po kieliszku, w ramach podziękowania za tę pracę, jakkolwiek ona mi wyszła. Ale siedząc rano w garderobie, zdałem sobie sprawę, że jestem w tak opłakanym stanie psychicznym, że nie wyjdę na ten plan. Po prostu nie zrobię tego, nie dam rady. Kompletnie się rozsypałem. Byłem już zamknięty w sobie na amen, obarczony całym poczuciem winy świata. Czułem, że tym razem już nie dam rady utrzymać tych sprasowanych emocji w ryzach. Że albo zrobię coś złego sobie, albo Łukaszowi, albo będzie jakaś inna gruba afera. No nazbierało się przez tych dziesięć dni.

To dlatego wypiłeś wtedy sam całą butelkę whisky?

No tak. Miało być po troszku dla wszystkich, symbolicznie. Ale nie zdzierżyłem. Najpierw wypiłem ciut dla kurażu. Za moment znów trochę, aż, jak to dziś mówi młodzież, wyzerowałem. Za chwilę miały się zacząć zdjęcia, a ja byłem kompletnie zalany. Pamiętam jak przez mgłę, że Jacek Poniedziałek znalazł mnie w toalecie. Przed nikim się nie wygadał. Podał mi chyba kawę z cytryną. Koniec końców stałem na własnych nogach. Niepewnie, ale na tyle, żeby w ogóle wyjść na plan. Nadal byłem mocno pijany, ale już nie nieprzytomny. I pamiętam jak dziś, że zdjęcia zaczynałem od sceny, gdzie mieliśmy rozmawiać z Horacym (Jackiem właśnie), schodząc ze sporego i tragicznie pofałdowanego wzniesienia. Spojrzałem na tę górkę i powiedziałem Jackowi: „Nie dam rady, stary, nie zejdę z tego, na sto procent się wypierdolę na pysk po metrze". I Jacek powiedział na to: „Zejdziesz. Patrz pod nogi, skup się tylko na tym, żeby się nie przewrócić. Mów po prostu ten tekst i już". I to była konstruktywna uwaga aktorska, jak się patrzy. Od kolegi aktora. No i udało się. Jakoś zszedłem. Ledwo, ledwo, bardzo powoli i ostrożnie stawiałem kroki, ale się nie przewróciłem. Scena jest, jaka jest, nie gorsza od innych moich scen w tym spektaklu.

Czy od tamtej pory miałeś jakiś kontakt z Łukaszem Barczykiem?

Ani razu. To znaczy widzieliśmy się jeszcze na premierze w Łazienkach Królewskich. Ściskaliśmy się i celebrowaliśmy niby-sukces. Pamiętam też, że Adam Hanuszkiewicz podszedł do mnie i powiedział na ucho: „To jest arcydzieło". Chciałbym wierzyć, że szczerze. Poszedłem tam z żoną i byłem przekonany, że to będzie zupełna klęska i ludzie wyjdą z pokazu. Myślałem, że dostanę zawału, zanim się zaczęło. Obejrzałem ten spektakl...

... i było aż tak źle?

Aż tak nie. Wydaje mi się, że montaż i to, jakie Paweł Edelman zrobił zdjęcia, uratowały to przedsięwzięcie. Niestety na głębszym poziomie widać, że każdy aktor gra inny spektakl, że to nie jest spójna opowieść. Oczywiście pamiętajmy o tym, że ja też nie mam do tego projektu zdrowego dystansu. Do dziś wydaje mi się, że ja tam nic nie zagrałem. Nie dokładam sobie, po prostu tak jest, to fakt. Jeśli widać w tym Hamlecie jakieś emocje, to są to po prostu moje prywatne emocje wynikające z tych granicznych stanów, w jakich się znalazłem, i bezradności aktorskiej oraz ludzkiej. Niewiele więcej.

Spadła na ten spektakl fala krytyki?

Mówiono na przykład, że zatrudnili aktorów bez dykcji (to o mnie ustęp) albo że każdy ciągnie w swoją stronę i spektakl jest niespójny i efekciarski. Ale też pamiętam, i chowam to w sercu, że po kilku latach od premiery, na dniach otwartych TVP, podeszli do mnie jacyś bardzo sympatyczni starsi państwo i powiedzieli, że ten spektakl to było dla nich wielkie przeżycie, że było w nim mnóstwo emocji i mnie z niego pamiętają. Warto mieć na względzie, że powiedzieli to w czasie mojego epicentrum serialowo-telenowelowej „poruchawy" i organizacyjnego bezhołowia. Był to dla mnie wtedy lek na duszy blizny, jak mówi poeta. Nie wykluczam więc, że do kogoś to trafiło. Dla mnie to nadal jest projekt nieudany. Na szczęście zdjąłem już z siebie poczucie odpowiedzialności za tę porażkę i może niedługo obejrzę go ponownie. Z drugiej strony, gdy teraz opowiadam o tym, dociera do mnie, jak wiele w tak krótkim czasie się nauczyłem i jak wiele do dziś mogę z tego czerpać.

Chyba nie było aż tak źle, skoro w tym samym czasie chciał cię sam mistrz Krystian Lupa. Choć dziś mówisz, że to też było bardzo bolesne i rozczarowujące spotkanie.

Żeby opowiedzieć tę historię uczciwie, trzeba przedstawić cały kontekst sytuacji. Bo duże znaczenie miało to, że trafiłem pod skrzydła Krystiana jako młody chłopak, zaraz po studiach. Byłem człowiekiem niedojrzałym, pogubionym emocjonalnie, niemającym kontaktu z samym sobą. A do tego nie zaznałem nigdy prawdziwego autorytetu ojca. I w takim momencie poznałem Krystiana, który ma niezwykle silną osobowość. Był przekonujący, zabawny, charyzmatyczny. Pomyślałem sobie, że w zasadzie nie ma się co zastanawiać, tylko za nim iść. Pozwoliłem na to, by mnie mentalnie uwiódł. Później zrozumiałem, że to droga nie dla mnie.

Nie zostałeś w gronie jego wielbicieli?

Nie, bo zrozumiałem, że on lubi manipulować ludźmi. Cała moja historia z nim zaczęła się od tego, że w szkole przygotowywaliśmy z nim quasi-improwizowane, dwójkowe sceny. Ciekawe i inspirujące przeżycie, choć już na krawędzi mojej ówczesnej wiedzy o rzemiośle. Następnie zobaczyłem jego „Mistrza i Małgorzatę" (w którym zresztą grałem później) i to był tak wspaniały spektakl, że wyznaczył na jakiś czas kierunek mojego myślenia o teatrze. Do dziś na pamięć znam niektóre ze scen. To było bardzo nasycone, intensywne i piękne scenograficznie przedstawienie. Niedługo później, kiedy byłem już etatowym aktorem Teatru Starego, Krystian zaproponował mi udział w nowym spektaklu. Był to „Zaratustra" według Nietzschego. Zgodziłem się, myśląc, że będę pracował przy czymś podobnie udanym, co „Mistrz i Małgorzata". Ale stało się inaczej. Pierwsza część spektaklu była napisana przez Lupę, druga bazowała ściśle na książce Nietzschego, a trzecia była dramatem Einara Schleefa. Ta ostatnia była najlepsza. Miała dramaturgię i rytm. Wspaniale grali Iwona Bielska, Małgorzata Hajewska i Krzysiek Globisz. Druga była ciut gorsza, choć aktorzy, a zwłaszcza wspaniały Zbyszek Kaleta robili wszystko, żeby ją ratować. A ta pierwsza – w której ja usiłowałem grać, była najbardziej chaotyczna, pretensjonalna, niezrozumiała i musiała być potwornie nużąca dla widza. Nie było w tej części ani szkieletu, ani spoiwa. Kiedy aktorzy przenosili na scenę jakieś własne, prywatne frustracje i stany emocjonalne, sceny nie były aż tak straszliwie nijakie. Kiedy tego nie robiliśmy, były pozbawione napięcia i wiało przeraźliwą pustką. Teraz myślę, że problem tkwił w inscenizacji i w braku dobrego, nośnego tekstu. Rozmawiałem przed i po premierze z doświadczonymi aktorami, z którymi wtedy grałem, z Agnieszką Mandat, Andrzejem Chudziakiem czy Jackiem Romanowskim. Nasze odczucia były podobne, co mnie trochę uspokoiło, bo już zaczynałem myśleć, że jestem tym dzieckiem z baśni, które jako jedyne nie widzi wspaniałych szat cesarza. Dowiedziałem się także, że Krystian na przestrzeni lat bardzo się zmienił. Kiedyś lubił aktorów, zachwycał się nimi, był empatyczny i uważny. Przy „Zaratustrze" już tak nie było. W moim odczuciu reżyser miał nam do zaproponowania wyłącznie relację oświecony mistrz – uczniowie.

Dlaczego przestałeś z nim pracować?

Bo współpracę z nim odczuwam jako rodzaj sekciarskiej, niezwykle uzależniającej relacji. On kreuje się na demiurga, tworzy odrębny kosmos ze skojarzeń, asocjacji, pomieszanych emocjonalnych strzępków, prawdziwych i fikcyjnych opowieści, a ty stajesz się jego częścią. W związku z tym myślisz sobie, że jesteś ważny. Krystian potrafi tworzyć światy wielkie i wyjątkowe, a ty czujesz, że zaraz będziesz brał udział w procesie tworzenia niepowtarzalnego misterium. On sprytnie łączy z sobą różne psychologiczne elementy, które dla laika, jakim wtedy byłem, są intrygujące i niezwykle atrakcyjne. Jako świeżutki absolwent szkoły teatralnej, miałem wrażenie, że taki właśnie reżyser będzie moim przewodnikiem, przyjacielem i kompanem, przeprowadzi mnie przez zranienia, zaprzęgnie je do pracy dla mnie. Że coś otworzę w sobie, coś przewalczę, coś przepracuję. Taka niby terapia. Tylko że to była czystej wody iluzja, wytworzona celowo i z rozmysłem. I to się niestety okazuje na koniec. Bo terapeuta cię nie zostawi, a Krystian zostawi cię bez mrugnięcia okiem.

Po spektaklu, po próbach?

Nawet często na spektaklu. To było dla mnie najstraszniejsze. Kiedy on wychodził w trakcie gry i trzaskał drzwiami na widowni tak mocno, żeby aktorzy na scenie wiedzieli, że wychodzi. A co za tym idzie, że jest niezadowolony i obrażony. Krystian często brał czynny udział w swoich spektaklach. W „Zaratustrze" na przykład czytał fragment tekstu. I to też bywało narzędziem nacisku na aktorów. Wiedzieliśmy, że sposób, w jaki on to czyta, sygnalizuje, jak bardzo jest z nas niezadowolony. Wtedy czytał cicho, niewyraźnie, z niechęcią w głosie. A czasami, kiedy uznawał, że nie jest w stanie na nas patrzeć, wychodził i wtedy z głośników puszczano nagranie jego głosu, zarejestrowane jeszcze przed premierą. Wyobraź sobie, że jesteś Zbyszkiem Kaletą i słyszysz to nagranie. Jest mniej więcej połowa spektaklu i ty dostajesz czytelny sygnał, że reżyser poszedł do domu, bo spektakl idzie gorzej niż źle. A masz jeszcze połowę do zagrania. Taka świadomość dla mnie byłaby paraliżująca i odpaliłaby natychmiast taką falę autokrytyki, że nie wiem, czy byłbym w stanie dokończyć scenę. Pamiętam, jak graliśmy kiedyś ten spektakl na festiwalu „Dialog" we Wrocławiu. Po spektaklu rozmawiałem z Krzyśkiem Mieszkowskim, byłym dyrektorem tamtejszego Teatru Polskiego. I on mnie pyta, jak poszło. Ja mu mówię, że dobrze, że rytmicznie, równo, no ale Krystian trzasnął drzwiami w trakcie spektaklu i sobie poszedł. A Krzysztof na to: „No wiesz, nie możesz tak tego traktować. Zrozum. To jest jednak Krystian, wybitna osobowość i demiurg. On po prostu czasem organicznie nie może tego wytrzymać...". Ja na niego patrzę wielkimi oczami i nie wierzę w to, co słyszę. I mówię mu z całym przekonaniem i prostotą, na jakie mnie wtedy było stać: „Krzysiek, łatwo ci się mówi, bo to nie ty stałeś dziś na tej scenie. Ja tam stałem i słyszałem te drzwi, które zdrowo pierdolnęły, i wiem, co wtedy poczułem. Jakby ktoś mnie olał, wystawił, zdradził! Jak tak organicznie nie mógł tego wytrzymać, to mógł sobie wyjść przecież po cichu. Jeżeli ktoś robi to tak ostentacyjnie, to dla mnie jest jasne, że wyjście jest obliczone na konkretny efekt". I Krzysztof na koniec skwitował, z pewnym już jednak dla mnie politowaniem, że to jest po prostu wielki artysta. Dla mnie to nie był żaden argument. Tak jak nie ma dla mnie świętych krów. Nigdy i nigdzie. W moim dość prostym wewnętrznym świecie i sosnowieckiej głowie relacje ułożone są w ten sposób, że jak gramy w piłkę w jednej drużynie, to nie może być tak, że kiedy nie idzie w ataku, to niezadowolony bramkarz spluwa pogardliwie i schodzi z boiska. Każdy ma jakieś zadanie i swoją część odpowiedzialności. Wszystkie te części w każdej aktywności grupowej są tak samo ważne. A w teatrze wydają mi się nadrzędną wartością, której sprzeniewierzanie się jest haniebne i niedopuszczalne. Bez względu na rangę czy status osoby. Według mnie tak samo winny jest oświetleniowiec, aktor czy reżyser.

Krystian dawał wam później jakiś feedback po spektaklu, że było źle?

Byłem świadkiem jednej niezwykle przykrej sytuacji, która paradoksalnie bardzo mnie ucieszyła. Krystian po spektaklu „Zaratustry" wszedł do takiej malutkiej garderoby, gdzie stały dwa rzędy wieszaków z kostiumami. Chodził między nimi a nami jak tygrys w klatce. Wydawał nawet podobne, nieartykułowane pomruki. I bez lupy widać było, że jest źle. Nakręcał się długo i w końcu wyrzucił z siebie coś w stylu, że my jako aktorzy się nie staramy. I wtedy jeden z najłagodniejszych ludzi, jakich znam, który jest wcieleniem cierpliwości i kultury osobistej, po prostu zerwał się ze swojego miejsca i błyskawicznie znalazł się przy naszym reżyserze. Chwycił Krystiana, jak to się mówi, za szmaty i zdrowo nim potrząsnął kilka razy. Ktoś próbował łagodzić i rozdzielać. Ktoś krzyczał: „Zostaw go!". No zadyma na sto dwa. I w tym wszystkim widzę twarz Krystiana, który jest w totalnym szoku. Zaniemówił. Całe to jego rozpędzenie i wściekłość zniknęły, jakby nigdy ich nie było. „Kurwa, Krystian, o co ci chodzi? My się tu staramy, czego ty jeszcze od nas chcesz, no czego? Ja leżę na scenie przez pół godziny prawie nago, z genitaliami na wierzchu, gram najlepiej, jak umiem, przełamuję cały swój wstyd, daję z siebie wszystko, a tobie ciągle jest mało?". To mu mniej więcej wykrzyczał w twarz w swojej największej bezsilności i odruchu obrony jeden z aktorów. Nie wymienię jego imienia ani nazwiska, bo to człowiek wielkiej klasy i myślę, że do dziś się wstydzi, że dał się tak sprowokować. Mówię o tym jako o przykładzie poczucia sprawiedliwości i walki o godność, które zrobiły na mnie wielkie wrażenie. Lupa stał jak słup soli. Zupełnie się tego nie spodziewał. I wtedy odezwał się Zbyszek Kaleta, który moim zdaniem jest wybitnym i niezwykle ofiarnym aktorem. Myślałem, że on jest ostatnią osobą, która mogłaby się w takiej sytuacji odezwać. Bo zawsze był lojalny wobec Krystiana, nie lojalnością wyznawcy, ale zawodową – wynikającą chyba z głębokiego aktorskiego zaufania. I powiedział spokojnym, łagodnym głosem: „Krystian, jeżeli ci się nie podoba, jak gramy to przedstawienie, to po prostu nie grajmy tego więcej". Lupa wyglądał wtedy tak, jakby go ktoś strzelił z całej siły w twarz. Obróciło go i wyszedł bez słowa. Łagodnie zamykając za sobą drzwi.

Ten spektakl dalej był grany?

Tak, już następnego dnia. Przychodzimy i każdy ma w garderobie omówienie wczorajszego spektaklu zostawione na kartce A4, zapisane drobnym drukiem. Taki list od reżysera. Nawet tego nie czytałem. Wypieprzyłem to do kosza. Pomyślałem, że to już jest naprawdę za dużo. Normalnie by to nam powiedział, ale ponieważ był na nas obrażony, to napisał na kartce. Wydaje mi się, że większość męskiej obsady ten list wyrzuciła. Chyba tylko Piotrek Skiba przeczytał to uważnie.

Dlaczego to zignorowałeś?

A po co miałem to czytać? I jak się w ogóle miałem do czegoś takiego odnieść? To już nawet nie udaje dialogu. Już wtedy, będąc najmłodszym członkiem tego zespołu, miałem poczucie, że jednak być może my aktorzy nie ponosimy całej winy za niepowodzenie tego przedsięwzięcia i te narastające konflikty. Wcześniej myślałem, że to ja zwariowałem, że to ze mną jest coś nie tak, a Krystian i jego poplecznicy mają rację. Nagle zacząłem myśleć, że może jest jednak inaczej. Wyobraź sobie, że przychodzimy na rozgrzewkę przed spektaklem i widzimy, że Krystiana nie ma. On zawsze siedział na widowni, na górze. A teraz to miejsce było puste. Pomyśleliśmy, że naprawdę nas już ostatecznie zostawił. Ale po jakimś czasie ktoś z zespołu zauważył, że całe stanowisko Krystiania, mikrofony, sprzęt jednak są, tylko schowane w prawej kulisie. Reżyser dał nam widomy znak, że jest, ale chowa urazę. Czysta niczym nieskażona dziecinada. Czy nie? Jak to się miało do głoszonej przez Lupę współodpowiedzialności za spektakl, wspólnej przygody, do idei zespołu? Nie wiem. Mnie się to nie składało. Za to złożyło mi się kilka lat później, kiedy pracowałem z innym reżyserem, Ondrejem Spišákiem w Teatrze Dramatycznym, między innymi przy sztuce „Prorok Ilja". Druga próba generalna, z wielu przyczyn była fatalna, źle poszło na niej wszystko, co mogło. Naprawdę wszyscy czuliśmy, że było strasznie, że daliśmy dupy i czekaliśmy, aż reżyser zrobi nam dziką awanturę. Ondro przyszedł i z najautentyczniejszą troską i smutkiem w głosie zapytał, czy jest coś, co on może jeszcze dla nas zrobić. Spytał, jak może nam pomóc, bo wczoraj na próbie historia Ilji się opowiedziała, bawiła go i wzruszała, a dzisiaj nie. Wszyscy czekali na krytykę, a on zaoferował pomoc. I wziął odpowiedzialność. Efekt był taki, że trzecia generalna była świetna, a premierowy pokaz był najlepszym z przebiegów tej serii. A u Krystiana było tylko wieczne dokładanie sobie, nieustające mielenie poczucia winy i wzajemnych oskarżeń i nic dobrego dla nikogo z tego nie wynikało. I na scenie, i między ludźmi było tam nieprzewidywalnie, toksycznie i pusto. Czułem też, że on karmi się upadkiem innych ludzi. Że czerpie z tego jakąś niezrozumiałą dla mnie satysfakcję.

Jak wygląda praca na próbach z nim?

Krystian zawsze zaprasza cię w „pewną podróż". Nie dając żadnych konkretnych zadań, wymaga od ciebie jakichś bliżej nieokreślonych dla mnie pejzaży, stanów, monologów wewnętrznych postaci. Nigdy nie wiedziałem, o co w tym chodzi. Nie mówił ci: „Zrób to i spróbuj załatwić to w taki sposób, jestem ciekaw, co ci z tego wyjdzie". Tylko pokazywał ci coś z ciała, robił jakiś gest, coś co było nieuchwytne. Wszyscy tak patrzyli i próbowali się w tym zmieścić i robić tak jak on. Bo on był w tym uwodzicielski. Patrzenie na niego, jak to robił, rzeczywiście było w jakiś sposób magiczne. Używał określeń, które jeśli słyszę teraz z ust jakiegokolwiek reżysera, są dla mnie najoczywistszym znakiem ostrzegawczym. W dziewięćdziesięciu procentach przypadków zwiastują, że ktoś zamierza rżnąć szamana, a nie pracować. Te określenia to kolejno: asocjacja, pejzaż, stan. Całe kłębowisko pojęć, które mają w czarodziejski sposób sprawić, że aktor coś poczuje i w coś uwierzy. Efekt jest zaś taki, że aktor zamyka się, jak ja to mówię, w swoim własnym pokoju. I już jest niedostępny dla swoich partnerów, dla widza, dla nikogo. Jest tylko sam dla siebie, zajmuje się sam sobą. I każdy z nas na tych próbach osiągał w końcu jakiś przedziwny emocjonalny stan, ale razem jako zespół niewiele mogliśmy zrobić. Nikt nikogo nie widział, na nic nie reagował. To było jak stojąca woda. Jałowość tej pracy objawiała mi się tym, że byłem na scenie, grałem i jednocześnie myślałem o czymś innym, zupełnie przyziemnym, na przykład którędy wrócę do domu, czy wziąłem klucze od domu i tym podobne. Jeśli umysł i ciało aktora na scenie nie są zaprzątnięte celem i zadaniem, to znaczy, że z nudów odpływa.

Ale z drugiej strony mówiłeś też, że sam sobie chętnie upatrzyłeś Krystiana jako swojego zastępczego ojca. Może w tym tkwił największy błąd, bo wystawiłeś się na duży emocjonalny strzał?

Na pewno miało to znaczenie, bo Krystian idealnie wpasował się w puste miejsce na autorytet ojca. To na bank było sprzężenie zwrotne. To znaczy ja go dopasowałem i skwapliwie wpisałem w swój deficyt. A on ze swoim zespołem cech doskonale się w tej roli odnalazł.

Wróćmy jeszcze na chwilę do tego „Zaratustry". Daliście światową premierę w Grecji, w teatrze ateńskim, tym wspaniałym, starożytnym. To było dla ciebie ważne przeżycie?

W tym sensie ważne, że dosłownie w kilka godzin wyleczyło mnie z dotychczasowego myślenia, pielęgnowanego latami w wyobraźni, czym w istocie był teatr grecki, na czym polegało klasyczne

aktorstwo i odbiór takich sztuk. Wszystko, co wcześniej o tym myślałem i czego mnie uczono, zostało skutecznie zweryfikowane i polecam to każdemu, kto myśli, że rozumie grecki teatr, ale nigdy nie był w oryginalnym starożytnym amfiteatrze.

Wspomnienie o tym wydarzeniu warto zacząć od jego nazwy, czyli światowej premiery. Do tego odbyło się ono właśnie w Grecji, w teatrze Heroda Attyka pod Akropolem. Była to dość pretensjonalna zagrywka i grubo na wyrost, biorąc pod uwagę, że spektakl za granicą został zagrany tylko tam i tylko raz. Świat więc za bardzo się go nie naoglądał. Niemniej polecieliśmy odegrać tę światową premierę do Aten, żeby było dostojnie, z pompą i klasycznie tak, że no nie do wytrzymania. Jak na złość już początek tej wyprawy z godnością i artyzmem nie miał wiele wspólnego. Podczas startu samolotu spora część naszej ekipy była pod „dobrą datą". Cała droga upłynęła nam pod znakiem niekontrolowanej wesołości. Po przylocie zrobiło się już mniej radośnie, bo trunki podziałały na zmysł orientacji i kilka koleżanek pogubiło się na ateńskim lotnisku. Pamiętam, że Krystian był poirytowany i zażenowany przebiegiem wypadków i też żeby nie było wątpliwości – on nie brał udziału w popijawie. Ostatecznie jakoś udało się nam zebrać i z opóźnieniem dojechać do hotelu. Atmosfera nadal była wesołkowata, nawet stadionowa, bo na lotnisku uzupełniono płyny. Pierwszy dzień spędziliśmy na aklimatyzacji w upalnej Grecji, a następnego wieczora zaczęły się próby w ogromnym teatrze Heroda Attyka. Mogliśmy, ze względu na próby świateł, pracować tylko od godziny dwudziestej drugiej do świtu, a pracy był huk, bo nie wiadomo dlaczego, ale w Krakowie nie udało się zrobić zbyt wiele i spektakl był w zasadzie w powijakach. Szybko też okazało się, że przy naszej inscenizacji (robionej na Scenę Kameralną na Starowiślnej) i warunkach, jakie stwarza ten olbrzymi teatr, większość widzów nie zobaczy prawie nic z tego, co dla nich przygotowaliśmy. Po pierwsze dlatego, że amfiteatr był ogromny i odległość widowni od sceny w dalszych rzędach była znaczna. Po drugie – nie było telebimów, a po trzecie – w związku z porażającą ilością tekstu, wyświetlano gęsto i szybko greckie tłumaczenie, na którym trzeba było być mocno skupionym, żeby wyłapać wszystkie niuanse tej filozoficznej sztuki i wiedzieć, o co w ogóle w niej chodzi. Napisy były wyświetlane wysoko nad sceną, tak że widzowie zostali postawieni przed trudnym dylematem: czytać czy oglądać. Po pierwszej próbie podszedł do mnie chłopak z miejscowej obsługi technicznej teatru. Był Grekiem, ale miał polskie pochodzenie, i zapytał mnie w ojczystej mowie, o czym właściwie jest ten spektakl. Więc mu powiedziałem, że to taka sztuka filozoficzna. On spojrzał na mnie dużymi oczami, odchrząknął i zapytał, ile to wszystko trwa. Odparłem, że cztery i pół godziny, jak dobrze idzie. On robi jeszcze większe oczy i pyta, czy żartuję. „Nikt wam nie powiedział? Przecież to jest nierealne, stary. Zaczynacie o dwudziestej pierwszej, a ludzie przychodzący na takie spektakle wiedzą, że trwają one maksymalnie półtorej godziny. Po dwudziestej drugiej trzydzieści wychodzą, idą jeszcze coś zjeść, napić się wina, ostatnie metro odjeżdża o północy, więc nie wiem, czy w ogóle ktoś zostanie do końca waszej sztuki". Trochę mnie to przeraziło, ale myślałem, że może przesadzać, ot, straszy i jajca sobie ze mnie robi. A on jeszcze pyta mnie na koniec, czy są w tej naszej sztuce jakieś sceny batalistyczne, czy dużo się dzieje. Wtedy to już ja zacząłem się śmiać i mówię mu, że to na rozmowach głównie jest oparte, że są długie monologi i dwie, trzy osoby na scenie. W warstwie myśli dzieje się dużo, a za to w warstwie inscenizacji jest ascetycznie i dominuje minimal. On pokiwał głową i zakończył tę naszą rozmowę słowami: „Nie obraź się, ale na tej scenie sens mają jedynie spektakle bardzo widowiskowe, bo przestrzeń jest tak ogromna, że nikt nie będzie widział z tych ostatnich rzędów waszych niuansów. Tu ludzie jeżdżą na koniach, biegają poprzebierani za gigantyczne dajmy na to motyle, żeby tylko publiczność mogła coś zobaczyć. Jak pójdziesz tam na samą górę widowni, zrozumiesz, o czym mówię. Takie warunki ta scena daje i w odpowiedni sposób trzeba

Teatr Heroda Attyka w Atenach, gdzie miała miejsce premiera „Zaratustry" F. Nietzschego w reżyserii K. Lupy, 2005 r. Zdjęcie: prywatne archiwum Autora.

na nią inscenizować". Poszedłem więc na tę górę i w jedną chwilę zrozumiałem, na czym polegała specyfika teatru greckiego. Pojąłem, dlaczego na scenie nie mogło być na raz więcej niż trzech aktorów, a ten, który mówił, musiał wyjść wyraźnie do przodu, żeby nikt nie miał wątpliwości, kto zabiera głos. Poza tym dzięki Romkowi Gancarczykowi i profesorowi Korusowi z Uniwersytetu Jagiellońskiego wiedziałem, jak brzmiał język starogrecki. Na jednym z egzaminów z poezji recytowaliśmy fragmenty „Odysei" Homera w oryginale. Był to w zasadzie ciąg dłuższych i krótszych samogłosek, a mowa sceniczna w antyku była bardzo głośną melorecytacją i na interpretacyjne zawiłości raczej nie było szans. A my przyjechaliśmy z kameralnym i koronkowo tkanym, zawiłym dramatem, który gra się dla widowni liczącej maksymalnie trzysta osób, przy idealnej akustyce. Nie mam pojęcia, dlaczego nikt o tym wszystkim nie pomyślał przed naszym przyjazdem. Mnie to przyszło do głowy od razu, jak stanąłem tam na górze widowni, ja, adept w swoim rzemiośle. Ale nie było już wyjścia, musieliśmy grać. Przyszło około kilku tysięcy ludzi. To była największa widownia, przed jaką do tej pory w życiu stanąłem. W pierwszych scenach spektaklu, w których ja brałem udział, przyszło nam grać w pełnej jeszcze jasności kończącego się dnia. Świateł w zasadzie można było nie używać, bo i tak niczego to nie zmieniało, wszystko było widać jak na dłoni. Montaż scen opierał się na wyciemnieniach, które dawały nam możność zmiany miejsca i czasu. Brak ciemności mieszał nam szyki, powodował dekoncentrację i bałagan. Poza tym niefrasobliwie sprzedano bilety na wszystkie miejsca, również te z bocznych sektorów i tam ludzie bardziej niż na samą scenę, mieli widok na nas – aktorów w kulisach. Zastawki były za małe, więc widzowie widzieli nas przebierających się, czekających na wejście. Kłopotliwa i trochę żenująca sytuacja. Bo gdyby to było wkalkulowane, moglibyśmy tym grać, jakoś to wykorzystać, a tak my udawaliśmy, że nie wiemy, że oni nas widzą, a oni, że na nas nie patrzą. Więc tu niby światowa premiera, antyk, splendor, a podążały za tym śmieszność i absurd. No i oczywiście w miarę trwania spektaklu publiczności lawinowo ubywało, wychodzili całymi grupami na naszych oczach. Co do joty sprawdziło się to, co mówił mi dzień wcześniej ten Grek. Spektakl był dla naszych gospodarzy niezrozumiały i o wiele za długi. Z tego, co pamiętam, pod koniec z sześciu sektorów została tylko część jednego, na oko może jakieś dwieście osób. Było mi przykro, że ten olbrzymi wysiłek wielu ludzi: próby, przygotowania, cały skomplikowany transport scenografii, to wszystko okazało się chybione przez złe planowanie, nieumiejętność przewidzenia podstawowych rzeczy, które uniemożliwią dobry i godny odbiór naszego przedstawienia. Z drugiej strony, mimo wszystkich nonsensów i niedogodności tej premiery, zdarzyło się podczas tego spektaklu coś niesamowitego, moment, który chwycił mnie za serce i utrwalił się w mojej pamięci na zawsze. Kiedy kończyliśmy grać, było już ciemno, staliśmy pod rozgwieżdżonym niebem w kolebce europejskiego teatru, a to niezwykle głośne miasto, jakim na co dzień są Ateny, niemal całkowicie ucichło. Wiał prawdziwy wiatr, przynosił zapach ziół i rozgrzanego kamienia. Był w tym rodzaj niepowtarzalnej magii i wzruszenia. Szkoda, że została z nami wtedy już tylko garstka publiczności.

Skoro doświadczenie pracy z Krystianem Lupą czy Łukaszem Barczykiem nie było dla ciebie pozytywnym przełomem w poznawaniu i zrozumieniu swojego zawodu, to co naprawdę nim było?

Przeczytanie książki Davida Mameta o aktorstwie. Już tytuł jest wspaniały „O herezji i zdrowym rozsądku w aktorstwie". On przede wszystkim rozprawił się z metodą Stanisławskiego. Jest jej zagorzałym wrogiem, podobnie zresztą jak ja. Tej metody, choć pewnie zmodyfikowanej, doświadczyłem na przykład, pracując z Krystianem Lupą czy z Majką Kleczewską. Chociaż nie jestem aż tak bezkompromisowym wrogiem Stanisławskiego jak Mamet. Myślę sobie, że jeżeli ktoś znajduje coś w tej metodzie i efekt jest taki, że jest otwartym i rozluźnionym marzycielem, grając na scenie, to super. Ale być może on taki jest mimo tego, że posługuje się metodą Stanisławskiego, a nie dzięki niej. Przez lata nie miałem argumentów, żeby potwierdzić racjonalnie, że ta metoda jest szkodliwa, a Mamet mi je dał. Wcześniej czułem, że jest z nią coś nie tak, ale nie umiałem tego wytłumaczyć. Dlatego ta książka tak bardzo dodała mi otuchy.

Dlaczego metoda Stanisławskiego jest twoim zdaniem aż tak zła?

Ona z grubsza opiera się na dwóch fundamentalnych zasadach, że aktor, budując jakąś rolę, musi w coś uwierzyć i coś poczuć. Czyli zakłada kontrolowanie dwóch przejawów człowieczeństwa, których kontrolować się nie da. Jest więc sprzeczna logicznie. Nie możesz kontrolować swoich uczuć, nikt tego nie potrafi. Mnie się to kojarzy z sytuacją, w której na scenę wchodzi osoba trzymająca na łyżeczce jajko. Jest maksymalnie skupiona, żeby tego jajka nie upuścić. Spróbuj z tym człowiekiem wejść w jakąś relację. Nie da się, bo on jest skupiony na swoim zadaniu. I tak jest z aktorami, którym każe się pracować według metody Stanisławskiego. Oni są maksymalnie skupieni na tym, żeby poczuć emocję swojej postaci i jak już uda im się to chwycić, to piastują ją do tego stopnia, że nie zwracają uwagi na partnera, z którym grają, na miejsce, w którym grają, na przedmioty wokół nich. To jest wykwit narcyzmu i egocentryzmu. A za każdym razem jest się w innej sytuacji. Dziś gram z aktorką, która jest w dobrym nastroju, a innym razem ta sama aktorka ma zły dzień, źle się czuje. I ja nie mogę być skupiony wyłącznie na stanie emocjonalnym mojej postaci, tylko na tym, co się na żywo, w tej właśnie chwili dzieje przy mnie, z kim gram. Wielokrotnie doświadczyłem sytuacji, gdy mój partner na planie czy na scenie w ogóle nie zwracał na mnie uwagi, tylko skupiał się w stu procentach na stanie emocjonalnym, który wymyślił sobie dla tej postaci, i w scenie sztywno się go trzymał. Taki aktor jest według mnie tępy, w odróżnieniu od aktora ostrego – uważnego, obecnego i zaangażowanego.

Czyli wychodzenie z roli nie sprawia ci trudności?

Nie. Uważam, że jest to wysokiej klasy zawracanie dupy i źle rozumiane przydawanie tej profesji znaczenia. Według mnie nie ma czegoś takiego jak wychodzenie z roli, podobnie nie ma czegoś takiego jak wchodzenie w nią, w sensie stawania się postacią.

Pamiętam, jak byłeś w „Dzień dobry TVN" promować serial „Diagnoza" i tam Piotr Kraśko zapytał cię, jak przygotowywałeś się do roli lekarza. Dał ci przykład, że Robert De Niro zanim wszedł na plan „Taksówkarza", wcześniej przez trzy miesiące jeździł taksówką, żeby sprawdzić, jak to jest. A ty mówisz Piotrowi na to, że nic z tych rzeczy, bo aktorzy to mistrzowie iluzji. Widziałam, jaką miał minę...

No tak (*śmiech*). Chyba nie do końca mu się wpisałem w koncepcję. Jasne, że byłem kilka razy u paru lekarzy, popatrzyłem, jak szyją, operują, zmieniają opatrunki, ale to wszystko. Wydaje mi się, że to, co zrobił Robert De Niro, nie ma żadnego znaczenia. Nie odróżniłabyś aktora, który wcześniej jeździł taksówką i teraz gra taksówkarza, i takiego, który go gra, a wcześniej nie jeździł. To jest ta cała paranoja, która się przyczepiła do tego zawodu. Aktorstwo ciągnie za sobą jakiś niezrozumiały dla mnie welon tajemnicy i niesamowitości, który jest bujdą na resorach i oczywistym humbugiem. Jeszcze całkiem niedawno aktorzy byli chowani w niepoświęconej ziemi razem z prostytutkami i wyrzutkami społecznymi, a teraz z niewiadomych przyczyn poszybowaliśmy w rankingach statusu społecznego ponad wszelkie spodziewanie. Uważa się nas za

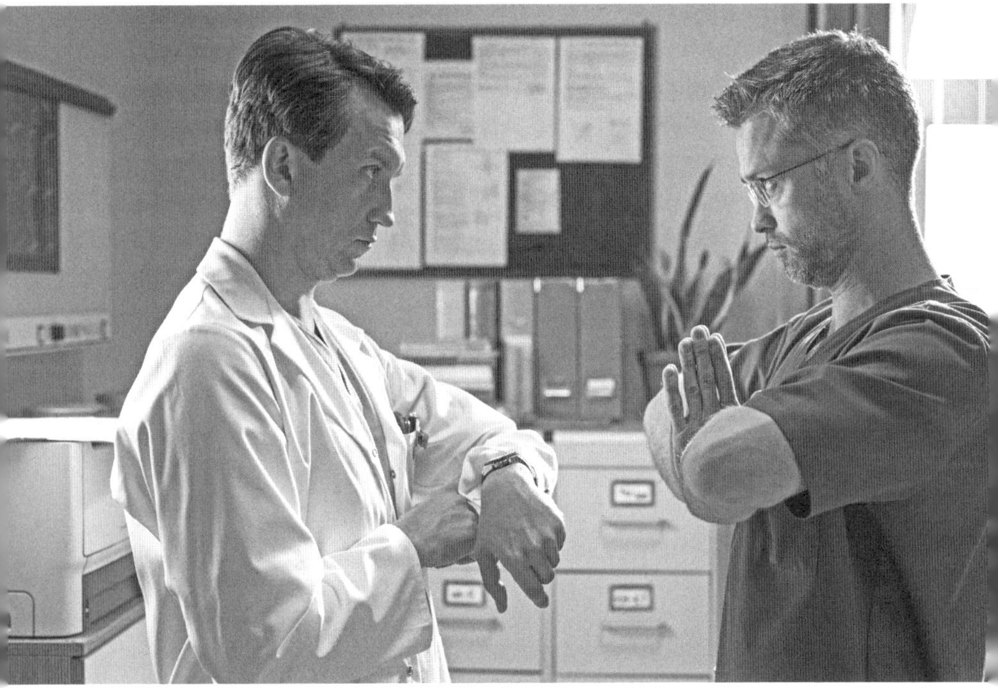

Na planie z M. Zakościelnym. Kadr z serialu TVN „Diagnoza".
Zdjęcie: Mirosław Sosnowski.

ludzi, którzy stają się postaciami, które grają, którzy przeżywają bardziej i więcej niż zwykli śmiertelnicy. Oddaje nam się hołd jak jakimś półbogom. No czy nie jest tak, że świat stanął na głowie, skoro taki jeden z drugim aktor z Hollywood zarabia po tysiąckroć więcej niż najwybitniejsi lekarze ratujący ludzkie życie? Nie jestem hipokrytą i wiem, że i ja przecież jestem bezpośrednim beneficjentem tej sytuacji. Uprawiając ten zawód, całkiem dobrze zarabiam i wiodę przyjemny żywot. Ale zastanawia mnie to tak po ludzku, kiedy spojrzę na to z dystansu. Według mnie to całe aktorstwo nader często jest w gruncie rzeczy tylko wygodnym pretekstem do tego, żeby wieść sybaryckie życie w fajnych okolicznościach. Nie udawajmy, że tak nie jest. Pewnie, że nie zawsze i nie wszyscy tak robią, ale są też aktorzy, którzy funkcjonują na takim poziomie, który często jest jednym wielkim cyrkiem, fasadą i zasłoną dymną. A na pewno najmniej ma wspólnego z tym, za co powszechnie jest uważany. Ja wolę ludzi, którzy traktują aktorstwo bez tego pretensjonalnego zadęcia na wielką sztukę. Uwielbiam na przykład Mariana Dziędziela, którego uważam za jednego z najwybitniejszych polskich aktorów. I to jest człowiek, który gra wielkie role, a w przerwach między scenami siedzi i opowiada sprośne dowcipy. Często tuż przed samym ujęciem mówi coś, co powoduje, że ludzie z ledwością utrzymują powagę, a scena jest wysoce dramatyczna i wymagająca. Marian ma jednocześnie wszystko przemyślane w najdrobniejszych detalach. Każdą najmniejszą intencję, rytm sceny, melodię słowa. I jest często bezkompromisowym krytykiem, zwłaszcza dla siebie samego. Ale i u partnera wyczuje na kilometr pustkę, brak skupienia i każdy najmniejszy nawet fałsz. On nie oszukuje pseudokoncentracją, pseudouwagą, nadymaniem się na to wielkie aktorstwo. On jest przygotowany merytorycznie przed sceną, a podczas grania jest obecny i skupiony. Dlatego dla mnie działanie, a nie czucie i wiara, jest kluczowe w aktorstwie. Nawet samo słowo aktor pochodzi w łacinie od *actus*, czyli działać, czynić. Oczywiście można coś tam przy okazji poczuć w danej scenie, ale wydaje mi się, że nie trzeba. To przede wszystkim widz ma poczuć. Inaczej nie ma zabawy.

Są aktorzy, którzy mówią, że odchorowują niektóre role, że potrzebują kilku godzin po spektaklu, żeby emocjonalnie się otrząsnąć, wrócić do siebie.

No to bardzo mi ich żal, bo myślę, że oni cierpią zupełnie niepotrzebnie. Nikomu, żadnemu widzowi na świecie to cierpienie na nic się nie zda i niczego wartościowego nie przynosi sztuce, a już najmniej grającemu w niej aktorowi.

Ale może dzięki temu są bardziej wiarygodni w swojej roli?

Może, ale też wydaje mi się, że gdybyś zestawiła na scenie aktora, który naprawdę cierpi, grając jakąś rolę, i tego, który umiejętnie gra cierpienie, nie zauważyłabyś różnicy. Dam ci na to bardzo konkretny przykład. Jedenaście lat temu robiliśmy spektakl „Fedra" w Teatrze Narodowym w Warszawie. Grałem tam Hipolita. Dostałem wtedy od Mai Kleczewskiej, reżyserki, *carte blanche*, czyli za swoją rolę wziąłem pełną odpowiedzialność. Wszystkie monologi to były moje własne poszukiwania i pomysły, łącznie z muzyką, której sam szukałem i która została użyta w spektaklu. W jednej ze scen tragedii Teramenes masakruje Hipolita, czyli moją postać, uświadamiając mu tym samym: zobacz, jak kruche jest twoje ciało, jak łatwo je unicestwić. Postanowiłem sobie świadomie, że nie będę w tej scenie niczego udawał, tylko wystawię się na prawdziwe ryzyko. To znaczy, że w grę wchodził realny ból i potencjalne uszkodzenia ciała. To było właśnie takie „stanisławowskie" przeżywanie na całego i jednocześnie bardzo się dobrze zgrywało z moim autoagresywnym nastawieniem do siebie i swojego ciała. Robiłem podczas spektaklu takie rzeczy, na które w moim dzisiejszym rozumieniu nie powinien pozwolić ani dyrektor tego teatru, ani facet, który zajmuje się w nim BHP. Na przykład w scenie, w której Hipolit wbija sobie widelec w dłoń (w spektaklu była to łyżka z przyklejonymi do niej woreczkami pełnymi sztucznej krwi), uderzałem się tak, że często robiłem sobie ranę w ręce. Bolało, ale dawało też ulgę, jak każde celowe samookaleczenie. Robiłem to, bo chciałem to naprawdę przeżyć i poczuć, no żeby było autentycznie i tak zawodowo. W innej scenie podbiegałem do metalowej futryny windy i na niby waliłem w nią głową. Na próbach wypracowałem sobie trick sceniczny, który polegał na tym, że markowałem uderzenie przerysowaną reakcją, a sztuczną krew miałem w zaciśniętej dłoni. Efekt był wiarygodny, bo odgłos robiłem stopą, która była niewidoczna dla widzów, a rozbryzg krwi na jasnej ścianie dopełniał iluzji. Ale czasem zdarzało się tak, że uderzałem naprawdę. Rozbijałem też sobie kieliszek na głowie. Oczywiście był on ze specjalnie preparowanej żelatyny, choć wygląd i wagę miał do złudzenia szklane. I tu także kilka razy zrobiłem to w taki sposób, że nabiłem sobie słusznego guza i zdarłem skórę do krwi. Na koniec całej sekwencji przebiegałem boso przez stół zastawiony prawdziwym jedzeniem i prawdziwą posrebrzaną zastawą. Którymś razem za bardzo się rozpędziłem i poślizgnąłem. Efekt był dość spektakularny. Zawsze asekurował mnie w tym momencie mój kolega Paweł grający Teramenesa. Tym razem impet był za duży i Paweł nie dał rady mnie utrzymać na wyciągniętych ramionach. Przewaliłem się przez niego i upadłem z wysokości około dwóch metrów na plecy, zawadzając jeszcze po drodze o ciężkie zdobione krzesło. Rozległ się chrzęst. Pomyślałem, że złamałem albo nogę tego krzesła, albo swój kręgosłup. Powoli ruszyłem ręką, później nogą, okazało się, że mam w nich władzę, więc otumaniony, ale już spokojniejszy, nie przerwałem sceny. Po chwili zobaczyłem, że coś jest jednak niedobrze, bo Paweł pobladł jak płótno i patrzy przerażony na moje stopy. Wtedy zorientowałem się, że jedna jest cała zakrwawiona, bo zerwał mi się cały paznokieć z dużego palca. Ból musiał być ogromny, ale jeszcze go wtedy nie czułem. Znieczulała mnie adrenalina. Skończyło się wizytą w szpitalu i nieziemsko bolesnymi tygodniami odrastania. Krótko mówiąc, regularnie robiłem z siebie demolkę w tym spektaklu. Później była kilkumiesięczna przerwa. U mnie w tym czasie wiele się zmieniło, intensywnie pracowałem na terapii, udało się poprostować i ponaprawiać to i owo. Po rzeczonej przerwie przyjechałem do Warszawy ponownie grać „Fedrę". Nagle już z pewnym dystansem zobaczyłem siebie w tym spektaklu, a raczej uświadomiłem sobie to, co tam ze sobą wyprawiam. Poczułem, że coś się we mnie zużyło, wypaliło. Nie czułem w sobie już tego imperatywu, żeby robić to w taki sposób jak poprzednio. Postanowiłem się chronić. Powiedziałem Mai, że będę robił te wszystkie ekstremalnie niebezpieczne rzeczy w ograniczonym zakresie, z niektórych w ogóle rezygnuję, a pozostałe wykonam tak bezpiecznie, jak się tylko da. Nie będę biegał po stole, a tylko zrzucę rzeczy ręką. I nagle okazało się, że dla drastyczności wydźwięku tej sceny nie miało to żadnego znaczenia.

Ale i tak wycofałeś się z tego spektaklu. Dlaczego?

To, że przestałem robić sobie krzywdę fizyczną, to jedno, ale cały czas niosłem w sobie to ogromne obciążenie emocjonalne. Do tego zwyczajnie się bałem. Do dziś, kiedy słyszę jeden z utworów, ten który poprzedzał feralną scenę samozniszczenia, cierpnie mi skóra i czuję zastrzyk adrenaliny. Wszystko się we mnie spina. Rozmawiałem kiedyś z moim dobrym kolegą, zawodowym strażakiem. Teraz jest zastępcą komendanta jednostki, ale wcześniej przez lata pracował na tak zwanym przedziale bojowym, czyli na pierwszej linii. Do tej pory, choć już nie naraża się bezpośrednio na niebezpieczeństwo, jego ciało odruchowo reaguje na sygnał do wyjazdu na akcję. Myślę, że mechanizm jest podobny. Nie chciałem już grać „Fedry", bo za dużo mnie to kosztowało, na wielu poziomach.

A co na to powiedział Jan Englert, dyrektor teatru?

Pamiętam, że ostrzegano mnie przed tą rozmową. Koledzy mówili mi, że jest to człowiek bardzo skupiony na sobie, który nie rozumie aktorów i nie ma względu na niuanse, więc mojej argumentacji na pewno nie przyjmie, uzna ją za fanaberię. A stało się coś zupełnie przeciwnego. Rozmawialiśmy w cztery oczy, w garderobie, a nie w jego gabinecie. Zaryzykowałem i ujawniłem dyrektorowi teatru, jak przyjacielowi, swoje intymne odczucia. Przyznałem, że ja tego spektaklu nigdy nie grałem, tylko go przeżywałem jeden do jednego. I że dużo mnie to kosztowało. A teraz, kiedy w końcu umiem go zagrać, to już nie mogę i nie chcę. Bardzo się bałem jego reakcji, a on mnie wysłuchał i powiedział, że zrozumiał wszystko i że skoro jest, jak jest, to nie ma co dalej tego ciągnąć. Ale jeśli zmienię zdanie, to żebym dał mu znać. Bardzo jestem mu wdzięczny za tę rozmowę. Pokazał w niej, poza empatią, prawdziwą klasę.

Wróćmy jeszcze do metody Stanisławskiego, bo od niej zaczęliśmy rozmowę o „Fedrze". Ciekawe jest twoje spostrzeżenie, że gdy naprawdę raniłeś się na scenie i coś przeżywałeś, byłeś mniej przekonujący niż wtedy, gdy udawałeś.

Publiczność była wstrząśnięta moją rolą dopiero wtedy, gdy pierwszy raz zagrałem ją zupełnie na zimno. Zrobiłem wszystkie te sceny, gesty i działania dużo wolniej, bezpieczniej, na niby, bo wiedziałem, że chcę przestać się krzywdzić. I sądzę, że wtedy pierwszy raz naprawdę poruszyłem ludzi. Pytano mnie po spektaklu, czy nic mi się nie stało. A właśnie wtedy po raz pierwszy nie zrobiłem sobie krzywdy! Bo nie próbowałem być czy stać się postacią. Po prostu grałem Hipolita, syna Tezeusza. Gdybym miał przystawić do mojej gry aktorskiej miarę Stanisławskiego, to czułbym się wtedy pokonany. Teraz jedyną słuszną miarą dobrze zagranej roli czy spektaklu jest dla mnie to, czy byłem zaangażowany i uważny, czy też nie. Pamiętam, jak grałem w warszawskim Teatrze Dramatycznym sztukę „Nasza klasa". Na pierwszym albo drugim spektaklu wydarzyła się następująca sytuacja. Na początku wszystkie postacie się przedstawiają. Marcin Sztabiński wstał i zamiast powiedzieć

„Jestem Heniek, chciałbym zostać strażakiem", powiedział: „Jestem Rysiek". Pomylił się, to nie był kawał. Wiedziałem, że przed moją kwestią przedstawiają się jeszcze trzy osoby, a od tego momentu to Marcin stał się dla publiczności i dla reszty postaci Ryśkiem, którego grałem ja. Wiedziałem też, że to jest błąd tego rodzaju, że jak się go natychmiast nie odkręci, to będziemy wszyscy w czarnej dupie. Jedyne, co przyszło mi do głowy, to wstać i powiedzieć: „Nie! To ja jestem Rysiek, a on jest Heniek". I tak zrobiłem. A gdybym był skupiony na sobie, na tym Ryśku i przeżywaniu jego stanów emocjonalnych, to w ogóle nie usłyszałbym tego, co powiedział Marcin. A są, wierz mi, tacy aktorzy, którzy kompletnie nie słuchają swoich partnerów na scenie. Mówisz coś zupełnie innego, niż powinieneś, a jemu to nie przeszkadza, bo „jest w swoim pokoju". Nie reaguje na ciebie, ani na nic, co się wydarza na scenie w sposób niespodziewany. Zresztą to, czy spektakl będzie udany, zależy od bardzo wielu składowych. Jedna sprawa to moja gra. Ale grają też moi partnerzy, jest światło, muzyka, energia, która się wytwarza na scenie i raz może być dobra, a innym razem z niewiadomych przyczyn, kiepska. Poza tym wpływ ma też widownia. Inna jest w piątek, sobotę, inna w niedzielę.

To jacy widzowie przychodzą w piątek i w sobotę?

„Wklęśli". To znaczy, że jak im dajesz, to oni zasysają. A w niedzielę są z reguły tacy bardziej „wypukli". Przychodzą po niedzielnych obfitych obiadach, leniwych popołudniach, są jakby mniej „żarłoczni". Może się zaangażują, ale pewności nie masz żadnej. Widzowie z piątku czy z soboty są z reguły bardzo chłonni, żywi, chcą brać tę energię ze sceny. I bardzo trudno byłoby powyższych różnic doświadczyć mnie, jako aktorowi, gdybym był skupiony wyłącznie na swoim stanie emocjonalnym i na tym, żeby przypadkiem tej czy innej emocji nie stracić, nie wypuścić. Mam takie określenie, że jest się na scenie albo ostrym, albo tępym. I moim zdaniem w metodzie Stanisławskiego jest duże ryzyko, że się będzie tępym ponad wszelkie opisanie. A powinno się być ostrym, czyli takim, żeby stanowić nieustające „zagrożenie" dla partnera, być nieprzewidywalnym, tak jak potrafią to dzieci. Nawet dla samego siebie. Wtedy spektakl idzie dobrze. Jest w nim pożądane napięcie i ma rytm.

Przecież wy odbyliście setki prób, znacie na pamięć swój każdy ruch.

Do pewnego stopnia tak. Ale są niuanse, coś, czego nie da się wyuczyć na próbach, co jest właśnie tym sednem sedna, o którym ci wspominałem. Bo grasz z żywym człowiekiem, który dziś ma taki dzień, a jutro inny. I musisz na to reagować adekwatnie. Są takie cudowne momenty, kiedy coś się w scenie sypie. I wtedy się okazuje, na ile jesteś czujny na swojego partnera. Pamiętam taką sytuację z Danką Stenką, właśnie przy „Fedrze". To wydarzyło się podczas bardzo stresującej dla nas obojga sceny: Hipolit (czyli ja) stoi nago i pali papierosa, a moja macocha, czyli Danuta, stoi z naręczem kwiatów na drugim końcu stołu. Jesteśmy bardzo blisko publiczności, około trzech metrów. No i stoję, palę tego papierosa już chwilę i wiem, że Danuta ma powiedzieć swój tekst. I ja wiem jaki. A ona milczy. Stoimy, patrzymy na siebie. Mój dyskomfort zwiększa się z każdą sekundą, bo stoję bez ubrania i nie wiem, ile jeszcze postoję. Oboje zdajemy sobie sprawę, że spektakl nie pójdzie dalej bez tego tekstu. Papieros już mi się dopala. Czuję smak filtra przy zaciąganiu. Patrzę na Danutę i widzę w jej oczach wyrzut, żebym, kurwa, mówił, bo przecież ona stoi i czeka na mój tekst. I nagle widzę w niej tąpnięcie – uświadamia sobie, że to ona ma coś powiedzieć, a nie ja, a nie wie zupełnie co. Jej ciało zaczyna się trząść. A ja nie mam żadnych narzędzi, żeby jej pomóc, bo cokolwiek bym wtedy powiedział, zepsułoby scenę. To była końcówka sceny złożona dosłownie z kilku zdań. Fedra mówi najpierw: „Dać ci teraz ten prezent? Ja nie wiem, co ja mam teraz robić". I następnie po słowach Hipolita „Idź sobie..." podchodzi z kwiatami, klęka i pod osłoną wielkiego bukietu inicjuje seks oralny. Pasierb ją po chwili odpycha, mówiąc: „Miałem już gorsze" i wychodzi. Jeśli któreś z tych czterech zdań by nie padło w tej kolejności, w jakiej powinno, albo nie padłoby wcale, oznaczałoby, że scena nie ma racji bytu. W pewnej chwili, myślę, że trwał ten nasz minihorror z minutę, a minuta na scenie liczy się w latach, ona złapała bardzo głośny, spazmatyczny oddech, przypomniała sobie brakującą kwestię i scena, a zarazem spektakl potoczyły się już zwykłym trybem. To był dla mnie i, jak się później dowiedziałem, także dla niej, poruszający i ważny moment, który pamiętamy do dziś. Obrazuje on według mnie fakt, że na scenie jesteśmy żywymi ludźmi, którzy się mierzą z czymś, co jest ustalone, ale może mieć za każdym razem inny nieprzewidywalny przebieg. Przygotowujemy się oczywiście do każdej roli na próbach. Ale czasem każdy staje oko w oko z czymś równie wspaniałym, co niekontrolowanym.

Co byś powiedział młodym adeptom tego zawodu, którzy będą czytać tę książkę z myślą, że jakieś twoje doświadczenie może być dla nich cenną lekcją?

Wszystko, co wtedy robiłem, wynikało z mojej historii i nieprzerobionych latami zranień. I to jest materiał tylko dla mnie. A dla kogoś, kto zaczyna, mam jeden patent: zanim dasz się komuś do czegoś użyć, zważ, czy to się zmieści w tobie, czy się na to godzisz. Zalecałbym wzmożoną czujność, ponieważ osobą chcącą cię użyć w imię „wyższych celów" możesz być także ty sam.

A co, jeśli nie godzę się na pewne sytuacje, ale jestem cztery lata po dyplomie, nie mam żadnego angażu, rozważam pracę w knajpie albo wyjazd z kraju i nagle dostaję propozycję zagrania u uznanego reżysera? I wiem, że on mnie użyje, bo wiem, jak pracuje z aktorami. Mam w takim razie tego nie brać?

To, o czym mówisz, jest już świadomym kompromisem. Wiem, w jakiej jestem sytuacji i co mnie mniej więcej czeka, jaki rodzaj upokorzenia czy poświęceń. Ale ważę plusy i minusy. Jeśli wyjdzie, że mi się per saldo opłaca, to to robię. Ale świadomie. Najgorzej, gdy to jest nieświadome. To znaczy, daję się nabrać na zaproszenie do wspólnej przygody, która okazuje się przygodą jednostronną, a finalnie koszmarem.

Nie jesteś już gotów do fizycznych poświęceń dla sztuki?

Znam wielu ludzi, płci obojga, którzy wykazywali się wielką, bezgraniczną lojalnością wobec teatru. Wszyscy, bez wyjątku, wyszli na tym źle. Jeśli dziś ktoś mi proponuje przebieżkę bosymi stopami po rozżarzonych węglach w imię sztuki albo spacerek na klęczkach po nieheblowanych deskach, to mówię, że chętnie to zrobię z tym, że nie wiem jak. Jeśli ty, drogi reżyserze, pokażesz mi, jak mam to zrobić, to z radością po tobie powtórzę. Z przyjemnością wynikającą z doświadczenia mogę powiedzieć, że w dziewięciu na dziesięć przypadków oni się wycofają. Bo tak naprawdę doskonale zdają sobie sprawę, że proponują ci coś, co jest bolesne, niebezpieczne i grozi utratą zdrowia. Sprowadzenie nas do wspólnego ludzkiego mianownika, to znaczy do sytuacji, w której reżyser czy dyrektor teatru jest gotów i potrafi zrobić to, co proponuje aktorowi w bezpieczny sposób, tworzy układ, który nie jest poniżający dla żadnej ze stron. Jest przejrzysty i zgodny z prawdą. Szkoła teatralna uczy nas poświęcania się dla abstrakcyjnej wyższej idei, którą jest sztuka. A mnie się wydaje, że nie ma takiej idei. Granicę sztuki wyznaczają granice naszej wyporności czy próg naszej krzywdy. I jeśli zaczniemy o tym zapominać, to sztuka, którą robimy, też będzie miałka. Znam aktorów, którzy w imię poświęcenia się dla wyższej idei w teatrze dostawali poważnego zakażenia po tym, jak czołgali się nago po brudnej podłodze. Ktoś złamał sobie nogę, ktoś inny ma trwały niedowład palca. Lista jest niestety długa i różnorodna. Patrzyłem z przerażeniem na to, jak wspaniali, piekielnie zdolni aktorzy i świetni ludzie przesuwają swoją granicę wytrzymałości. Ja na szczęście aż tak daleko nie poszedłem. Ale miałem ten zerwany paznokieć i rozliczne blizny. Złamałem też palec u stopy, który nigdy dobrze się nie zrósł.

Ten złamany palec to już nie w „Fedrze"?

Nie, to było w Krakowie w Teatrze STU, podczas próby generalnej „Cudownego naszyjnika" – spektaklu dla dzieci. Zrobiłem o jedno salto za dużo, bo ktoś mnie o to poprosił, a ja z lojalności nie odmówiłem, choć byłem już bardzo zmęczony. W efekcie wykonałem pokraczne pseudosalto i wyrżnąłem czołem i palcami stóp o podłogę. Powiedziałem, że nic mi nie jest, i skończyliśmy próbę. Już w garderobie palec trochę mnie bolał, poprosiłem więc Lenkę, która była ze mną, by go nastawiła. Pociemniało mi w oczach z bólu, więc daliśmy spokój z tym nastawianiem. Wróciliśmy do akademika i poszliśmy spać. Rano niestety okazało się, że paluch potwornie spuchł i ciężko mi było nawet dojść samemu do toalety. Szedłem, trzymając się ściany. Nawet wtedy nie pomyślałem o tym, żeby spróbować odwołać przedstawienie. Dojechaliśmy taksówką do teatru. Tam postanowiłem być twardy i idąc za radą naszego

Zdjęcie ze spektaklu „Cudowny naszyjnik" (premiera Teatr STU, 2001 r.), tutaj z reżyserem G. Suskim. Grałem ze złamanym palcem. Zdjęcie: Ryszard Kornecki.

reżysera (który notabene przed premierą „Metra" Józefowicza uciekł ze szpitala ze złamanym barkiem, żeby zagrać, i zagrał) nałykałem się mocnych przeciwbólowych, zrobiliśmy prowizoryczny opatrunek i daliśmy premierę. Łykałem leki i grałem w sobotę dwa razy, w niedzielę dwa i jeszcze w poniedziałek i we wtorek. Dopiero w środę rano poszedłem do lekarza. Po prześwietleniu okazało się, że palec jest złamany, a lekarz powiedział, że z takim urazem to mu ludzi przywożą na SOR. Założono mi szynę gipsową, a wiedziałem, że mam kolejne przedstawienia za trzy tygodnie, więc przejęty zapytałem chirurga – fajnego, młodego gościa zresztą – czy to jest realne, że wtedy zagram. Lekarz powiedział, że raczej nie, bo gips powinien być noszony przez minimum dwa tygodnie, a później jeszcze rehabilitacja. Ale ja po tych dwóch tygodniach uparłem się, żeby ten gips zdjął. Lekarz w przychodni akademickiej zobaczył zdjęcie RTG i powiedział, że nie ma takiej opcji i że jeszcze co najmniej tydzień mam to mieć na stopie. Nie odwołałem wszakże spektakli, więc w końcu zadzwoniłem do Grześka, reżysera, i powiedziałem, jak wygląda sytuacja. Zapytałem, co o tym sądzi. Usłyszałem, że to zawracanie dupy z tym gipsem i że on sam by to ściągnął. Jednak trochę miałem obawy i następnego dnia pojechałem taksówką do chirurga, który mi zakładał szynę. Spotkałem go w przychodni na godzinę przed wyjazdem na długi urlop. Trochę się w sumie śpieszył, ale ostatecznie ściągnął mi gips. Ostrzegł mnie jednak, że w takim stanie może dojść zaraz do ponownego złamania i żebym nie szalał. Tym bardziej że jeszcze bolało. Ale ja z lojalności do teatru i chyba chęci zaimponowania reżyserowi, znów zagrałem naszpikowany środkami przeciwbólowymi. Tym razem dodatkowo zrobiliśmy tak zwany taping, czyli specjalny opatrunek z plastrów, odciążający miejsce złamania. Palec nigdy nie zrósł się tak, jak powinien, i do dziś stanowi dla mnie problem, na razie bardziej estetyczny niż ortopedyczny, ale pewnie na starość się odezwie. Reasumując, uszkodziłem się znów poniekąd na własne życzenie. Z biegiem lat zrozumiałem, że jeśli ja nie zadbam o siebie, to nikt inny tego nie zrobi, i zacząłem stawiać granice. Kilka lat temu, w innym teatrze zachorowałem na ciężką anginę i już nie leczyłem się, czym popadnie, i nie poszedłem grać chory. Zadzwoniłem do działu koordynacji pracy i powiedziałem, że nie czuję się na siłach i nie chcę nikogo zarazić. Spektakle zostały odwołane. Co ciekawe – nikt nie robił mi z tego powodu awantury czy choćby wyrzutów. Świat się nie zawalił, czego w sumie się spodziewałem. Okazuje się, że to my sami jesteśmy dla siebie największym zagrożeniem. Najtrudniej jest chyba pokonać lęki przed stawianiem granic i podejmowaniem decyzji z poziomu serca, a nie tylko rozumu czy z poziomu odwagi do obrony siebie, a nie lęku o pracę.

To ryzykanctwo, czasem bezmyślne poświęcanie się dla pracy jakoś dobrze skleja mi się z twoim programem odmawiania sobie wszystkiego.

Wpasowuje się idealnie. Nawet teraz, w moim dorosłym już życiu dochodzi do absurdalnych sytuacji. Na przykład potrzebuję nowych butów i muszę mieć stuprocentową pewność i argumenty na to, że one naprawdę są mi niezbędne. Muszę sobie udowodnić, że stare już na pewno się do niczego nie nadają, że już ich nie skleję i szewc też im nie pomoże. Dopiero wtedy oddycham z ulgą i na spokojnie mogę sobie kupić nowe buty. Nie potrafię się rozpieszczać. Najchętniej bym sobie wszystkiego odmówił. Teraz już to rozpoznaję, dlatego coraz częściej udaje mi się ten schemat ominąć, oszukać, powiedzieć to sobie wprost albo to obśmiać.

Mówiłeś o sytuacjach w teatrze, kiedy narażałeś się czasem na własne życzenie, a czasem na życzenie reżysera. A czy na planie seriali albo filmów doświadczyłeś sytuacji zagrażających twojemu zdrowiu?

Niestety wielokrotnie. Nawet w mojej ukochanej „Wojnie polsko-ruskiej". Najtrudniejszą scenę bójki z Borysem Szycem nagrywaliśmy bardzo późno, na samym końcu. Obaj byliśmy potwornie zmęczeni. Zresztą tak jak wszyscy i nikt już do końca nie kontrolował tego, co się z nami dzieje. Borys był po całym dniu pracy, po poprowadzeniu jakiegoś teleturnieju, po spektaklu i przyjechał na plan o dziesiątej trzydzieści. Najpierw robiliśmy sceny „powietrzne", w których fruwaliśmy przypięci do lin, co też nas mocno wyeksploatowało. A później graliśmy tę bójkę. Byliśmy do tego stopnia wykończeni, że nie czuliśmy swoich ciał. Pierwszy dubel poszedł dobrze, a przy drugim dostałem od Borysa w twarz tak mocno, że żuchwa wyskoczyła mi ze stawu, czego nawet w pierwszej chwili nie zauważyłem. Między dublami siedzieliśmy przykryci kocami, mokrzy od potu, wykończeni i nagle poczułem, że po jednej stronie zęby mi się normalnie schodzą – górna szczęka z dolną, a po drugiej nie. Bardzo dziwne uczucie, bo w zasadzie nie bolało. Borys, który był wtedy takim samym zombiakiem jak ja, popatrzył na tę moją krzywą szczękę i zapytał: „Co ci się stało?". A ja na to: „No nic, zęby mi się górne z dolnymi nie schodzą z lewej strony, bo mnie uderzyłeś". „Jak cię uderzyłem? To niemożliwe, kurwa, w życiu bym cię nie uderzył, Michał". Między tymi kwestiami były dłuższe pauzy, bo naprawdę przestawaliśmy już powoli reagować na bodźce ze zmęczenia. Po dłuższej ciszy Borys mówi: „Michał, nie doszły te ciosy przecież". Obok nas przechodził dźwiękowiec realizujący tę scenę, zdjął słuchawki i rzucił: „Doszły, doszły!". Ni stąd, ni z owąd podchodzi do mnie nagle lekarz, który pracował na planie. Taki ogromny facet w kurtce z kapturem. Pyta, co się stało. Mówię, że nic, a on na to, żebym się nie ruszał, a on tylko coś sprawdzi. Nie chciałem żeby to robił, ale on się uparł i kazał mi tylko złapać go za kaptur od kurtki. Mówię już trochę spietrany: „Stary, zostaw, naprawdę, nie trzeba. Co ty chcesz zrobić?". A on swoje, że tylko coś sprawdza. I nagle zanim zdążyłem się zorientować, co się dzieje, powiedział spokojnie: „Uwaga na trzy. Raz... dwa...!!!" i poczułem głuche i tępe gruchotnięcie w szczęce. Zęby znów się składały (*śmiech*). Ale to był wypadek przy pracy. Generalnie na tym planie czułem się w miarę bezpiecznie. Tam też poznałem najlepszego moim zdaniem na polskim rynku kaskadera, Tomka Krzemienieckiego, którego bardzo podziwiam i szanuję. W przeciwieństwie do wielu pseudokaskaderów, którzy pracują przy polskich produkcjach i narażają zdrowie oraz życie aktorów.

Spotkałeś się też z nim na planie serialu „Krew z krwi". Tam czułeś się bezpiecznie?

Tak, bo Tomek bardzo o to dbał. To, co on tam robił, to był majstersztyk. Mówię nie tylko o jego umiejętnościach, ale też o tym, w jaki sposób zapewniał aktorom bezpieczeństwo. Pamiętam na przykład scenę w porcie, w której mój bohater ma wskoczyć na niski wolno jadący pojazd, który ciągnął kontenery. Wydawało mi się, że nie potrzebuję dublera. Ale ekipa i Tomek natychmiast zareagowali. Stwierdzili, że nie ma opcji, że właśnie od tego jest kaskader, żeby robić takie rzeczy, i nie będą ryzykować tym, że złamię sobie nogę czy cokolwiek innego. Ja mam się skupić tylko i wyłącznie na zagraniu sceny. I uwierz mi, taka postawa to jest rzadkość w polskich produkcjach. Wielokrotnie zdarzyło mi się pracować w Polsce z kaskaderami, którzy bagatelizują sytuacje naprawdę niebezpieczne i robią to dla swojego komfortu, natomiast wyolbrzymiają te, w których nic nam nie grozi i wtedy jest ich wszędzie pełno. Pamiętam, jak robiliśmy serial „Ratownicy". To był czas, kiedy dużo się wspinałem, poza tym przez większość życia chodziłem po górach, miałem o tym pojęcie. I staliśmy z Tomkiem Schuchardtem na takim trzymetrowym podejściu między skałkami, a za nami była wielka łąka, prawie płaska. Kaskader ustawił się za nami, założył asekuracyjną taśmę i nas osłaniał. Patrzymy na siebie z Tomkiem i zastanawiamy się, co on, kurwa, robi. A on mówi, że nas zabezpiecza. Pytamy go, po co, skoro za nami jest tylko ogromna trawiasta hala, żadnego spadku. A on na to: „Nie ucz ojca dzieci robić". Zaśmialiśmy się i odpuściliśmy. Ale tego samego dnia przy innym ujęciu dobiegaliśmy do wielkiej skały, gdzie leżał poszkodowany, którego mieliśmy ratować. Pamiętam, że była bardzo gęsta mgła i nie do końca widziałem, co jest za krawędzią skały, na której stałem. Operator ciągle wydawał komendy, żebym się przesunął w lewo. Ja się pokornie przesuwałem i nagle zobaczyłem, że stoję kompletnie niezabezpieczony kilkanaście centymetrów od gigantycznej przepaści. Żeby nie skłamać – tak ze trzysta metrów w dół. Obok mnie nie było nikogo. Kaskader w tym czasie pił herbatę. Dopiero wtedy się zorientowałem, że ryzykuję własnym życiem. Kaskader jest od tego, żeby w takiej sytuacji czuwać i powiedzieć operatorowi, żeby zamiast przesuwać aktora w przepaść, przesunął sobie kamerę. Tam było więcej takich przypadków, gdzie na moich oczach kaskader ryzykował życiem już nie moim, ale moich kolegów. A dla odmiany w serialu „Krew z krwi" po raz pierwszy widziałem sceny bójki czy kaskaderskie, które zapierały mi dech w piersiach, a wiedziałem, że żadnemu aktorowi na pewno nic się nie stało. Ale za to właśnie odpowiadał Tomek Krzemieniecki, który pracował i pracuje przy wielkich produkcjach na Zachodzie. On wie, jak to robić nowocześnie i bezpiecznie.

Bez twardej kaskaderki ze starych czasów?

Tak, bo przecież teraz na Zachodzie większość iluzji i scen akcji powstaje przy pomocy manipulacji obrazem. Zobacz na przykład *making of* filmów o Bournie. Tam jest maestria, nie ma nawet cienia ryzyka dla aktora. Na przykład w scenach bójki aktorzy nie przekraczają dwudziestu centymetrów dystansu, a wygląda to jakby stali twarzą w twarz. Kaskaderka w polskim filmie jest żenująca z powodów finansowych, bo zatrudnia się tanich ludzi i robi się to tanimi sposobami. À propos scen bójkowych, miałem też taką sytuację ze trzy lata temu z Arturem Żmijewskim, z którym spotkaliśmy się na serialowym planie. W scenie uderzałem go pięścią w twarz. To miało wyglądać na silny cios. I widzę, że kamera jest ustawiana profilowo do nas. Ja, zwykły aktor, choć nie muszę się znać na takich rzeczach, wiem, że takie ustawienie jest złe, że będzie w efekcie narażało mnie i Artura na uraz. Pytam więc: „Jak mam go uderzyć? Po prostu pierdolnąć w twarz?". Kazano mi zrobić to na niby. Ale ja wiedziałem, że przy kamerze ustawionej na nasze profile będzie widać, że to ściema. Od dwudziestu, trzydziestu lat w kinie za granicą są konkretne patenty na to, jak filmować lewy sierpowy, prawy, w zasadzie każdy cios. To jest taka podstawa podstaw. A u nas ciągle robi się to chałupniczo, czyli jak tam każdy czuje.

I jak ostatecznie to rozwiązaliście?

Do dziś, jak o tym myślę, to wydaje mi się to niedorzeczne i absurdalne. Artur jest człowiekiem niezwykle ofiarnym i bezkonfliktowym, więc powiedział: „No dobra, to ja wystawię rękę i po prostu uderz w nią". Pomyślałem sobie, że przecież nie jestem zawodowym bokserem i może być tak, że robiąc to szybko, mogę w tę rękę nie trafić, mogę go uderzyć w nos i mu go złamać. No więc nie, ja tego na swoje ryzyko i sumienie nie wezmę. Ostatecznie zamiast zrobić fajny efekt, poszliśmy na zgniły kompromis. Zdecydowano, że uderzę Artura lekko w twarz z otwartej ręki. No absurd. Niemniej ta sytuacja, jak i te, o których wcześniej ci wspomniałem, nauczyły mnie tego, że teraz na takie nieprzemyślane i nie bójmy się tego powiedzieć, głupie i ryzykowne propozycje, odpowiadam: „OK, ale najpierw ty mi pokaż, jak mam to zrobić. Bo ja nie wiem". Tak jak już wcześniej wspomniałem, to jest zdanie wytrych, które sprawia, że taka osoba musi się skonfrontować z własnym pomysłem. I wówczas najczęściej włącza myślenie. Wielu z tych ludzi przekonuje się, że jednak ich idee są niewykonalne albo bardzo niebezpieczne. To zwykle mnie chroni, a przynajmniej minimalizuje zagrożenie.

Wspomniałeś o „Ratownikach" w kontekście kaskaderów, ale wiem, że na planie tego serialu poznałeś też swojego idola z młodzieńczych lat – Bogusława Lindę. W dodatku w spektakularnych okolicznościach…

Tak, to anegdota, która ma specjalne miejsce w moim sercu, i cieszę się, że przywołujesz to wspomnienie, bo chętnie się nim podzielę. Otóż wszyscy młodzi aktorzy grający w „Ratownikach", w tym ja, dokładnie wiedzieli, że tego akurat dnia spotkamy Bogusława Lindę. Wszyscy jak jeden mąż byliśmy podekscytowani. Ja osobiście widziałem każdy jego film, a „Kobietę samotną", „Przypadek", „Psy" i „Tato" znałem prawie na pamięć. Bogusław przyleciał na plan helikopterem jako naczelnik GOPR-u z Popradu. Reżyser Marcin Wrona tak to wymyślił, że zawieźli Bogusława do Popradu już w kostiumie i master shotem (jedno pełne ujęcie sceny – przyp. red.) filmowali lądowanie maszyny na lawinisku pod Łomnicą oraz całą następującą po nim scenę, w której my też braliśmy udział. Kiedy scena dobiegła końca, ja, Paweł Domagała, Tomek Schuchardt, Mikołaj Roznerski i Wojtek Czerwiński uklękliśmy na jedno kolano przed Bogusławem, żeby oddać mu należne honory jako legendzie kina, ale tak bez zadęcia. Linda podszedł do nas i mimo że nasz hołd go jednak trochę wzruszył, nie dał tego po sobie poznać. Każdemu z nas podał grabę, podnosząc ze śniegu i powiedział: „Nie wygłupiajcie się, Boguś jestem". Dla mnie to już było bardzo duże przeżycie, a co dopiero wieczór, kiedy siedzieliśmy razem, pijąc piwo i gorzałę do bladego świtu. Przekonałem się wtedy, że Boguś to mało, że tak jak my z krwi i kości, to jeszcze intrygujący, skromny i uroczy człowiek. Nikt sobie nie oszczędzał trunków, biorąc pod uwagę okoliczności i fakt, że następny dzień mieliśmy wolny. Zaplanowaliśmy nawet wyprawę rowerową. Położyłem się około piątej rano, odprowadziwszy uprzednio Bogusia (już nie Bogusława Lindę) do jego pokoju. O piątej trzydzieści byłem po kąpieli, ale jeszcze nie zdążyłem przebrać się w piżamę i wtedy ktoś zapukał do drzwi. Pomyślałem, że może jednak jeszcze nie koniec imprezy i na chwiejnych nogach otworzyłem. W drzwiach stała asystentka produkcji ubrana w strój górski. Z poważną miną poprosiła, żebym się ubrał (moją nagość zasłaniały tylko drzwi do pokoju) i zszedł na dół celem udania się na zdjęcia. Uznałem to za żart. Zamknąłem drzwi i spokojnie poszedłem do łóżka. Pukanie jednak nie ustawało, a nawet się nasiliło. Otworzyłem drzwi ponownie. Powiedziałem, że mamy dziś wolne i nie ma szans, żeby ktoś z nas pojechał na zdjęcia. Po pierwsze ze względu na stan, w jakim jesteśmy, a po drugie wczoraj nikt nas nie poinformował, że dziś mamy grać. Okazało się, że późnym wieczorem zmienił się plan pracy i grają dziś wszyscy uczestnicy wieczorku integracyjnego, prócz Bogusława. Dotarło do mnie, że asystentka mówi poważnie, ponieważ usłyszałem, jak koledzy powoli wychodzili ze swoich pokojów w różnej kondycji i przeważnie w niekompletnej garderobie. Jakoś dojechaliśmy pod kolejkę na Łomnicę, a tu naszym oczom ukazała się ciżba ludzi z kamerami, statywami i rozmaitym sprzętem. Był tam też pan Krzysztof Stroiński, trudny do poznania – z długą brodą i w górskim swetrze. Okazało się, że o szóstej rano w słowackich Tatrach spotkały się dwie niezależne od siebie ekipy filmowe. „Lęk wysokości" Bartka Konopki i nasza. Ponieważ ludzie znali się jeszcze słabo, ekipy trochę się pomieszały i niektórzy z naszych wysiedli z nimi na niższej stacji kolejki, a niektórzy od nich, z nami na wyższej. Pominę fakt, że od samego rana świeciło palące słońce, a my mieliśmy na sobie komplet zimowych ubrań potrzebnych do scen, do tego jechaliśmy w ciasnych wagonikach pozbawionych wentylacji. Wszyscy się baliśmy, jak to będzie z naszym graniem w tym stanie, ale szczęśliwie dla nas zdjęcia z powodu mgły opóźniały się coraz bardziej i bardziej. Dzięki temu mogliśmy odpocząć i złapać kilka godzin snu. Zimne górskie powietrze i wysokość zrobiły swoje i wczesnym popołudniem byliśmy trzeźwi i gotowi do zdjęć. Ale dzień, w którym poznałem Bogusia Lindę, a zwłaszcza jego konsekwencje, zapamiętałem na całe życie.

Skoro jesteśmy przy anegdotach z planu, opowiedz jeszcze, jak to było z twoją główną rolą w filmie Przemysława Wojcieszka „Doskonałe popołudnie". Bo tam wejście miałeś naprawdę z przytupem.

To był mój pierwszy film i zarazem pierwsza główna rola. Już casting z Przemkiem Wojcieszkiem zapowiadał nietypowe spotkanie. Przyjechałem z Krakowa do Wrocławia pociągiem. Umówiliśmy się na Krzykach w starym gmachu Telewizji Wrocław. Mojej partnerki ze zdjęć próbnych nie pamiętam, ale zanim zaczęliśmy cokolwiek robić, Przemek powiedział: „Wiem, że się tego tekstu uczyliście przez kilka godzin w pociągu i że na bank wiecie, jak go zagrać na milion sposobów. Mam do was jednak prośbę, żebyście po prostu przeczytali z kartki tę scenę. Znamy się od kilkunastu minut i ja już coś tam wiem, a teraz chcę po prostu usłyszeć wasze głosy i zobaczyć, jak ze sobą wyglądacie w kamerze". Byliśmy trochę zaskoczeni, ale się zgodziliśmy. W dziesięć minut było po castingu, a za kilka dni Przemek zadzwonił z wiadomością, że zagram główną rolę w „Doskonałym popołudniu". Przed realizacją zaprosił mnie na dwudniowy wyjazd na Dolny Śląsk do Wolimierza. Dzięki temu mogliśmy poznać się lepiej, patrząc na góry, sącząc najlepsze czeskie piwo i rozmawiając o wszystkim i o niczym. To był niezwykły czas i jak na polskie warunki w ogóle niecodzienna sytuacja. Była to też dla mnie pierwsza po „Hamlecie" próba wejścia w relację z reżyserem, z główną rolą w tle. Jakże inaczej było tym razem. Wojcieszek nie ściemniał, nie pozował na kogoś, kim nie był. Wiedział dokładnie, czego chce od filmu i od aktorów. Na wyjeździe w Wolimierzu prawie nie gadaliśmy o czekającej nas pracy, ale zapytałem go o ten casting, dlaczego odbył się akurat w taki sposób. Odpowiedział, że on przecież doskonale wiedział, że jestem zawodowym, wykształconym aktorem i że na planie wyegzekwuje to, co będzie chciał finalnie zobaczyć na ekranie. Na castingu zaś i na tym wyjeździe chciał sprawdzić, czy my we dwóch dogadamy się jako ludzie i czy nie będzie dla nas udręką wspólne spędzanie długich dni zdjęciowych. To podejście mi się spodobało, a Przemek zaimponował mi szczerością i odwagą robienia rzeczy po swojemu. Z tego castingu zostałem wybrany ja, a ostatecznie moją partnerką w filmie została Magda Popławska. Z rosnącą ekscytacją czekaliśmy na zdjęcia.

Mój pierwszy dzień na planie „Doskonałego popołudnia" wypadł wczesną wiosną w marcu 2005 roku. Poprzedniego dnia grałem w Warszawie spektakl „Nocny autobus" i po przedstawieniu miałem zamiar pojechać do Sosnowca do mojej siostry i tam przenocować. Rano zamierzałem przejechać krótką trasę z Sosnowca do Gliwic, gdzie miały odbyć się zdjęcia. Jechałem moim pierwszym, najukochańszym samochodem – mitsubishi coltem rocznik 1992. Kupiłem go od szwagra i uwielbiałem nim podróżować. Był szybki, zwrotny i wydawał mi się wtedy ósmym cudem świata. Wyjeżdżałem więc z Warszawy w świetnym humorze po udanym spektaklu i z perspektywą otwierającej się przede mną nowej przygody z fajnymi ludźmi. W stolicy leżało trochę zrudziałego, zmarzniętego śniegu i nic nie zapowiadało piekła, w które wjechałem tuż za Mszczonowem. Rozpętała się śnieżyca, jakiej nie przeżyłem nigdy wcześniej ani później. To był prawie pięciogodzinny koszmar. Byłem niedoświadczonym kierowcą i ledwo panowałem nad samochodem. Dojechałem do Sosnowca około trzeciej nad ranem, a w Gliwicach miałem być na szóstą trzydzieści. Kiedy półprzytomny wyszedłem rano na parking, samochód był ledwo widoczny spod śniegu. Z trudem wyjechałem na ulicę i zaśnieżonymi, zupełnie białymi drogami powlokłem się w żółwim tempie do Gliwic. Przeznaczenie miało jednak inne plany. Zaraz przed Piekarami Śląskimi nadjeżdżający z przeciwka samochód oślepił mnie reflektorami, zjechałem na prawo i poczułem najpierw głuche stuknięcie, a później straciłem panowanie nad autem, które zjechało na przeciwległy pas. Zderzyłem się z nadjeżdżającym z przeciwka pojazdem prawie czołowo. To „prawie" nas uratowało. Odbiliśmy się od siebie i wylądowaliśmy w zaspach po tej samej stronie drogi. Najgorsza była cisza po uderzeniu. Silnik zgasł. Wszystko się zatrzymało. Moja pierwsza myśl – nie dojadę na te zdjęcia! Spróbowałem uruchomić silnik i on jakimś cudem nawet odpalił, ale kiedy sięgnąłem do lewarka zmiany biegów, ręka nie znalazła go w zwykłym miejscu. Opadł dużo niżej i zrozumiałem, że skrzynia biegów się urwała. Założyłem kurtkę i wybiegłem zobaczyć, co z drugim kierowcą. Okazała się nim starsza kobieta. Trzymała się za klatkę piersiową i skarżyła się na ból. Zadzwoniłem na pogotowie. Przyjechało dość szybko i zabrało poszkodowaną do szpitala. Ja zostałem i czekałem na policję. Przyjechał jeden radiowóz, ale chłopaki nawet nie wysiedli, ponieważ orzekli, że to jest bliżej Piekar, a oni są z Bytomia. Zawrócili i pojechali w swoją stronę. Nie mogłem w to uwierzyć. Cały czas byłem na telefonie z produkcją filmu i staraliśmy się coś wymyślić, żebym jednak na te zdjęcia, spóźniony, bo spóźniony, ale zdążył. Kiedy w końcu przyjechała ta właściwa policja, chciałem udzielić stosownych wyjaśnień i powołać się na kogo trzeba za radą produkcji filmu. Oni natomiast wysłali mnie do Piekar na badanie krwi i wypełnianie kwitów. Chciałem im powiedzieć, że przed wypadkiem poczułem szarpnięcie czy uderzenie z prawej strony i potem straciłem panowanie nad kierownicą. Nie zdążyłem, bo trzeba było jechać. Po wszystkich formalnościach wróciłem na miejsce wypadku. Było już dobrze po dziesiątej. Podszedłem do policjantów, żebyśmy się w końcu rozmówili. Okazało się, że na prawej krawędzi jezdni była dziura, której pod śniegiem nie było widać. Wjechałem w nią, niszcząc coś z prawej strony podwozia i stąd kłopoty. Zostawiłem wrak w rękach szwagra Maćka, który w międzyczasie przyjechał na miejsce wypadku i pojechałem z kierowcą na plan. Było nerwowo przez niedoczas, ale generalnie wszyscy mówili, że najważniejsze, żem cały i zdrowy. W pierwszej scenie tego dnia nasi bohaterowie jechali samochodem (*sic!*) i cieszyli się z udanych negocjacji z wziętym pisarzem fantasy. Na szczęście nasze volvo postawiono na lawecie, bo nie wiem, czy dałbym radę tego dnia je poprowadzić. Byłem w tej scenie mało przekonujący, czułem się jak jeden wielki zaciśnięty z napięcia mięsień. Następnego dnia udało mi się pożyczyć samochód od teściów, sprawy powypadkowe też nie wyglądały źle. Obrażenia poszkodowanej nie były poważne i jak się okazało, nie wymagały hospitalizacji. Wyglądało, że wszystko wraca do normy. Cieszyłem się jednak przedwcześnie. Ponieważ film miał skromny budżet, ciągle brakowało czasu i stale wpadaliśmy w nadgodziny. Dla mnie oznaczało to permanentny brak snu i nocne podróże, bo hotelu produkcja mi nie przyznała, mimo wypadku. Kursowałem więc białą toyotą yaris między Śląskiem, Zagłębiem a Krakowem. Sypiałem po trzy godziny albo wcale. Mój rekord niespania padł właśnie wtedy i wynosi do dziś niepobite pięćdziesiąt godzin bez zmrużenia oka. Pierwszy raz w życiu miałem wtedy halucynacje ze zmęczenia. Widziałem na własne oczy, jak w jezdni przede mną otwiera się wielka klapa, prowadząca do tunelu pod drogą. I ja w jakimś letargicznym pogodzeniu, a nawet z ciekawością zacząłem zjeżdżać w dół, w kierunku otwierającej się przestrzeni. Na moje szczęście ocknąłem się tuż przed uderzeniem w boczną barierę energochłonną. Bardzo się przestraszyłem, bo byłem naprawdę blisko. To był dla mnie bardzo trudny czas i cud, że ani na planie, ani w tym pełnym fizycznych zagrożeń dla aktorów spektaklu nic się nikomu nie stało. Jak widzisz, można się zniechęcić do brania głównych ról w filmach. (*śmiech*)

Ale masz za to szczęście do nietypowych castingów. W „Hamlecie" dostałeś główną rolę bez prób, u Wojcieszka, czytając tekst z kartki „na biało", a u Xawerego Żuławskiego w „Wojnie polsko-ruskiej", odgrywając z nim bójkę. O tym ostatnim mam nadzieję, że zaraz opowiesz, ale czy teraz masz jakiś patent na castingi? Czy coś się zmieniło przez te kilkanaście lat, odkąd bierzesz w nich udział?

Zmieniło się przede wszystkim to, że kiedyś nie miałem żadnego patentu. Byłem po prostu przerażony za każdym razem i tyle. A teraz jest tak, że wchodzę i od progu wiem, czy to będzie dobre spotkanie, czy nie. Bo dla mnie casting jest zawsze spotkaniem. I to jest takie pół na pół, dostanę tę rolę albo nie. Dziś wiem, że najmniej zależy od tego, co ja rzeczywiście na tym castingu zrobię. Jeśli ktoś mnie zaprasza, to znaczy, że wie, jak wyglądam, jak gram, co do tej pory zrobiłem, i już ma jakieś nastawienie do mnie i do tego, na ile pasuję do tej roli. Kiedy zaczynałem chodzić na castingi, miałem sztywno ułożone w głowie, co powiem, jak coś zagram, jak się pokażę, a teraz wiem, że to bez sensu. Lata doświadczeń utwierdziły mnie w tym, że to, co wydarzy się za drzwiami, będzie na pewno inne niż to, co sobie wyobraziłem, i o wiele lepiej jest poddać się sytuacji oraz być uważnym w stosunku do ludzi, których się tam spotka. To trochę jak w tej historii, kiedy dwanaście lat temu poszedłem do dyrektora Teatru Narodowego, Jana Englerta, z zamiarem pomówienia z nim o pieniądzach za przygotowanie roli w „Fedrze". Przemyślałem to wszystko bardzo dokładnie i postanowiłem, że za mniej niż sześć tysięcy złotych na pewno tego nie zrobię, plus dwieście złotych za każdy spektakl. Po prostu nie ma takiej opcji, żebym dostał mniej. I dokładnie zaplanowałem sobie, jak ta trudna dla mnie rozmowa będzie wyglądała. Wyobraziłem sobie, że wejdę do jego gabinetu, on będzie siedział, a ja powiem mu wszystko z pozycji stojącej. No i wchodzę, a on akurat stoi i to nie w tym miejscu, w którym sobie wymyśliłem. W ogóle wszystko było inaczej. Spanikowałem, myśląc, że właściwie nie wiem, jak to teraz rozegrać. I on do mnie mówi: „Niech pan siada". I ja oczywiście natychmiast usiadłem, czyli zrobiłem dokładnie wszystko to, czego miałem nie robić. A on mówił bez zatrzymania: „Zanim mi pan coś powie, to najpierw ja panu powiem. Więcej niż dziesięć tysięcy złotych za przygotowanie roli nie mogę panu dać, a za każdy spektakl sześćset złotych". Wtedy już całkowicie zgłupiałem. Dużo bym dał, żebym mógł wtedy zobaczyć swoją własną twarz (*śmiech*). To doświadczenie nauczyło mnie, żeby się nie nastawiać i nie reżyserować siebie w sytuacjach, na które nie mamy stuprocentowego wpływu. A taką sytuacją właśnie jest casting.

Na castingu poznałeś też Xawerego Żuławskiego. Dostałeś rolę w „Wojnie polsko-ruskiej". Jednocześnie spotkanie z Xawerym było chyba dla ciebie przełomem zawodowym.

Gigantycznym. Wcześniej nie wiedziałem, że tak można pracować. Bo w teatrze, poza Krzyśkiem Globiszem, nikogo takiego nie spotkałem. Wielu reżyserów interesuje tylko to, żeby aktor stał się postacią, dokładnie taką, jaką sobie reżyser wymyślił. Nie interesuje ich to, co ten aktor chciałby dodać od siebie, jakim on w ogóle jest człowiekiem. Wtedy nie ma mowy o spotkaniu. A Xawery nie jest zajęty sam sobą, tylko jest zajęty opowiedzeniem historii. I przy

„Wojnie polsko-ruskiej" od początku wiedziałem, że jest facetem, który siebie poświęci i mnie poświęci, ale dobrze opowie tę historię.

Ale co to znaczy, że ciebie poświęci? Krystian Lupa też cię poświęcił, a nie byłeś z tego zadowolony.

Lupa był zainteresowany wyłącznie tym, żeby było tak, jak on chce. Czyli w kulminacyjnym momencie spektaklu po scenie miało chodzić czternastu Krystianów i ta wersja najbardziej mu się podobała. A mówiąc, że Xawery poświęci siebie czy aktorów, mam na myśli to, że znajduje środki do opowiedzenia historii niezależnie od tego, czy je mamy w tej chwili, czy nie. Jego nie interesuje, czy ty masz na wstępie odpowiednie narzędzia. On jako reżyser pomaga aktorowi je znaleźć. Czyli nadrzędne staje się dobre opowiedzenie historii, a nie bycie postaciami.

Miałeś do Xawerego zaufanie?

Pełne i to od początku. Takie rzeczy dzieją się na poziomie energii. Nie da się tego racjonalnie wytłumaczyć. Widziałem, że on niczego nie udaje, nie kreuje się na kogoś, kim nie jest. Był tak autentyczny, że wiedziałem, że mogę zrobić tylko to, co on. Czyli też być sobą.

Jak to się stało, że dostałeś tę rolę i zagrałeś Lewego?

Zostałem zaproszony na casting zupełnie w ciemno, bo nikt za mną nie stał. Gdzieś musiałem się spodobać reżyserce obsady,

Z planu „Wojny polsko-ruskiej". Od lewej: A. Englert, D. Masłowska, ja, X. Żuławski. Zdjęcie: Wojciech Krzywkowski.

zaproponowała, żebym przyszedł. Pamiętam, że wszedłem i dostałem od Xawerego petardę energii. I to nie był taki casting jak większość, że coś tam mówisz o sobie, to trwa nie wiadomo ile, później robisz pierwszy dubel w sposób niby taki, jak ty to czujesz, później reżyser mówi ci, jak on to czuje, i każe ci zagrać na jego sposób i tak dalej. Tu tak nie było. Xawery był bardzo szybki, pełen energii i zrobiliśmy rzecz niespotykaną dotąd w moim życiu zawodowym. Mieliśmy zagrać scenę szarpaniny z Silnym, którego zagrał Xawery, będąc jednocześnie ruchomą kamerą. Xawery wypuścił mnie na taki rodzaj ekspresji i szczerości, który znałem tylko z teatru. Nie pamiętam, co było dalej, bo targały mną silne emocje. Nie zdążyłem się stremować, bo wszystko zaczęło się dziać już od progu. Xawery szybko skraca dystans i ja to kupuję. A dlaczego wybrał akurat mnie? Nie wiem. Kiedyś w jakimś materiale w telewizji mówił o mnie, że przyszedłem na ten casting, zrobiłem coś takiego z twarzą, że już byłem w tym filmie. Myślę, że wszyscy, którzy startowali do tej roli, byli dobrymi aktorami, ale akurat ja przyniosłem narzędzia, które do jego historii były idealne. I myślę, że jak Xawery nie daje mi pracy przy projektach, które robi, to nie dlatego, że uważa, że nagle stałem się złym aktorem, tylko po prostu wie, że do tej roli nie pasuję i tyle.

Liczyłeś, że coś się zmieni po zagraniu Lewego?

Tak, myślałem, że zacznę więcej grać w filmach. Tak się nie stało.

Jak myślisz, dlaczego?

Możliwie, że wewnętrznie nie byłem na to gotowy. Nawet jeśliby się stało, jak sobie wymarzyłem, to i tak bym jakoś to sobie odebrał. Kiedy mnie o to zapytałaś, przypomniała mi się jedna dość absurdalna sytuacja. Zaraz po „Wojnie polsko-ruskiej" pracowałem w teatrze w Nowej Hucie, grałem z Karoliną Stefańską, córką Elżbiety Karkoszki. Karolina pojechała do Berlina, odwiedzić mamę, która grała wtedy w filmie ze Zbyszkiem Zamachowskim. Ja go wtedy nie znałem. Gdy Zbyszek dowiedział się od Karoliny, że gramy razem „Disneyland" według Stanisława Dygata, podobno powiedział: „O widzisz, jak go zobaczysz, to przekaż mu ode mnie, że w tej «Wojnie polsko-ruskiej» to była super robota". Zatkało mnie, kiedy się o tym dowiedziałem. Przecież nie musiał tego mówić. Podobnie miałem też z Marianem Dziędzielem, którego jeszcze wtedy słabo znałem, bo tylko z planu „Londyńczyków". Ale on też zapytał mnie, jak to możliwe, że dalej nic w kinie nie gram. Więc generalnie w obiegu zawodowo-branżowym byłem doceniany.

To dlaczego reżyserzy nie angażowali cię do filmów?

Nie wiem. Może ta kreacja była na tyle mocna, że jakoś mnie zaszufladkowała. Po tym filmie spotkałem się z pewnym reżyserem i on powiedział mi po kilku zdaniach, że odetchnął z ulgą, bo po tym, co widział na ekranie, myślał, że jestem naprawdę pierdolnięty, jak Lewy. Kreację, która nijak się miała do mojego prawdziwego ja, oni brali za coś tożsamego ze mną. Ktoś inny mi też mówił po castingu, że się mnie przestraszył.

Jeśli chodzi o recenzje, też w tym okresie nie miałeś dobrej passy.

Właściwie wcale o mnie nie pisano albo jeśli pisano – to źle. Po „Wojnie polsko-ruskiej" nikt nawet mnie nie wspomniał. Pisano o Borysie Szycu, Romie Gąsiorowskiej, Soni Bohosiewicz. Nikt mnie też nigdy nie zaprosił, żeby porozmawiać o tym filmie. A jednocześnie, tak jak wspominałem, dostawałem mocny pozytywny zwrot od innych aktorów. Natomiast żadnego dobrego słowa w recenzji, a przekopałem się przez wszystko, co było na ten temat. To była dla mnie bardzo istotna rola, jedno z najważniejszych doświadczeń zawodowych. Było mi po prostu przykro.

Jak myślisz, dlaczego nie pisali?

Myślę, że to była odpowiedź na taką wizję świata, jaką ja wtedy w sobie pielęgnowałem. Oczekiwałem tego. Oczekiwałem kary albo przynajmniej braku nagrody. Ten mechanizm karania się występuje na każdym polu, choć czasem trudno jest go namierzyć. Rozpoznajesz go po latach. Wydaje mi się, że po spektaklu „Fedra" wydarzyło się to samo. Czyli albo byłem pomijany w recenzjach, albo pisano o mnie źle. W recenzji naszego dyplomu Paweł Głowacki napisał o Grześku Mielczarku, że ma krystaliczny talent, a cała reszta to przy nim miernoty. Później zdarzyły się jakieś dobre słowa, na przykład po moim występie w „Proroku Ilji". Ale to były sporadyczne sytuacje. Pamiętam, jak kiedyś rozmawiałem z panem Jerzym Stuhrem i on powiedział mi, że zawsze, a już zwłaszcza jak się robi to publicznie, trzeba brać odpowiedzialność za swoje słowa. A w przypadku recenzentów jest to rzadkość. Na studiach kulturoznawczych pisałem wiele recenzji. Dzięki temu już po kilku zdaniach orientuję się, czy recenzent ma w sobie elementarną życzliwość do projektu, o którym pisze, czy chce się po prostu wyżyć. Wydaje mi się, że trzeba być na wskroś złośliwym i cynicznym, żeby założyć, że reżyser, scenarzysta i aktorzy spotkali się ze złej woli i miesiącami się trudzili, żeby zrobić coś słabego. Kiedy oglądam film czy spektakl, zawsze zakładam, że ludzie robią coś wspólnie, żeby mi powiedzieć coś dobrego. Staram się w tym znaleźć coś wartościowego. Inna sprawa, że teraz większość recenzji jest opłacana, jest częścią jakiegoś dealu marketingowego i to jest zasmucające.

A teraz szukasz recenzji o sobie?

To się diametralnie zmieniło. Bo nie czytam nic o sobie. Po dwudziestu latach ciężkiej pracy nad sobą, samooceną, poczuciem własnej wartości udało mi się osiągnąć stan spokoju i luzu, jeśli chodzi o moją pracę. Teraz mam tak jak Meryl Streep, która powiedziała, że kiedyś jak wchodziła do pokoju pełnego ludzi, to myślała o tym, kto ją wśród nich lubi, a teraz zastanawia się, kogo ona z tych ludzi lubi.

Myślisz, że coś się teraz ruszy dla ciebie filmowo?

Dostaję teraz sporo propozycji, ale staram się podchodzić do nich rozważnie. Cieszy mnie sama praca, proces grania. Jak dużo gram i zarabiam, to mi wystarcza. I nie muszą być to wcale wielkie, oscarowe historie. Jestem już w takim miejscu, że nie potrzebuję koniecznie wchodzić w ciężkie projekty, w których wypruwam sobie flaki, a niewiele z tego na koniec dnia mam. Teraz ciągnie mnie w stronę komedii, nawet kabaretów. Podobnie seriale, mimo miałkości materiału, dają mi poczucie bezpieczeństwa. A jak jeszcze jest z kim pograć, to już bajka. W przedsięwzięciach, w jakie teraz się zaangażowałem, mam znakomite towarzystwo ludzi, od których mogę się bardzo wiele nauczyć. To mi wystarczy. Chciałbym grać w projektach, które mają dobre scenariusze i dobrą obsadę. Już jestem na tyle pewny swojego rzemiosła, że mając dobry scenariusz, wiem, że podniosę go wyżej, ponieważ zaprzęgam do pracy wszystko, co mam, a czego nie mam, to się nauczę. Zobacz, gram teraz w telewizjach, które stoją na przeciwległych biegunach. Jestem w TVN i w TVP. Nie mam żadnych układów, a jedynie rzemiosło, tylko ono za mną stoi. Skoro dostaję propozycje z różnych stron, to znaczy, że jednak warto było robić to, co robiłem, i tak jak robiłem.

Ale są projekty, w których udziału się wstydzisz.

Tak. To jest na przykład wrocławski serial „Warto kochać". Praca nad nim nałożyła się na czas, który prywatnie był dla mnie wyjątkowo trudny i którego się po ludzku wstydzę. A efekt tego projektu był po prostu zły. Moim zdaniem dlatego, że zatrudniono do niego ludzi nieznających się na pracy, którą musieli wykonać. To byli reżyserzy dokumentaliści, bez doświadczenia w projektach fabularnych. Często proponowali rozwiązania kompletnie absurdalne. Wyobraź sobie, że gram przez rok postać, która nagle wyjawia, że ma ciężko chorego ojca. Ojciec jeździ na wózku, ma niewładną górną część ciała oprócz głowy i w sposób oczywisty nie może samodzielnie jeść, a pojawia się w scenie przy kolacji. Nasz reżyser ustawia go po drugiej stronie stołu naprzeciwko mnie. Ja jem i patrzę, jak ojciec nieruchomo siedzi nad swoim talerzem. Powiedziałem reżyserowi, że to jest nienormalne, nielogiczne, bardzo źle świadczy o mojej postaci. On zaś twierdzi, że tak jest lepiej, bo ładniej mu to w kamerze wygląda.

Ten serial był krytykowany przez widzów?

Ludzie lubili go oglądać, miał swoją widownię. Pewnie ze względu na wielu fajnych, lubianych aktorów. Natomiast finalny efekt miał związek nie tylko z kiepskimi rozwiązaniami inscenizacyjnymi, znaczenie miały też trudne warunki, w jakich graliśmy. Pracowaliśmy po siedemnaście godzin dziennie, często w olbrzymim mrozie, chwilami traciliśmy już zdolność logicznego rozumowania. Na własne oczy w emisji widziałem odcinki, gdzie w jednej scenie miałem krótkie włosy, a w kolejnej, która fabularnie odbywa się po dziesięciu minutach, miałem długie. I takich rzeczy było wiele. Niemniej muszę przyznać, że nauczyłem się na tym planie pracy z kamerą. Szkoła teatralna takiej umiejętności mi nie dała. Więc nie wszystko związane z tym projektem wyrzucam do kosza.

A poza tym serialem, jest jakiś film, którego nie chciałbyś pokazywać widzom?

Mam w sobie duży dyskomfort związany z udziałem w filmie „Kochaj". Byłem na premierze i wytrzymałem tylko do dwudziestej minuty. Później wyszedłem.

Wyobrażam sobie, że zanim przystąpiłeś do tego projektu, czytałeś scenariusz. Nie umierałeś z głodu, nie musiałeś się godzić na angaż.

Nie umierałem, to fakt, ale reżyserka zachęcała nas, mówiąc, że to będzie robione w mocnej konwencji. Jean-Luc Godard – to była jej inspiracja.

Patrząc na efekt, brzmi to jak bardzo kiepski żart.

Tak, patrzysz na to i myślisz, że to przypomina wszystko, ale na pewno nie jest to Jean-Luc Godard (*śmiech*). To było okropne przeżycie. Na początku myślałem, że jakoś jest to do uratowania, bo przecież tam były świetne aktorki, charakterne babki. Wydawało mi się, że o ile ja, grając tam drugoplanową rolę, nie rozmawiałem wcześniej zbyt dużo z reżyserką, to przecież one, mając wiodące role, na pewno tysiąc razy to przegadały i jeśli w tym projekcie coś śmierdzi, to one by to dawno wyczuły. Niestety, wyszło inaczej.

Kiedy zorientowałeś się, że będzie źle?

Pierwszego dnia zdjęć. Właśnie wtedy kręciliśmy scenę w knajpie à la Jean-Luc Godard *(śmiech)*. I wszystko było źle. Począwszy od mojego wyglądu i światła, skończywszy na panowaniu ekipy nad tym, co było założone. Bo w opowiadaniu Marty, reżyserki, jakoś się to kleiło. To miała być przypowieść symboliczna. A okazała się tak dosłowna, że aż prostacka. W jednej w późniejszych scen filmu moja postać robi striptiz. Od początku mówiłem, że ja się do tego nie nadaję. Nie mam takiego ciała, nigdy zresztą nie miałem i jest za mało czasu, żebym je odpowiednio wyćwiczył. Proponowałem, żebyśmy wzięli dublera z ładnym tyłkiem i mięśniami gdzie trzeba. A później jak on się odwróci, to już będę ja. Ale reżyserka mówiła, że nie ma takiej potrzeby, bo to będzie specjalnie zaaranżowane z przyciemnionym światłem, spadającymi płatkami róż, wszystko będzie pięknie. Na planie okazało się, że płatki róż to nie, bo za drogie, i że jednak nie będzie punktowego światła, tylko jasno jak w dzień. A w ogóle to mam tańczyć na szczycie schodów. Wykonaliśmy z choreografką – Helenką Ganjalayan – ciężką pracę nad tym układem tanecznym. Wypociłem się jak w „Tańcu z Gwiazdami". To było dla mnie bardzo trudne i niestety dzień nagrania tego tańca okazał się tym, w którym straciłem panowanie nad sobą. Byłem już bardzo zmęczony, mówiłem reżyserce, że nie jestem zawodowym tancerzem i wolałbym, żebyśmy nagrywali to małymi etapami, bo wtedy jest szansa poprawki. I ona się zgodziła. Poprosiłem ją jeszcze o to, żeby dokładnie mi powiedziała, kiedy dane ujęcie się kończy. I ona na to, że wtedy, kiedy ląduję na kolanach i zauważam Olgę Bołądź. No i dobra. Robimy to. Jestem na tych kolanach, zauważam Olgę, oboje patrzymy na siebie i... muzyka się nie wyłącza, kamera dalej na nas filuje z jazdy. Kątem oka widzę, że jest konsternacja w ekipie, my też z Olgą nie wiemy za bardzo, co robić. I wtedy zrobiłem drugi raz w życiu coś, czego się nie robi ani na planie, ani w teatrze: nie wytrzymałem i przerwałem scenę.

Reżyserka pyta: „Halo, dlaczego przerwaliście?". Odpowiedziałem: „No bo tak się umawialiśmy". „Ale ja myślałam, że jeszcze od razu tę scenę dialogową zrobicie". „Przecież przed chwilą mówiłaś mi jak krowie na rowie, że tu właśnie się kończy ujęcie, że nie ma być żadnych dialogów". I odwróciłem się do ekipy, mówiąc: „Niech ktoś się jeszcze odezwie, bo mam poczucie, że zwariowałem!". Na szczęście odezwał się drugi reżyser, potwierdzając moje zdanie i dodając, że Marta umawiała się ze wszystkimi z ekipy w ten właśnie sposób. To już był dla mnie taki etap, który miałem też u Łukasza Barczyka przy „Hamlecie", że muszę oddalić się od tej osoby, by nie zrobić czegoś złego, sobie lub jej. Pamiętam, że reżyserka zapytała mnie: „Będziesz teraz tak chodził czy będziesz ze mną rozmawiał?". Odpowiedziałem: „Tak, będę tak teraz chodził" – i na tym skończył się dialog. Nie byłem w stanie na nią patrzeć i skończyłem tę współpracę ledwo, ledwo, ostatkiem sił. Myślę, że ta konfrontacja ostatecznie była potrzebna, bo ona sterroryzowała cały plan swoją osobą. Po prostu ludzie w Polsce są nauczeni, żeby się nie wychylać, siedzieć cicho, ta hierarchiczność i system feudalny trwa, nie skończył się. Pozycja nadal daje ci prawo do gnojenia innych. I tylko wielcy ludzie z tego nie korzystają. Większość, nawet ci z wielkim dorobkiem, bardzo chętnie korzystali, korzystają i będą korzystali.

Kto na przykład?

Pan Andrzej Wajda. Na moich oczach powiedział do aktorów podczas próby takie zdanie: „Będziecie tutaj stali jak na apelu w Auschwitz, dopóki wszyscy się nie znajdą". Ćwiczyliśmy wtedy choreografię ukłonów do spektaklu dyplomowego czwartego roku w PWST. Ktoś się nie mógł znaleźć, ktoś gdzieś wyszedł i on rzucił taki tekst. Pomyślałem, że to jest za dużo. Niezależnie od tego, jak źle by się ktoś miał, niezależnie, jak był wściekły, moim zdaniem nie można pozwalać sobie na takie słowa, zwłaszcza w tym kraju. Miarą wielkości człowieka jest dla mnie to, jak traktuje się ludzi, którzy w hierarchii stoją niżej. I to, jakie reżyser teatralny Ondrej Spišák czy Xawery Żuławski, ma stosunki z członkami ekipy, oświetlaczami, ludźmi od techniki, jest właśnie przykładem, jak tej hierarchiczności nie nadużywać i jak się tym swoim wielkim reżyserstwem nie zasłaniać. Na szczęście spotkałem się potem z panem Andrzejem Wajdą przy „Wałęsie" i było to wspaniałe i inspirujące spotkanie bez cienia wyższości czy arogancji, ale przez kilka lat po owej feralnej próbie, aż do osobistego spotkania na planie miałem o nim nie najlepsze zdanie.

Był to taki czas w twoim życiu, kiedy i prywatnie, i zawodowo bardzo dużo się u ciebie działo. Tuż przed szkołą teatralną poznałeś swoją żonę. To był chyba po śmierci ojca drugi największy zwrot w twoim życiu prywatnym...

W dniu, w którym poznałem Lenkę, poczułem (podobnie jak w dniu śmierci ojca), że już nic nie będzie w moim życiu takie, jak do tej pory. Jakby z tą samą siłą pociągnął mnie odwrotny wektor, tym razem ten, który kierował się w stronę światła. I nawet nie chodzi o zakochanie samo w sobie. Stało się coś niesamowitego – moje ciało i dusza rozpoczęły drogę do uzdrowienia, jakby wbrew mojej woli. Przy pierwszej dłuższej rozmowie z Lenką, bo widywaliśmy się wcześniej na zajęciach w szkole policealnej, opowiedziałem jej całe swoje dotychczasowe życie, ze wszystkimi szczegółami. Ona była pierwszą osobą, przed którą się otworzyłem. Nikt nie wiedział do tamtej pory o mnie tyle, ile ona dowiedziała się tego pierwszego dnia. Poczułem, jakbym wstrzymał oddech na ileś lat, a teraz zaczerpnąłem nowy. To był rodzaj oszołomienia. Od tego momentu trwa proces mojego zdrowienia. Później spotkałem na swojej drodze jeszcze kilku wyjątkowych ludzi. Takich, którzy zastąpili mi na pewno ojca i może trochę też mamę. Kiedy razem z żoną poznaliśmy Jacka i Ewę, bo o nich mowa, mieliśmy po dwadzieścia kilka lat, oni byli starsi o jakieś piętnaście lat. Stali się dla nas kimś w rodzaju zastępczych, dobrych rodziców, nieoceniających, akceptujących, przyjacielskich. Pojechaliśmy z nimi na pierwsze w życiu zagraniczne wakacje do Chorwacji, napiłem się wtedy z „ojcem" rakii zaraz po wschodzie słońca, po zachodzie zresztą również. Poznaliśmy też Andrzeja i Hanię, do których jeździliśmy do Libertowa pod Kraków, gdy Lenka była jeszcze w ciąży. Spędzaliśmy tam bardzo dużo czasu. Takiego zwykłego, niezobowiązującego, prostego i dobrego. Tam wystarczyło tylko być. Mieli pokaźny staż rodzicielski, więc mogliśmy na nich patrzeć, obserwować, jak budują relacje ze swoimi dziećmi. Nie byli rodzicami idealnymi i nie bali się o tym mówić, ani między sobą, ani przy nas.

Dlaczego tak szybko zdecydowałeś się na dziecko, skoro pochodziłeś z rodziny, która jak twierdzisz, nie dała ci fundamentu do jej samodzielnego budowania?

Dobre pytanie. Wydaje mi się, że zrobiliśmy to na wpół świadomie. Nazwaliśmy to z żoną rezygnacją z niestarania się. To jest subtelna różnica w nazewnictwie, ale brzemienna w skutki. Skutki są w tej chwili czternastoletnie, mają ponad metr sześćdziesiąt i są jak najsłuszniej bezczelne proporcjonalnie do swojego wieku. Pomyśleliśmy z Lenką, że co będzie, to będzie. Ale nie mówiąc tego na głos. Mieliśmy w sobie chyba wewnętrzną zgodę, że jeśli zdarzy się nam ciąża, to będzie OK, ale też zupełnie odwrotne pragnienia w tej materii: Lenka zawsze chciała mieć dzieci, dużą rodzinę, a ja nie. W ogóle wybieganie w przyszłość, snucie planów nie było wtedy moją mocną stroną. Ale w wieku dwudziestu pięciu lat dużo rzeczy robiłem z myślą o tym, czego pragnie moja żona, i ufałem jej bezgranicznie. Do tej pory na lodówce mamy magnes z napisem: „Jeśli za pierwszym razem ci nie wyjdzie, zrób tak, jak radziła żona". To jest trochę śmieszne, a trochę nie, bo od początku miałem w sobie pewność, że ona w stosunku do mnie emocjonalnie i rozwojowo była dużo dojrzalsza. Tak było i tak jest. Lenka stoczyła w sobie i w swojej rodzinie dużo więcej walk, takich z gatunku ciężkich, niż ja miałem i chyba będę miał odwagę stoczyć kiedykolwiek. Ona walczyła już wtedy w emocjonalnym UFC (Ultimate Fighting Championship – amerykańska organizacja mieszanych sztuk walki – przyp. red.), kiedy ja dopiero zaczynałem nieśmiało obijać worek treningowy. Musiałem się tego uczyć przez wiele lat. Dopiero od niedawna możemy mówić do siebie wspólnym językiem. Teraz mogę z nią, jak to się mówi, z pełnymi porami wejść do ringu. Wtedy było dla mnie oczywiste, że skoro nie mam żadnych swoich marzeń, bo nawet tego sobie odmawiałem, a ona ma, to jej są lepsze, bo w ogóle są. Gdybym miał zaplanować posiadanie dziecka, to pewnie nigdy bym się na to dziecko nie zdecydował, bo zawsze znalazłbym milion argumentów: a że za co, a że kiedy, a czy na pewno, a że ze mnie będzie fatalny ojciec. Ale poszedłem za intuicją żony.

Po ukończeniu szkoły stypendia ci się skończyły, a jednocześnie miałeś już rodzinę. Jak sobie wtedy radziliście?

Było dość ciężko. Mieszkaliśmy w Krakowie, a moja żona studiowała jeszcze dziennie psychologię w Katowicach, więc nie mogła pracować. Ja miałem etat w teatrze, ale kiedy był „goły" miesiąc, to znaczy, gdy nie grałem spektakli, zarabiałem tysiąc trzysta złotych na rękę. A wynajem mieszkania kosztował siedemset pięćdziesiąt złotych. Rodzice Lenki dawali nam pięćset złotych. Jakoś trzeba było tym gospodarować. Często też pożyczaliśmy. Częściej, niż by się chciało, ale nie wystarczało nam na podstawowe potrzeby. Oczywiście kiedy grałem spektakle, było lepiej. Nawet mogliśmy sobie od czasu do czasu kupić jakiś mebel, ale raczej używkę spod Hali Targowej. Pralkę na przykład kupiliśmy z mojej nagrody, którą dostałem na Kaliskich Spotkaniach Teatralnych.

Dlaczego mając tak skromne warunki życia, zdecydowaliście się tak szybko na ślub?

Paradoks polegał na tym, że mając fatalne doświadczenia z przeszłości, jednocześnie bardzo szybko chcieliśmy założyć swoją rodzinę. Pewnie mieliśmy nadzieję, że u nas będzie inaczej, lepiej o niebo lub dwa. Dziś, gdy myślę o naszych początkach, wydaje mi się, że związaliśmy się ze sobą ze „złych" powodów. Wyciągnąłem Lenkę z jej domu rodzinnego, w którym ona już nie chciała i nie mogła zostać, jednocześnie dając jej finansowe oparcie w obcym mieście. Ona zaś była moim tymczasowym powodem do życia i dawała mi narzędzia i odwagę do przezwyciężania lęku i depresyjnych epizodów. Oczywiście poza tym byliśmy w sobie śmiertelnie zakochani, zatem chcieliśmy formalnego związku i to szybko. Nie mieliśmy pieniędzy, a jednocześnie chcieliśmy zorganizować ten ślub wyłącznie na własny koszt, żeby było dokładnie według naszych potrzeb. W związku z tym uroczystość była skromna. Rodzice oferowali pieniądze i rozmach, ale ich nie przyjęliśmy. Na porządne obrączki nie wystarczyło nam pieniędzy, więc kupiłem srebrne. Moja kosztowała dwanaście złotych, Lenki – czternaście. Pamiętam, że jak zamawiałem na nich grawerunek „Per aspera ad astra", to człowiek, który przyjmował zamówienie, pytał, czy na pewno chcemy taki długi napis. Byliśmy zdecydowani i finalnie za grawerunek na jednej obrączce zapłaciłem więcej, niż warte były obie. Ślub wzięliśmy w urzędzie stanu cywilnego, a obiad urządziliśmy w chińskiej restauracji „Mandaryn" w centrum Dąbrowy Górniczej. Zaprosiliśmy czternaście osób, bo na tyle było nas stać. Tylko najbliższa rodzina i przyjaciele. Zamiast tradycyjnego polskiego menu był rosół z pierożkami chińskimi. Były też tańce z rozerotyzowanymi seniorami w tle, ponieważ równolegle odbywał się tam akurat dancing. Było fantastycznie, choć myślę, że nie wszyscy obecni cieszyli się tak samo. Na samą ceremonię ślubną przyszło bardzo dużo osób. To było bardzo miłe, ludzie przynieśli nam dobre słowo i prezenty, chociaż uprzedzaliśmy, że dobre słowo i sama obecność wystarczą, bo nie jesteśmy w stanie zrewanżować się im weselną zabawą z powodów wiadomych. Szczególnie obecność rodziny wzbudziła w mojej mamie chęć zadośćuczynienia, czy po prostu zakłopotanie, i postanowiła zorganizować osobną imprezę następnego dnia. Poszliśmy z moją połowicą na te poprawiny (w karczmie z czartem w nazwie), choć niechętnie. Po pierwsze byliśmy bardzo zmęczeni, a po wtóre tego właśnie chcieliśmy uniknąć, sami organizując swoje przyjęcie. Czuliśmy, że to wszystko jest nieco na siłę. Posiedzieliśmy trochę dla przyzwoitości, ale bez entuzjazmu. Wyjechaliśmy późnym wieczorem z naszymi dotychczasowymi życiami upchniętymi do białego opla astry kombi, który należał do Henryka, męża mojej ciotki, i z nim za kierownicą. Lenka z Dąbrowy, a ja z Sosnowca. Jak wtedy myśleliśmy, na zawsze. Zdecydowaliśmy się wynająć klitkę w Krakowie, przy ulicy Czarnowiejskiej. Był to jeden pokój na czwartym piętrze bez windy, za to w dobrej cenie. Podłoga, ile razy by jej nie myć, śmierdziała mokrym psem. Wynieśliśmy się stamtąd po miesiącu. Ale pierwszą noc pamiętam. Byliśmy skonani podwójną imprezą, pakowaniem i dźwiganiem pudeł, za to jacy szczęśliwi. A z małego jamnika JVC leciał Garou...

Pamiętasz ten moment, kiedy dowiedziałeś się, że będziesz ojcem?

Bardzo dokładnie. Tego wieczoru nasz komputer się zwiesił. Nie za bardzo wiedziałem, dlaczego tak się stało, i nieudolnie próbowałem go naprawić. Byłem już bardzo poirytowany całą sytuacją, myślałem nawet, że zaraz wyrzucę sprzęt przez okno. Przez wypowiadane w myślach bluzgi, ledwo usłyszałem, jak Lenka mówi, że idzie do łazienki zrobić test ciążowy. Po jakimś czasie podeszła do mnie zapłakana i tak stała. Nie była w stanie nic powiedzieć, tylko patrzyła na mnie swoimi wielkimi oczami, które wtedy były jeszcze większe. A ja jak debil skończony spojrzałem na nią znad tych, przecież gówno wartych, klawiatur i monitorów, i pytam nadzwyczaj mądrze i uważnie: „No, co się stało?". I wtedy mi powiedziała. Najpierw pomyślałem: „O kurwa...", ale po chwili oboje bardzo się wzruszyliśmy i ucieszyliśmy. Ciekawostka – przy drugim dziecku było odwrotnie. Najpierw wielka radość, a po chwili strach. Za pierwszym razem czuliśmy lęk przed nieznanym i zarazem nieodwołalnym. W dodatku na całe już życie. A potem zalała nas fala szczęścia trudna do porównania z czymkolwiek. Bo przecież staliśmy się niemalże jak bogowie, powołaliśmy na świat nowe życie, efekt naszej miłości i namiętności. Przy naszym drugim synu, Piotrku, było z tymi emocjami na odwrót. Radość, że przybędzie nas i to w momencie, o który nam chodziło, żeby różnica wieku nie była zbyt duża. Radość jak tamta pierwsza, że z naszego połączenia znów będzie taki mały wspaniały człowieczek. Potem przyszedł strach, bo już wiedzieliśmy, że prócz radości i szczęścia w pakiecie są trud porodu i rehabilitacji po nim, nieprzespane noce i cały zestaw wczesnego rodzicielstwa. Zdawaliśmy sobie sprawę, że to po prostu trudne zadanie. Do tego był jeszcze dwuletni Franio, który wciąż wymagał wiele uwagi i jeszcze więcej miłości.

Jak wspominasz ten pierwszy okres po narodzinach Franka?

Pomieszanie radości i smutku. Kiedy Franio skończył dziesięć miesięcy, zacząłem bardzo dużo pracować we Wrocławiu i w Warszawie. Praktycznie nie było mnie w domu. Moja żona przeżyła początek macierzyństwa w przeraźliwej samotności. Teraz, kiedy oglądamy zdjęcia z tego okresu, oboje płaczemy, bo to naprawdę musiał być smutny czas, zwłaszcza dla niej. Była oddzielona od wszystkich znajomych, od wsparcia rodziny, sama w obcym mieście. To jest czas, którego bardzo się wstydzę jako mężczyzna. Nie pielęgnuję już w sobie żalu i pogardy wobec siebie, bo wiem, że bez tego, co się wtedy działo ze mną, nie doszedłbym tu, gdzie jestem dziś jako mąż i ojciec. Ale pierwsze uczucie, jakie mi towarzyszy na myśl o tym czasie, to jednak jest wielki i lodowato zimny wstyd. Mam wyrzuty sumienia, ale już nie wymierzam sobie kary i nie flekuję się poczuciem winy. Bo nadal silna jest we mnie pokusa, żeby się w nim zatrzymać i tam już pozostać. A to już jest równia pochyła. Dobre wyjście jest tylko jedno: zostawić poczucie winy, wziąć odpowiedzialność za swoje wybory, wyciągnąć wnioski i naprawić błąd. W miejsce czegoś złego zrobić coś bardzo dobrego dla siebie i innych. W tamtym czasie nie potrafiłem nawet tak pomyśleć, ani tym bardziej zrobić. Nie udźwignąłem pierwszych poważnych pieniędzy w moim życiu połączonych z dwudziestopięciodniową samotnością w miesiącu. Więc piłem, imprezowałem, pakowałem się w romanse. Nie dość, że byłem fatalnym mężem, to jeszcze ojciec był ze mnie taki, jak o ironio, z mojego. Byłem ojcem nieobecnym. Przerosłem w tym nawet mojego starego, bo oprócz nieobecności mentalnej, dodałem jeszcze fizyczną. Racjonalnie i świadomie tego nie chciałem, kochałem ich oboje nad życie, ale po prostu to było silniejsze ode mnie w tamtym momencie.

Jakie to miało konsekwencje?

Bardzo konkretne. Mój dwuletni syn po jakimś czasie mnie nie rozpoznawał. Do dziś pamiętam sytuację, gdy siedzimy z żoną i Franiem w salonie i Lenka pyta go, gdzie jest tata. Ja siedzę obok, a Franio pokazuje rączką nie na mnie, tylko na ekran komputera, który służył nam też za telewizor. Lenka mówi mu, żeby się jednak zastanowił, rozejrzał, naprowadza go delikatnie, że tata nie jest przecież w telewizorze, tylko...? On się rozgląda dociera do niego, że się pomylił i... pokazuje na telefon leżący na sofie. A ja siedziałem obok. Zmiażdżyło mnie to. Ale oczywiście znów zadziałał u mnie ten stary, wgrany na twardy dysk program. Nie potraktowałem tej sytuacji jako alarmującego sygnału do jak najszybszej zmiany trybu życia i pracy, do zrobienia czegokolwiek dobrego dla nas wszystkich. Powiedziałem sobie w duchu: „Aha, czyli jestem ojcem do dupy, tak jak przypuszczałem od początku, no to takim będę, trudno". Poczucie winy podpowiedziało mi najgorsze rozwiązanie. A w zasadzie cały ciąg najgorszych rozwiązań.

Kiedy zaczęło się to zmieniać?

Kiedy po wielu różnych zaczynanych i niekończonych terapiach trafiłem jakieś pięć lat temu na właściwego człowieka i postanowiłem przepracować najważniejsze, a nigdy wcześniej nieruszane sprawy. Spotkałem mężczyznę znacznie starszego ode mnie, który nie zasłaniając się autorytetem psychologa, wysłuchał historii o moim życiu i powiedział: „Biorąc pod uwagę to, co pan przeżył jako dziecko, to jako dorosły poradził pan sobie całkiem dobrze. Najlepiej, jak pan umiał. Nie wiem jak pan, ale ja nie uważam, że jest pan nienormalny". Dotarło do mnie wtedy, że to było nie w porządku ze strony dorosłych, gdy po próbie samobójczej wysłali mnie do psychiatry i psychologa, żebym się leczył. Ja, szesnastolatek mający szczątkowe pojęcie na temat samoświadomości i zerowy wgląd w siebie zostałem wysłany do leczenia. To był dla mnie jednoznaczny sygnał od dorosłych: „My jesteśmy w porządku, to z tobą jest coś nie tak, jesteś nienormalny, lecz się". I od tamtego spotkania z panem Jackiem zaczęła się najważniejsza terapia w moim życiu, która w pewnym sensie trwa do dziś. Trwa, bo wiem, że w razie potrzeby mogę poprosić o pomoc i ją otrzymam. Potem pojawił się pan Michał i akupunktura, która czyni prawdziwe cuda, pomaga dokonywać realnych wewnętrznych zmian na trwałe. Akupunktura rozumiana jako praca z energią i najszerzej pojęta pracą nad sobą. Nad wszystkimi aspektami naszego życia. Naprawdę wszystkimi.

Wracając do pierwszych lat twojego małżeństwa – pieniądze długo były dla was problemem?

Były problemem przede wszystkim dlatego, że ani ja, ani moja żona nie wynieśliśmy z domu umiejętności obchodzenia się z pieniędzmi. To znaczy wydawaliśmy tyle, ile akurat mieliśmy. Mechanizm jest prosty: jak nie masz, to nie masz i jakoś sobie poradzisz, ale jak już coś masz, to wszystko wydasz, nie myślisz, jak tym mądrze zarządzić, żeby później nie zostać na lodzie. I to na dłuższą metę jest kompletnie rozwalające. W końcu Lenka poszła na kurs, który pozwolił jej, a później też mnie, poradzić sobie z finansami domowymi. Świadomie to wszystko planować, wydawać, później też próbować jakoś oszczędzać. Robiliśmy małe kroki, najpierw zaczęliśmy od odkładania naprawdę drobnych kwot. Teraz idzie nam to coraz lepiej.

Jak się czułeś, gdy pierwszy raz trafiłeś do serialu z zakontraktowaną dużą liczbą dni zdjęciowych i zacząłeś nagle zarabiać duże pieniądze?

Odbiło mi kompletnie. To był angaż we Wrocławiu w serialu „Warto kochać". Nagle z tysiąca czy dwóch tysięcy złotych miesięcznie zacząłem zarabiać dwadzieścia pięć, trzydzieści tysięcy. Nigdy wcześniej nie widziałem takich pieniędzy. Nigdy nigdzie. U mnie w domu można było pomarzyć o takich sumach. Nie dostawałem kieszonkowego, nie miałem nigdy własnych pieniędzy, więc tak jak wspomniałem, nie potrafiłem nimi zarządzać. I nagle przychodziły do mnie takie kwoty. A do tego byłem dwadzieścia pięć dni w miesiącu poza domem. Trudno, żebym nie zwariował.

Poszedłeś w tango?

Tak. Można podsumować to krótko, cytując Lao Che: safari, dym cygar, alkohol twardy. Tam działy się bardzo złe rzeczy. Ale tam też zostały i nie chcę do nich wracać, bo dotyczą też innych osób i nadużyciem wobec nich byłoby o tym opowiadać. Mogę mówić o sobie. I uczciwie przyznaję, że ten serial nas kompletnie odkleił od rzeczywistości. Pracowaliśmy po kilkanaście godzin dziennie, często ponad siły. Byliśmy permanentnie zmęczeni, uciekaliśmy w używki. W pewnym momencie piliśmy już nawet na planie i to codziennie. Najpierw dlatego, że było przeraźliwie zimno, ale tak, że nie dało się grać bez „rozgrzewki". Później wpadliśmy w nawyk. Zmieniła się pora roku i zrobiło się ciepło, a my nadal piliśmy.

Non stop imprezy, jazda samochodem po pijanemu?

Zdarzało się i to. Bardzo się tego wstydzę, w ogóle cud, że nikomu nic się nie stało. Tak jak w szkole teatralnej byłem wzorowym studentem, tak w tym czasie byłem prymusem w chlaniu i destrukcyjnej zabawie. Nigdy wcześniej tego nie robiłem, więc kiedyś w końcu hamulce puszczają. Gdy jesteś wiecznie poza domem, zaczynasz żyć życiem kawalerskim. Nawet jeśli masz małe dziecko. Kiedy dziś o tym myślę, to wydaje mi się, że żyłem w jakimś amoku. Ciągle w pracy albo w biegu. Latałem samolotem między Wrocławiem a Warszawą. Wiecznie pobudzony, na używkach. To się też przekładało na dwuznaczne relacje z kobietami.

Uciekałeś w romanse?

Tak. Zwłaszcza jeden, po którym mleko się rozlało. Trwał długo, półtora roku. W końcu moja żona się o nim dowiedziała. Ale chyba wtedy tego chciałem. Żeby to wypłynęło, żebym musiał coś postanowić albo żeby ktoś za mnie postanowił, w którą stronę to ma pójść, bo byłem na granicy wytrzymałości psychicznej. I wtedy właśnie omal nie zakończyło się moje małżeństwo. Z jednej strony wiedziałem, że to, co mam w domu, jest najwartościowsze, ale ponieważ ciągle byłem w tym amoku, to zaczęło się między nami psuć. Dzieliły nas pretensje o to, że jestem wiecznie nieobecny, a Lenka została sama z małym dzieckiem. Z drugiej strony ja ciągle przemęczony, obarczony tymi pozornymi relacjami z ludźmi, czułem, że tracę grunt pod nogami i nie mam oparcia w żonie. Stąd ten romans. Po prostu był naturalną konsekwencją mojego stanu.

Jak udało się wam uratować małżeństwo?

Udało się dlatego, że oboje bardzo tego chcieliśmy. Może też paradoksalnie pomogło nam to, że to moja żona pierwsza zrobiła kiedyś, dużo wcześniej, podobnie nieuczciwy krok. Jeszcze kiedy byliśmy narzeczeństwem. To mnie bardzo zraniło, ale jednocześnie też łatwiej było nam przejść przez ten kryzys, który ja zgotowałem. Inna sprawa, że moja spóźniona „odpowiedź" po latach była niewspółmiernie bardziej i krzywdząca, i destrukcyjna.

Czy twój brak relacji z ojcem odbił się na twojej relacji z synami?

Odbił się bardzo mocno. Wszystko robiłem po omacku i intuicyjnie. Popełniałem błąd za błędem i brnąłem w poczucie winy. Pamiętam, jak Piotrek powiedział, że kiedy za karę każę mu siedzieć w pokoju albo gdy odbieramy mu zabawki, to on czuje, że chciałby zniknąć, przestać istnieć. Płakaliśmy później z żoną z godzinę w pokoju, bo przecież wiadomo, że dziesięciolatek sobie tego sam nie wymyślił. Zobaczyliśmy uderzające podobieństwo do tego, jak ja się czułem u siebie w domu. Zrozumiałem, że muszę to wziąć na siebie i przepracować, bo inaczej mój syn przejmie ode mnie te zachowania. A konsekwencje mogą być tragiczne. Pojęliśmy też ostatecznie, że kary są w gruncie rzeczy bezcelowe i niczego dobrego nie wnoszą.

Co wtedy zrobiłeś?

Wróciłem do terapii. Zrozumiałem, że nie rozwiązałem jeszcze swoich problemów z przeszłości. Choć wydawało mi się, że już mam wszystko poukładane, że jestem świadomy. A okazuje się, że nie, że to w różnych sytuacjach wciąż wraca. Więc znów musiałem to przerobić, napisać kolejny list do ojca, porozmawiać z moim terapeutą. Dziecko często bierze problemy rodzica na siebie. Ja przecież historię mojego ojca też wziąłem na siebie. Wydaje mi się, że teraz jest tak, że ta historia już na moich synach nie ciąży. Oczywiście Piotrek przejął pewne wzorce zachowań po mnie. Czasem odcina się, obraża. Ale ostatecznie nie odbiera sobie prawa do życia. Zaczyna się bardziej złościć, czyli przechodzi na stronę wyrażania emocji, a nie uderzenia w siebie.

A dlaczego bardziej on, a nie twój drugi syn?

Często nieświadomie i nieintencjonalnie związujesz się mocniej z jednym z dzieci, z tym, które jest do ciebie bardziej podobne. Może jest też tak, że dostrzegasz w nim małego siebie i rodzi się pokusa, żeby jego życie stało się dla ciebie swego rodzaju drugą szansą, lepszym wariantem twojej własnej historii. To się oczywiście nie może udać, ale czasem rodzi się taka pokusa. Nie można więc tracić czujności. Myślę, że nie bez znaczenia jest też fakt, że szczególnie w pierwszym okresie życia Frania, byłem w domu w zasadzie nieobecny i on silniej związał się z moją żoną. Ja w tej relacji mam jeszcze dużo do zrobienia. Czuję, że dużo dobrego jeszcze przed nami.

Jak jest u ciebie z ojcowską cierpliwością? Uderzyłeś kiedyś dziecko?

Chyba potrząsnąłem synem. Dałem też klapsa. Pamiętam, że szarpnąłem wózkiem. Ogarniała mnie taka furia, że chyba nigdy nie wytłumaczę się z niej przed samym sobą. To było niewybaczalne. Ta nerwowość wynikała chyba wtedy z nałogów. A wiesz, dwójka małych dzieci to nie jest najlepsze środowisko dla nałogowca. Dostajesz tyle bodźców z każdej strony, że momentami ci wypieprza pokrywkę. A jeszcze nie umiałem powiedzieć tego tak, jak robi to moja żona (teraz się dopiero tego uczę), że zanim wybuchniesz, zapowiadasz: „Uważaj, bo dochodzę do granicy, po której stracę cierpliwość". Wtedy zazwyczaj udaje się uniknąć eksplozji. Najczęściej u mnie było tak, że byłem miły, kumulowałem w sobie złość czy gniew i nagle wybuchałem. Czyli robiłem dokładnie to, co robił mój ojciec. Wydaje mi się, że teraz jest dużo lepiej. Widzę, że moi synowie się nie boją, że są pewni na sto procent, że nie przekroczę pewnej granicy, nawet jeśli się zniecierpliwię czy zdenerwuję. Też ich to chyba ośmiela, że ja coraz częściej mówię im, zanim eksploduję, że to zaraz nastąpi. Oczywiście nie zawsze mi się to udaje, bo nie jestem robotem. A uwierz mi, oni we dwóch potrafią doprowadzić do sytuacji, że jak mam gorszy dzień, to tracę czujność. Kiedy jestem zmęczony, niewyspany, a tu jeden się obrazi, drugi nie chce wyjść, choć jesteśmy już spóźnieni, pierwszy coś zgubił w tym czasie i jest problem... Ale prawdą jest, że po chwili eksplozji, kiedy wraca już myślenie, zawsze potrafię przyznać się do błędu, przeprosić dziecko. Niemniej uważam, że oni też muszą wiedzieć, gdzie leży granica ich zachowania. A każdy z nas ma swoją barierę wytrzymałości.

Ta bariera została też raz a dobrze przekroczona w twoim życiu zawodowym. Mówię o sytuacji z 2014 roku, po której musiałeś odejść z Teatru Dramatycznego w Warszawie. Wydaje mi się, że krok, na który się zdecydowałeś, był jednym z największych zwrotów w twojej karierze. Bo pierwszy raz wziąłeś siebie w obronę, będąc świadomym konsekwencji. Odbyło się to inaczej niż w przypadku Krystiana Lupy czy Łukasza Barczyka. Dlaczego postanowiłeś odejść i to tak nagle? Było ci przecież dobrze w tym teatrze, miałeś co grać. „Nasza klasa", „Prorok Ilja", „Młody Stalin", „Noc żywych Żydów". No i „Kupiec wenecki"...

No właśnie. „Kupiec wenecki" był spektaklem, który ostatecznie doprowadził mnie do pierwszej w życiu sytuacji, gdy świadomie nie pozwoliłem na psychiczny gwałt wykonany na mnie samym i czułem się zwycięzcą. Ale też pokłóciłem się z Tadeuszem Słobodziankiem na lata i odszedłem z teatru.

Co się tam wydarzyło?

Na początku cieszyłem się na wieść, że będziemy robić tę sztukę. Była bardzo dobra obsada, wiedziałem też, że spektakl będzie doinwestowany. Jedyną moją wątpliwością była reżyserka, czyli Aldona Figura, która do tamtej pory była asystentką Ondreja Spišáka. Robiła też wprawdzie wcześniej jakieś swoje rzeczy, ale zawsze dostawałem feedback od aktorów, że generalnie nie pracuje się z nią najlepiej. No i zaczęło się. Próby na początku jakoś szły, wszyscy się uczyli, stawiali pierwsze kroki, ale szybko się okazało, że Aldona nie ma pomysłu na ten spektakl, a jeśli chwilami nawet ma, to nie umie go wyeksplikować. Sytuacja się zaogniała, bo było coraz bliżej do premiery, a nie mieliśmy nic. Po próbach czytanych mieliśmy próby na scenie, w kostiumach, ale nadal aktorsko i inscenizacyjnie nic się nie działo. Nie było pomysłu, o czym ma to być, jak mamy to grać. Na przykład większość scen wyglądała tak, że wychodziło trzech aktorów, mówiło tekst i schodziło. A jeszcze jako wisienkę na torcie nagle do samego tekstu dodano zupełnie niepotrzebny moim zdaniem wątek gejowski. Narzucono go nam, ale nie zostało to uargumentowane ani dramaturgicznie, ani logicznie. I zaczęło to nas – aktorów – przerażać i przerastać. Byliśmy coraz bardziej napięci, a reżyserka nie chciała z nami rozmawiać. Milczała podczas prób, a kiedy zadawaliśmy jej jakieś pytania, ignorowała je.

Nie wierzę, że nic wam nie proponowała.

Prawie nic. A jak już proponowała jakieś rozwiązanie sceniczne, to było ono kompletnie wbrew logice sceny, logice dramatu, charakterowi postaci. Taki pomysł rzucony znikąd i po nic.

Aktorzy potulnie się temu przyglądali?

Nie, przecież wiedzieliśmy, że jeśli nadal będzie to tak wyglądać, to za kilka tygodni czeka nas kompromitacja. I to nasze twarze i nazwiska będą ją firmować. Dlatego wybuchaliśmy, byliśmy niesubordynowani, ale ponieważ nic to nie dawało, w końcu ogarnęła nas apatia.

A ty sam rozmawiałeś o tym z reżyserką?

Argumentowałem, ile mogłem, ale odpowiedź była zawsze taka sama – milczenie. Długie, nawet dziesięciominutowe i wracaliśmy do punktu wyjścia. Sytuacja między aktorami a Aldoną stawała się coraz bardziej napięta. Ponosiło mnie. W chwilach bezradności i wściekłości mówiłem takie słowa, których dziś się wstydzę. Bo nie lubię odnosić się tak agresywnie do ludzi. Ale po prostu traciłem panowanie nad sobą. Dawałem z siebie wszystko, a czułem, że toniemy, że narażamy się na śmieszność, wszystko się we mnie wstydziło i burzyło.

Jak dokładnie wyglądały te próby?

Wychodziliśmy na scenę, mówiliśmy trzy zdania tekstu, Aldona to przerywała i było piętnaście minut ciszy. Czasem wychodziła, wracała, znów mówiliśmy kilka zdań i od nowa przerwa. Miałem poczucie, że jestem w domu wariatów. Po kilku tygodniach byłem wrakiem psychicznym. Co wieczór upijałem się do nieprzytomności, żeby jakoś to przetrwać. Ratowaliśmy się myślą, że w końcu przyjdzie na próbę dyrektor teatru – Tadeusz Słobodzianek, zobaczy, jakie to jest straszne, i natychmiast zdecyduje dokończyć to własnymi rękami i że jakoś dopłyniemy bezpiecznie do brzegu. Pamiętam ten dzień, kiedy w końcu pojawił się Tadeusz. Na dwa tygodnie przed premierą zagraliśmy pokaz specjalnie dla niego. Byliśmy pewni, że to jest moment wyzwolenia, że od dziś zaczniemy wreszcie pracować i jakoś uratujemy ten tonący okręt. Zagraliśmy najuczciwiej, jak się dało, z myślą, że uczestniczymy w tej farsie ostatni raz, że za chwilę Tadeusz to wszystko wyrzuci na śmietnik i zrobi z tego spektakl. Padło ostatnie słowo na scenie, wszyscy spojrzeliśmy na dyrektora. A on po chwili milczenia otworzył usta i powiedział: „To było doskonałe!". Zapadła cisza. Długa. A pode mną jakby otworzyła się zapadnia. Czułem, że to koniec, a jednocześnie naprawdę nie mogłem uwierzyć w to, co się stało. Wszystko zaczęło się we mnie zamykać, myślałem tylko: „To niemożliwe, nie wierzę, to się nie dzieje!". Patrzyłem po kolegach, którzy kolejno spuszczali głowy, patrzę na Aldonę, która się uśmiecha, i dociera do mnie, że naprawdę jestem w domu wariatów. Tadeusz coś jeszcze mówił, ale już go nie słuchałem. Miałem tylko taką fantazję na jawie, że on zamiast słów wypuszcza z ust różowy gaz, którym nas wszystkich tumani. To wszystko było jak horror, absurd, on mówił coraz więcej i coraz większe niedorzeczności, że to najlepszy teatr, jaki widział, że niby ja gram najlepiej ze wszystkich moich ról, które do tej pory widział. A na to wszystko jeszcze Aldona, która się uśmiechała, patrząc, jak siedzimy kompletnie bezradni. Na szczęście Tadeusz mnie uratował, rzucając na odchodne, że u Szekspira w zasadzie też nie było przecież reżysera, a aktorzy sami kombinowali. I to był ten moment. Chwyciłem się tej luźnej i nie wiem czy całkiem serio wypowiedzianej uwagi jak tonący brzytwy. Zanim zdążyłem się przestraszyć tego, co chcę powiedzieć, już otworzyłem usta i wypaliłem: „Tadeusz, czyli chcesz nam powiedzieć, że zatrudniłeś Aldonę po to, żebyśmy my nie mieli reżysera, tak?". To pytanie padło jak siekiera wbita w stół. I Tadeusz po chwili potwierdził. Patrzę na Aldonę, ona się nadal uśmiecha, jakby zastygła w swojej upiornej minie. Wtedy poczułem, że jestem uratowany. Że to jest na milion procent dom wariatów, więc niczym już nie ryzykuję. Po prostu nie mogę dłużej tam zostać. „Aldona, to może powiesz coś o metodach swojej pracy?" – poprosiłem. I ona tak chwilę milczy, po czym mówi: „Rzeczywiście, ja może nie pracuję szybko i nie zawsze szybko są efekty". Przypominam, że do premiery zostało dwa tygodnie, a nie mieliśmy nic: inscenizacji, relacji, tematu, dyrektor mówi, że wszystko jest w porządku, a reżyserka, że u niej efekty przychodzą z czasem. „Tadeusz, my tu od tygodni siedzimy za twoje pieniądze, nic nie robimy, milczymy na próbach po cztery godziny, oglądamy mecze, robimy różne absurdalne rzeczy na twoje konto, za chwilę się zbłaźnimy na scenie, a dla ciebie to jest OK?" – ciągnąłem dalej, coraz bardziej roztrzęsiony. W tym momencie ku mojemu bezbrzeżnemu zaskoczeniu Tadeusz uznał rozmowę i spotkanie za zakończone, po czym odwrócił się i wyszedł. Coś we mnie eksplodowało. Nigdy wcześniej nikt mnie nie doprowadził do takiego stanu. Ręce mi się trzęsły, głos mi się trząsł, oczy miałem czerwone, lały mi się łzy. Na początku się bałem, mówiłem przez zaciśnięte gardło. Ale po ostatnim zdaniu Tadeusza już przestałem się bać, wiedziałem, że muszę stamtąd odejść natychmiast, że nie godzę się na takie traktowanie. Wszystko się we mnie zamieniło w jeden wielki bunt i gniew. W sekundę ułożył mi się w głowie plan ewakuacji. Poszedłem do sekretariatu i napisałem oficjalne pismo, że premierę i pierwsze zakontraktowane spektakle zagram, ale później już nie dysponuję żadnymi wolnymi terminami i z powodów osobistych nie mogę uczestniczyć dalej w tym projekcie, ani w żadnym innym, w którym grałem w Teatrze Dramatycznym. I zanim zrobił się dym, podszedłem do sekretarki Tadeusza, dałem jej to podanie i poprosiłem, żeby natychmiast przybiła mi na nim pieczątkę. W ogóle okazało się, że to był formalnie ostatni dzień, kiedy mogłem coś takiego zrobić, bo w mojej umowie był zapis, że nie wolno mi zrezygnować na krócej niż pięć tygodni przed kolejnymi spektaklami. Wiedziałem, że rozpęta się piekło, bo grałem tam w siedmiu tytułach, ale po tym, co się wydarzyło, nie mogłem już być w tym teatrze dłużej.

Jaka była reakcja dyrektora?

Taka, jakiej się spodziewałem. Po dwóch godzinach dostałem telefon z sekretariatu teatru, że dyrektor wzywa mnie na rozmowę. Poszedłem na to spotkanie zupełnie bez lęku. Tadeusz nie przyjął mnie w swoim gabinecie, ale na tarasie w Pałacu Kultury. Pamiętam, że był ubrany w skórzaną marynarkę i palił cygaro.

Od czego zaczął?

„Co ty wyprawiasz?", to było jego pierwsze zdanie. Padło po długim milczeniu. Wiedziałem, że to spotkanie już nic nie zmieni. Musiałby pojawić się naprawdę mocny argument osobisty Tadeusza, żebym rozważył zmianę decyzji. Bo to, co się wydarzyło w ciągu ostatnich tygodni, ostatecznie upokorzyło i wycieńczyło mnie jako aktora i człowieka. Nic takiego jednak nie padło z jego ust. Powiedziałem więc tylko, że czuję się kompletnie przez niego wystawiony do wiatru, że zamiast nas wziąć w obronę, to spuścił cały zespół w toalecie. Ta cała sytuacja wynikała z mojego strachu, bezradności i zwróciłem się do niego o pomoc. A on to zignorował i jeszcze próbował zrobić ze mnie idiotę.

Ale może jemu ten spektakl naprawdę się podobał?

Wątpię, ale to już nie o to chodziło. Przecież mogło mu się podobać, choć osobiście, znając jego erudycję, talent i gust, nie wierzę w to. Rzecz była w tym, że on nie pozwolił mi się wypowiedzieć, że mnie nie wysłuchał, ale odwrócił się i sobie poszedł.

Próbował cię podczas tej rozmowy na tarasie jakoś zatrzymać?

Próbował mnie uspokajać, mówił, żebym nie histeryzował, prosił, żebyśmy nie kierowali się emocjami. Ale ja już wtedy nie kierowałem się emocjami. Już byłem odcięty od niego, od tego spektaklu, od zespołu i tego teatru. Próbowałem jeszcze dawać mu argumenty, pokazywałem, jakie są błędy logiczne w tej sztuce. Ale on nie chciał tego słuchać, nie mogliśmy się dogadać. Powiedziałem więc, że dokończę te próby, zagram premierę i dwa zakontraktowane spektakle najlepiej, jak umiem, ale później odchodzę.

Trudno mi uwierzyć, że w tej sytuacji dyrektor powstrzymał się od emocjonalnych słów.

Oczywiście, bo przecież on podobnie jak ja, był postawiony w trudnej sytuacji. Dlatego padły z jego strony słowa o tym, że koledzy nie będą mieli przeze mnie pracy i że on będzie mnie musiał obciążyć kosztami zastępstw. To było trudne, ale wytłumaczyłem mu, że albo jestem u niego w teatrze i godzę się na wszystko, co on robi, i wtedy to akceptuję i gram. Albo tego nie akceptuję i to jest jednoznaczne z tym, że definitywnie kończę współpracę. Nie może być tak, że na to, co jest w „Kupcu weneckim" się nie zgadzam, ale w tym samym czasie gram sobie dla równowagi spektakle Ondreja Spišáka i wszystko jest super. To w moim odczuciu byłaby hipokryzja.

Odszedłeś z teatru, choć nie miałeś wtedy żadnej innej pracy.

Jedyne co miałem, to zakontraktowane dwa dni zdjęciowe w następnym miesiącu. Ale wiedziałem, że to decyzja, którą podjąłem z poziomu serca, intuicji i przyzwoitości względem samego siebie. I stało się tak, że trzy tygodnie później telefony się rozdzwoniły. Dostałem tyle propozycji pracy, że nie widziałem, w co ręce włożyć. Ale też miałem świadomość, że cena tej decyzji jest bardzo wysoka. Bo podejmując ją, nigdy więcej nie zagram tak wspaniałych spektakli, jak „Nasza klasa", „Prorok Ilja", czy „Merlin. Inna historia". A to moim zdaniem było najwartościowsze, co zrobiłem w całym swoim dotychczasowym życiu w teatrze.

A co z zespołem? Czy tylko ty się wtedy zbuntowałeś?

Na tym spotkaniu po pokazie, kiedy straciłem panowanie nad sobą, a zarazem odzyskałem kontrolę nad swoim życiem, nikt poza mną się nie odezwał. O tym, że sytuacja jest zła, wiadomo było na długo przed tą próbą. Wszystkim był znany mój stosunek do sprawy, bo się z nim nie kryłem. Przed pokazem podszedł do mnie Zdzisław Wardejn i powiedział, że widzi, co robię i to rozumie, ale mi w tym nie pomoże z powodów, o których nie chce mówić. To było bardzo uczciwe. Cała reszta zespołu zachowała milczący dystans. To znaczy zakulisowo, w bufecie wszyscy narzekali, buntowali się, mówili, że trzeba coś z tym zrobić, ale na spotkaniu z dyrektorem nikt nie odezwał się słowem. Natomiast pół godziny później przyszło do mnie kilka SMS-ów. Koledzy pisali, że to, co zrobiłem, było wspaniałe, mądre, odważne, że mi dziękują. „Ale wiesz, ja nie mogłem się przyłączyć, nie mogłem się odezwać, bo rozumiesz, w jakiej jestem sytuacji, mam kredyty, małe dziecko i tym podobne". To było okropne. Jeszcze gorsze niż ta cisza podczas rozmowy z Tadeuszem. Bo cóż oni mogli wiedzieć o mojej sytuacji? Czy była lepsza, gorsza, podobna? Też miałem dzieci, kredyt i żadnej pracy oprócz tego teatru. Nie odpisywałem na te wiadomości. Nie wiedziałbym, co napisać. A kiedy ktoś mówił mi takie rzeczy w twarz, pytałem z miejsca, po co to robi i czego właściwie ode mnie oczekuje w zamian. Chce, żebym go zwolnił z jego części odpowiedzialności, rozgrzeszył jakoś? Ja nie miałem i nie mam takich kompetencji. Zbuntowałem się na swoje konto, żeby ratować resztki swojej godności i zdrowego rozsądku w tym szaleństwie, które miało tam miejsce. Pierwszy raz w moim dorosłym życiu skutecznie obroniłem się przed dorosłą osobą, którą uważałem za autorytet. Obroniłem się, robiąc coś nieracjonalnego i bardzo ryzykownego, ale z poziomu serca i intuicji.

Jakie były recenzje po premierze?

Miażdżące. Dużo ludzi wychodziło podczas spektaklu. Pamiętam jak pan Stanisław Brudny, świetny aktor i człowiek – chodzące dobro, powiedział mi później: „Panie Michale, byłem na premierze, ale później nie widziałem pana na bankiecie". Odpowiedziałem: „Nie poszedłem tam ze wstydu, panie Stanisławie". Na co on z rozbrajającym i szczerym smutkiem w oczach powiedział: „Ja naprawdę chciałem, od pierwszej sceny starałem się zrozumieć, ale nie dałem rady. Nie wiem, o czym to jest, po co to powstało". Wierz mi, nie byłem w moim odczuciu i ocenie tej inscenizacji odosobniony.

Od tamtej pory nie zagrałeś w teatrze.
Brakuje ci tego?

Brakuje mi Ondreja Spišáka. Teatru, który z nim robiłem. Bo teatru jakiegokolwiek – niekoniecznie. Czasem jako aktor teatralny pracowałem za grosze. A najgorsze, że nader często nie był to nawet dobry teatr, choć pozycjonował się na wielką sztukę. Obecnie wolę pracę w filmie i serialach, bo ona pozwala mi godnie żyć i utrzymać rodzinę. A jeśli od czasu do czasu ma to wartość artystyczną, to tym lepiej.

Czy po latach pogodziłeś się
z Tadeuszem Słobodziankiem?

Myślę, że zakopaliśmy topór wojenny. Po dwóch czy trzech latach napisałem do niego maila. Poszedłem na dwa spektakle: „Niedźwiedź Wojtek" i „Historia Jakuba", które wyreżyserował Ondrej Spišák, ale napisał właśnie Tadeusz. To są wspaniałe, przepiękne, niezwykle bogate teatralnie spektakle i znakomite dramaty. I po obejrzeniu poczułem, że chcę napisać Tadeuszowi kilka słów jako wdzięczny widz. Napisałem, że bardzo się cieszę, że znów pracują w duecie z Ondrejem, że obaj są w świetnej formie twórczej. Podziękowałem im za emocje, których doświadczyłem podczas tych spektakli. A zrobiły na mnie oba naprawdę wielkie wrażenie.

Odpisał coś?

Tak, że bardzo dziękuje za te słowa i że nie chowa urazy do mnie. Zapytałem go też, czy mogę przyjść na próbę otwartą „Historii Jakuba" i zgodził się, ale oczywiście dodał kąśliwą uwagę, że nie wie, jak zareagują koledzy z zespołu *(śmiech)*. Niemniej nie czuję, żebym teraz miał z nim otwarty konflikt. Ale też jeszcze nie czytał naszej książki... Pożyjemy, zobaczymy.

Skoro rozmawiamy o najważniejszych projektach aktorskich, w których brałeś udział, opowiedz jeszcze, jak trafiłeś do „Ucha Prezesa"? To dla ciebie wyjątkowy serial, bo przywrócił cię szerokiej publiczności i okazał się trampoliną dla twojej kariery.

Widzisz, jak to często u mnie bywa, tu też cała sytuacja wiąże się z historią pełną zbiegów okoliczności i przypadków, które jak wiemy, zawsze dzieją się zupełnie nieprzypadkowo. Otóż od zawsze marzyłem o tym, by poznać Roberta Górskiego i Mikołaja Cieślaka, ale jakoś się nie składało. Zawsze uważałem, że Kabaret Moralnego Niepokoju jest jednym z najlepszych polskich kabaretów – takim

„Ucho Prezesa". Od lewej: ja, M. Cieślak i czubek głowy R. Górskiego.
Zdjęcie: Honorata Karapuda.

trochę literackim, opartym na śmiesznych i świetnie napisanych historiach, bawiącym widzów w sposób błyskotliwy i inteligentny, ale bez zadęcia. Mijały lata, oglądałem ich skecze setki razy, niektóre znałem na pamięć i w końcu nadszedł dzień, kiedy rzeczywiście poznałem Roberta. Ale gdyby mi ktoś powiedział, że w takim momencie nasze drogi się przetną, nie dałbym wiary. Otóż trzy lata temu, w 2015 roku, znalazłem się w głębokim dołku finansowym. Żeby jakoś ratować rodzinny budżet i zapobiec katastrofie, zdecydowałem się zagrać w reklamie. To był epizod, za niewielką nawet jak na reklamę stawkę. Niemniej tamta gaża, jaka by nie była, bardzo nam wtedy pomogła i pozwoliła przeczekać najtrudniejszy czas. A gwiazdą tej reklamy był właśnie Robert Górski. Poznaliśmy się podczas zdjęć.

Zachwycił cię od pierwszego wejrzenia?

Żebyś wiedziała. Wprawdzie podczas zdjęć nie było szansy na dłuższą rozmowę, ale wymieniliśmy kilka zdań w przelocie. Nagraliśmy nawet telefonem zabawny filmik o moim skoku na bungee, do którego ostatecznie na planie nie doszło. Kiedy wracaliśmy po zdjęciach busem, gadaliśmy cały czas, a rozstawaliśmy się z żalem i obietnicą powtórnego spotkania. Od razu wiedziałem, że nie będę się z nim ścigał na poczucie humoru. To tak jakbyś chciał wyjechać na tor z Aertonem Senną. Ale też nie ukrywam, że gdzieś z tyłu głowy i raczej w kategorii marzenia myślałem o tym spotkaniu jako o potencjalnej szansie na to, by on i Mikołaj kiedyś zaproponowali mi udział jakimś wspólnym skeczu. Twórczość kabaretowa zawsze była mi bliska, a marzenia o aktorstwie zaczęły się u mnie właśnie od uświadomienia sobie, że chciałbym ludzi rozśmieszać.

Czyli trochę popisywałeś się przed Robertem?

Nie, bo od początku czułem, że nie jest to człowiek, który połasi się na tanie popisy. Poza tym ja nie bardzo umiem się popisywać. Ale nie skrywałem przed Robertem tego, jaki jestem. Byłem otwarty na kontakt i cieszyłem się, że mogłem wypróbować swoje najfajniejsze anegdoty i dowcipy na kimś, kto zjadł zęby na żartach i zawodowym rozbawianiu ludzi. Dopóki go nie poznałem, zastanawiałem się, czy on prywatnie jest takim wiecznym żartownisiem, więźniem kabaretu. Szczęśliwie okazało się, że nie. Wspaniale się z nim rozmawia na poważne tematy, ma też w sobie moim zdaniem całkiem sporo melancholii. Nie zauważyłem za to w Robercie krzty goryczy. A to w Polsce i teraz już wiem, że w środowisku kabaretowym również, rzadkość. Mikołaja Cieślaka poznałem kilka miesięcy później. Spotkaliśmy się znów przypadkiem, na wspólnym oglądaniu transmisji meczu polskiej reprezentacji podczas Euro 2016. To było w jednej z warszawskich knajp i w związku z tym, że ciągle rozmawialiśmy, nie pamiętam, ani z kim wtedy graliśmy, ani wyniku meczu. Mikołaj zaimponował mi, poza poczuciem humoru, erudycją, znajomością warsztatu kabaretowego i otwartością. Poza tym, bądź co bądź, spełniła się druga połowa mojego marzenia *(śmiech)*.

No i jak znalazłeś się w „Uchu Prezesa"?

Jakiś rok od tego spotkania przy reklamie niespodziewanie zadzwonił do mnie Robert. Powiedział, że planują kręcić satyryczny serial internetowy komentujący sytuację polityczną w Polsce i zaproponował, żebym zagrał Jacka – prezesa telewizji. Było to dość zabawne, żeby nie powiedzieć ironiczne, bo rozmawialiśmy przez telefon w czasie przerwy obiadowej na planie „Wojennych dziewczyn", czyli flagowego serialu TVP. Więc dosłownie i w przenośni byłem wtedy na garnuszku u pana Jacka *(śmiech)*.

Nie obawiałeś się, że przez udział w tym serialu możesz sobie zatrzasnąć furtkę w TVP?

Nie. Sam udział nie wydawał mi się zagrożeniem. Serial był świetnie napisany i upatrywałem w tym projekcie szansy na sprawdzenie się w komedii i po prostu wyjątkowego wyzwania zawodowego. Wprawdzie polityka jest dla mnie mętnym i pełnym pijawek zatęchłym bajorem, do którego najchętniej bym nie wchodził, ale Robert i Mikołaj rozwiali moje wątpliwości. Okazało się, że podobnie jak ja rozumieją satyrę. Wiedziałem też, że nie będę parodiował osoby pana Jacka jeden do jednego. Raz, że żaden ze mnie imitator, a dwa, że to jest satyra, która według jednego z polskich klasyków (a ja się z tym w pełni zgadzam) wtedy ma szansę być nauką, kiedy się „z przywar, nie z osób natrząsa". Później, w ciągu trwania serialu, widziałem, że różni aktorzy różnie do tego podchodzili, ale mnie osobiście w „Uchu Prezesa" najbardziej podobają się te kreacyjne, a nie imitujące, wykonania. Ale to chyba kwestia gustu, bo wszyscy tam byli świetni. Inna sprawa, że słyszałem z różnych źródeł, że Jackowi Kurskiemu bardzo się podobało to, jak grałem w „Uchu". Tym bardziej się cieszę. Tak się szczęśliwie składa, że od lat udaje mi się niemożliwe – jednocześnie pracuję dla TVP, TVN i dla Polsatu. Wychodzi zatem na to, że intuicja przy „Uchu Prezesa" też mnie nie zawiodła.

Dobrze ci się pracowało na planie tego serialu?

Świetnie. Robert, Mikołaj i cała ekipa są niezwykle pracowici, zdyscyplinowani. Ale znów – zmierzyć się na planie z takimi asami kabaretu i nie przegrać, to samo w sobie stanowiło wyzwanie. Kiedy szedłem na plan, miałem mieszane uczucia, głównie względem siebie. Nie byłem pewny, czy podołam. Pięć minut po wejściu do zaimprowizowanego pomieszczenia charakteryzacji i garderoby wątpliwości prysły jak mydlana bańka. Szczególnie przy pierwszym sezonie „Ucha" pracowało się wyjątkowo. Niosła nas jakaś specjalna, unikalna energia pionierów, energia niewiadomej i pewnego ryzyka, którego nie wszyscy się bali, ale większość miała świadomość. Niektórzy aktorzy rezygnowali z proponowanych ról ze strachu przed konsekwencjami. Nie mówili o tym wprost, ale w powietrzu czuć było zapach wymówki. Zastanawialiśmy się na głos, czy oni głupio robią, że rezygnują z lęku, czy my jesteśmy głupi, bo się nie boimy. Sukces pierwszego sezonu mierzony liczbą wyświetleń i pozytywnego zwrotu od widzów i mediów przerósł z okładem nasze aktorskie i pewnie twórców oczekiwania. Widać trafiliśmy w niszę i wysokie zapotrzebowanie na śmiech w czasie niepewnym i do śmiechu najmniej sposobnym. W „Uchu Prezesa" Mikołaj i Robert przypomnieli wielu wspaniałych, a niesprawiedliwie i zagadkowo pomijanych aktorów i aktorek. Niektórych wręcz odkryli dla komedii czy kabaretu. Do tego grona w jakimś sensie i ja siebie zaliczam, za co jestem im ogromnie wdzięczny. Co do pracy na planie nie było przynajmniej w moim przypadku żadnych spektakularnych fajerwerków, nieplanowanych wydarzeń, wpadek. Pracowaliśmy w skupieniu, na świetnym materiale i jeśli był jakiś współczynnik improwizacji, dotyczył on głównie tempa, rytmu lub gestów, które spontanicznie przychodziły nam do głowy. Tak było na przykład z „taka będzie" i wyciągniętym palcem wskazującym, który to gest, jak skądinąd wiem, stał się znakiem-hasłem na korytarzach przy Woronicza. Mnie najbardziej w „Uchu" podobają się takie ludzkie, obyczajowe scenki rodzajowe: jak syn pani Basi mało nie wyrwał jej radia, awaryjnie otwierając zamek („z przyzwyczajenia, kurwa [...]") albo jak Agata przychodzi prosić w sprawie Andrzeja, jak minister środowiska (ale nie ochrony) odruchowo strzela, widząc żywe zwierzę, jak ludzie mimo funkcji politycznych czy formalnych są ludźmi i są w tym nieporadni, bezsilni, mali i zarazem tak strasznie nam wszystkim bliscy. To wydaje mi się naszym największym sukcesem i rysem charakterystycznym twórczości kabaretowej Roberta. Co do niego samego, jeszcze przed początkiem zdjęć słyszałem od różnych „życzliwych" kolegów przestrogi, żebym był uważny, bo Górski gra pod siebie i „kradnie sceny". Nic takiego tam nie zauważyłem, a czujny na to jestem i bez dodatkowych ostrzeżeń. Gra się z nimi dwoma niezwykle komfortowo i bezpiecznie. Żelazna dyscyplina rytmu, pauzy i puenty obowiązująca w kabarecie, sprawdziła się wspaniale i tu. Poza tym intuicja i poczucie humoru reżysera Tadeusza Śliwy pomagają przenieść przez ekran do widza to, co się zamierzyło, właściwie bez strat. Udział w tym projekcie utwierdził mnie też w przekonaniu, że ja komedie wielbię oraz że jest nadzieja, że i ona polubi mnie. Dostałem szansę weryfikacji tego przekonania przed największymi profesjonalistami w tej dziedzinie. To była dla mnie ogromna wartość i niezwykła lekcja.

Znajomość z Robertem Górskim przetrwała?

Mamy ze sobą kontakt. Czasem piszę do niego jakiegoś zabawnego (moim zdaniem) SMS-a, i on zazwyczaj odpisuje. Jakiś czas temu wysłałem mu zdjęcie z pewnego kuriozalnego pokazu mody, na którym facet miał na sobie pływackie chyba okularki oraz marynarkę w kratkę wpuszczoną w krótkie, czerwone spodenki. Do tego sportowe buty. I napisałem mu, że jeśli wybiera się na rower, to w tym sezonie tylko tak.

Odpisał?

Tak, po miesiącu. Napisał: „Długo myślałem, jak Ci się zrewanżować". I po chwili przysłał zdjęcie konserwy rybnej z dopiskiem: „Polecam tę rybę, jest pyszna".

GDZIE JESTEM

Czy jest coś, czego się obawiasz?

Popadnięcia w samouwielbienie, ponieważ w prostej linii prowadzi do samounicestwienia.

Powiedziałeś mi, że przez ostatnie trzy dni leżałeś, płakałeś i nienawidziłeś siebie. Co się stało, że znów owładnęła tobą ciemność?

Miałem ostatnio dużo pracy, wyjazdów, złożonych i skrajnych emocji. A to podstawowe składniki, które tworzą świetny grunt pod to, bym zrobił coś destrukcyjnego względem siebie. Najpierw jest tak, że rezygnuję z odpowiedniej ilości snu, później z jedzenia, a wtedy wchodzą używki. Jest taka zasada, że alkoholicy powinni unikać czterech stanów: głodu, gniewu, samotności, zmęczenia, w skrócie zwanych H.A.L.T. (ang. *Hungry, Angry, Lonely, Tired* – przyp. red.). Inaczej wszystko, co złe, ma do nich łatwiejszy dostęp. Myślę, że można ją zastosować nie tylko do choroby alkoholowej, ale ogólnie do kondycji człowieka. Najpierw nie dośpisz w nocy. Następny dzień przeżyjesz na kawie lub kilku, a wieczorem poprawisz sobie nastrój alkoholem. Zarywasz kolejną noc przez nadmiar używek i zaczyna się kołomyja. Odbierasz świat niewyraźnie niczym przez monochromatyczny filtr. Mnie to przypomina stan umiarkowanego kaca, który jest uczuciem jednocześnie przyjemnym i nieprzyjemnym.

Na szczęście teraz dość szybko się pohamowujesz.

Moje ciało mówi mi coraz częściej „stop". Zaczynam chorować, opadam z sił, ciężej mi się pracuje. Trudno o czytelniejszy i łatwiejszy do zweryfikowania sygnał ostrzegawczy. Dlatego dziś nie mam dobrego zdania o sobie i czasem myślę, że znowu wpieprzyłem się w maliny.

Od kiedy przechodzisz kryzys?

Od kilku miesięcy. Im więcej jest pracy i wyjazdów, tym jestem podatniejszy na różne mroczne stany. Zawsze staram się ułożyć jakiś plan na spędzenie wolnego czasu w podróży. Na przykład wożę ze sobą buty do biegania, książki, staram się wybrać do kina, teatru. I później stopniowo z braku dyscypliny kolejne rzeczy idą w odstawkę. Dochodzi do tego, że jedną noc za drugą spędzam z butelką. Już nawet nie potrzebuję do tego towarzystwa, mogę być sam. A i samotność to nader wdzięczny temat do opijania. Złapałem się ostatnio na tym, że planując wyjazd, dbałem o to, żeby w bagażniku samochodu była zawsze mała flaszka, „małpka". To już jest sygnał alarmowy. Bo jeśli jest spotkanie towarzyskie i się napijesz, to jeszcze ujdzie. Ale kiedy planujesz spędzić wieczór sam i pijesz sam, to zaczynasz się jednak niepokoić, bo takie zachowanie nie wynika ze świadomych wyborów i decyzji.

To też jest spadek po ojcu?

Nie wiem, czy takie zachowanie to jest moja i tylko moja historia. Nie mam pewności i to nie jest czcza wymówka. Mam poczucie, że przez większość swojego czasu żyłem właśnie życiem Waldka, mojego ojca. A tak w ogóle to przeczytam ci wiadomość, którą dostałem kilka dni temu na portalu społecznościowym. Autorem jest mężczyzna, który nazywa się lub tylko się przedstawia jako nomen omen Waldemar Morski: „Witaj. Cześć Tobie. Właśnie przeczytałem wywiad z Tobą na stronie wemen.pl. Przyznam, że nie oglądam od pięciu lat „pudła" i w ogóle w Irlandii mieszkam z żoną i siedmioletnim synem i niewiele wiem, co się na scenie artystycznej w kraju dzieje. Pamiętam Cię z jakiegoś serialu z dawnych lat, nie wiem, może to była „Pierwsza miłość" czy coś. Wywiad z Tobą mega pozytywnie mnie zaskoczył. Czytając Twoje słowa, zdawało mi się, że czytam historię mojego życia. Szczegół w szczegół. Wydajesz mi się tak bliski, niemal dotykalny. Sam, nie sam, kroczę podobną ścieżką prawdy i światła. Wiem, jak patetycznie to brzmi. Bardzo chcę Cię z tego miejsca, czasoprzestrzeni pozdrowić i życzyć Ci wielu szczęśliwych i unikalnych chwil. Zawsze tu i teraz. Bądź zdrów. Waldemar". To mnie tak poruszyło i zaskoczyło, że do tej pory nie znalazłem w sobie słów, żeby mu odpisać. Oczywiście odpiszę mu, ale potrzebuję chwili.

I jeszcze Waldemar...

Do tego Morski.

Tak jakby ta historia ojca nie chciała się od ciebie odkleić. Albo odklejała się i ciągle z jakiegoś powodu wracała.

Może to jest po prostu zewnętrzna emanacja moich intymnych, wewnętrznych myśli, tęsknot i pytań.... Nie wiem.

Prosiłam cię, żebyś zajrzał do swoich starych zdjęć. Tych z dzieciństwa, żebyśmy mogli wybrać coś do książki. Dałeś radę to zrobić?

Tak. Nawet mam je dziś ze sobą. Zobacz, to jest zdjęcie moich rodziców, zrobione jeszcze zanim się urodziłem. Ładne, prawda?

Prawda. Nie spodziewałam się, że jesteś tak podobny do ojca. Kiedy patrzę na to zdjęcie, znając już waszą smutną historię, czuję jednak jakąś pozytywną energię bijącą od tego człowieka.

To jest bardzo dziwne, ale kiedy odkopałem to zdjęcie na potrzeby rozmowy z tobą, nie odłożyłem go do albumu. Wożę je cały czas ze sobą w samochodzie. Jeździ zatknięte za osłonę przeciwsłoneczną przedniej szyby. Nie wiem, dlaczego to robię. To też chyba wynika z tego, co się ze mną dzieje, odkąd zaczęliśmy pisać tę książkę. Kiedy to wszystko opowiedziałem, coś się chyba we mnie przewartościowało. Boję się to głośno powiedzieć, ale może się od czegoś uwolniłem.

Pokaż mi ten album… Zobacz… To zdjęcie jest piękne. Twój ojciec z czasów, kiedy był w szkole oficerskiej marynarki wojennej. Świetnie wygląda. Takiego go nie pamiętasz?

To jest dziwne, ale on z jednej strony zawsze mi się kojarzył z męskością, z silnym ciałem, z tym, że różne rzeczy bardzo

Moja mama Maria i tata Waldemar w mieszkaniu rodzinnym mamy.
Zdjęcie: prywatne archiwum Autora.

Zdjęcie mojego ojca (trzeci z lewej) z przysięgi w Wyższej Szkole Marynarki Wojennej. Zdjęcie: prywatne archiwum Autora.

dobrze potrafił robić. Miał w sobie coś mocnego i niedostępnego jednocześnie. Ale z drugiej strony, kiedy byłem już nastolatkiem, były takie momenty, gdy wydawał mi się...

Nie możesz znaleźć słowa?

Nie o to chodzi. Bardzo wyraźnie widzę to słowo w głowie. Tylko trudno jest mi je wypowiedzieć.

To możemy o tym nie rozmawiać.

Nie, powiem to. Chodziło mi o słowo frajer.

Dlaczego tak o nim myślałeś?

Bo przyszedł taki moment, kiedy ojciec stracił pracę i w ogóle przestało mu się chcieć. Niby miał jakieś pomysły, ale wszystko, za co się brał, kompletnie mu nie wychodziło. Tak jakby wszyscy na świecie byli od niego mądrzejsi, sprytniejsi, zaradniejsi.

Ale jak patrzysz na to zdjęcie ze szkoły oficerskiej, to ojciec chyba nie wydaje ci się frajerem?

Nie, tu absolutnie nie. Tutaj był innym człowiekiem. Jeszcze wtedy miał jakieś zalążki marzeń. Ojciec chyba pasował do tego wojska. Na fotografiach z tego czasu wydaje się szczęśliwy. Bardzo żałuję, że mu nie wyszło. Choć wtedy byłaby to całkiem inna historia. Kiedy patrzę teraz na to zdjęcie, przypominam sobie, jak bardzo honorowym i uczciwym był człowiekiem. To odziedziczyli po nim moi chłopcy. Widzę to bardzo wyraźnie. Od najmłodszych lat i Piotr, i Franciszek noszą w sobie silne poczucie sprawiedliwości. Niesprawiedliwość zawsze ich mocno dotyka i zawsze ją dostrzegają. I chociaż inaczej na nią reagują, to ten aspekt ich osobowości zawsze mnie porusza, bo widzę w nim właśnie spadek po moim tacie.

Myślisz, że ojciec byłby zadowolony z tego, co robisz?

Myślę, że byłby dumny z tego, kim jestem. Z tego, do czego doszedłem. Z tego, że działając w zasadzie na ślepo, jako mąż i ojciec doszedłem do miejsca, w którym jestem, mając czterdzieści lat. Że chyba nie wszystko spieprzyłem. Popełniłem masę błędów i myślę sobie, że ich konsekwencje czekają na mnie za następnym zakrętem. Ale generalnie rzecz biorąc, wiele dobrego też udało mi się zdziałać.

A imponowałoby mu to, że jesteś aktorem?

Mam nadzieję. Wiesz, ja zawsze w skrytości serca chciałem być taki jak ojciec, jak chyba każdy syn. Z tego też powodu poszedłem do technikum, choć było to najzupełniej odległe od moich zainteresowań i predyspozycji. Ale zrobiłem to, żeby choć spróbować się do niego upodobnić. Tymczasem okazuje się, że ojciec miał też humanistyczne oblicze. Był erudytą, interesował się teatrem, literaturą i sztuką w ogóle. Teraz wiem to na pewno. I z tej perspektywy wydaje mi się, że miałem odwagę rozwinąć w sobie te aspekty osobowości, którymi on u siebie wzgardził albo które z jakichś powodów nie mogły się rozwinąć. To przyjemne i kojące odczucie.

Ile czasu upłynęło od momentu, kiedy z nim rozmawiałeś?

Chyba straciłem orientację. Kiedyś było tak, że czułem, że on jest mi bardzo odległy, a jednocześnie jego strata pozostawała mimo upływu lat niczym rozogniona rana. Teraz zauważam, że kiedy o nim mówię, już mnie tak nie szarpie. Jakby się to wszystko powoli jakoś zabliźniało. Coraz częściej widzę, że ojciec jest częścią mojego życia. Rozpoznaję to w swoich zachowaniach. I tych fajnych, i tych, które trudno mi zaakceptować. Jestem na przykład podobnie impulsywny jak on. Coraz bardziej też widzę fizyczne podobieństwo do ojca. Lubię na przykład swoje dłonie i widzę, że to po nim je mam. Patrzę też na zdjęcia dwudziestoletniego ojca i czuję, że stał mi się bliższy.

Jesteś zły o to, że był nieobecny w większej części twojego życia? O to, że nie miałeś szansy porozmawiać z nim w kluczowym momentach swojej dorosłości?

Przez długi czas czułem w związku z tym złość, ale to się zmieniło. Przez te wszystkie lata po jego śmierci napisałem do niego mnóstwo listów. To są dziesiątki zapisanych kartek, na które przelałem swoje uczucia. Jeden z tych listów przeczytałem podczas terapii. Nie widziałem w tym sensu, ale terapeuta zaproponował, żebyśmy spróbowali. Dodał, że jak nic z tego nie wyjdzie, to przerwiemy i nie wrócimy do sprawy. Już po pierwszym przeczytanym zdaniu tak mnie zatkało, że długo nie dałem rady wydobyć z siebie słowa. Płakałem ja i płakał pan Jacek. Myślę, że każdy ronił łzy ze swoich powodów, ale to nie miało znaczenia. To było bardzo uwalniające doświadczenie. Teraz w ogóle mam poczucie, że ojciec jest mi bliższy niż kiedykolwiek. Wybaczyłem mu to, czego do tej pory nie potrafiłem. Już nie popadam w rozpacz, kiedy spotyka mnie coś ważnego w życiu, z czym sobie nie do końca radzę. Może to ma związek z tym, że sporo już przeanalizowałem, przerobiłem. Również w ten sposób, że przelałem to na papier. A mocno wierzę, że każdy rodzaj ekspresji, także literacki, pomaga zobaczyć własne myśli, uwolnić się od trudnych historii i zrobić w ten sposób miejsce na coś nowego.

To dlaczego nadal wpadasz w potworne doły, działasz na „starych programach", chcesz sobie wiele rzeczy odebrać, ukarać się?

Bo mam to wryte w siebie na stałe. Podobno nasze mózgi są tak zbudowane, że do około szóstego roku życia percepcja jest nastawiona na zapamiętywanie. Tak jakby funkcja nagrywania w magnetofonie była cały czas włączona. Dzieci bacznie obserwują i bezkrytycznie przyswajają podstawową wiedzę o świecie i o sobie. Jednocześnie ma się wrażenie jakby nie do końca były obecne w rzeczywistości. Według Bruce'a Liptona jest to związane z tym, że w mózgu dziecka dominują fale delta i theta powiązane ze snem i nieświadomością. To tak jakbyśmy pierwsze sześć lat przeżywali w transie hipnotycznym! W praktyce oznacza to, że nie jesteśmy wtedy w stanie traktować docierających do nas bodźców i wzorców zachowań wybiórczo. Mniej więcej w okolicach siódmego roku życia włącza się „play". I raczej są małe szanse, żeby się odtworzyło co innego, niż to, co się nagrało. Myślę sobie, że jeśli jako dorosły pozwalasz działać procesom podświadomym, na przykład po alkoholu, to odtwarza się tamto, co zostało nagrane. W wersji jeden do jeden. A u mnie w tej pierwszej fazie życia nagrało się sporo niefajnych doświadczeń, przekonań i wzorców. Oczywiście Bruce Lipton mówi w swoich wykładach, że nie jest to sytuacja nieodwracalna. W jednej z jego książek jest rozdział, którego tytuł dobrze oddaje to, co można i moim zdaniem trzeba zrobić: „Obnażyć stare, odsłonić nowe". Wierzę w to, że świadomie można swoje życie zmienić albo umrzeć, próbując. Wiem, że dokonywanie wyborów, które skazują mnie na utratę kontroli nad swoim życiem, skutkuje tym, że zaczyna się natychmiastowo odtwarzać tamten stary, destrukcyjny program. Ale pozwalam sobie na to i uczę się wychodzić z kolejnych impasów coraz szybciej i w lepszej kondycji. Dlatego wiem, że ten proces ma sens.

Jesteś bardzo skupiony na sobie?

Kiedy jestem w dobrej kondycji, to pozostaję ze sobą w kontakcie, ale nie koncentruję się przesadnie na sobie. Dopada mnie to natomiast, gdy jestem w złej formie. Robię się wtedy sam dla siebie męczący. Opowiadam w koło Macieju te same historie, anegdoty z entuzjazmem godnym czegoś lepszego. Łapię się na tym, że po raz setny sprzedaję kolejnej osobie na planie ten sam dowcip. Nie dlatego, że to jest najśmieszniejszy dowcip świata, tylko dlatego, że uważam, że ja świetnie go opowiadam. Trudno mi się czasem zatrzymać w tym tokowaniu, ale wydaje mi się, że mimo wszystko jest postęp. Zdarza mi się, że więcej słucham, niż mówię. Otaczają mnie ludzie, którzy sprowadzają mnie na ziemię, kiedy za wysoko odlatuję. Moja żona i chłopcy bardzo dobrze to robią.

A kto jest obok ciebie poza rodziną?
Masz przyjaciół?

Myślę, że tak, choć w tej chwili nie spotykam się z nikim regularnie. W tym zawodzie przyjaźń to wyzwanie. Przede wszystkim logistycznie, ale nie tylko. W ogóle mam niewielu znajomych z tak zwanej branży, ale jak już są, to są mi bliscy. Nasze rozmowy nie toczą się wokół teatru, filmu, seriali, castingów, „dżobów" i „iwentów". Praca stanowi tło dla rozmów o tym, kim jesteśmy, jak żyjemy, jakich dokonujemy wyborów i jak się z tym czujemy. Jest kilka osób z, nazwijmy to szumnie, „szołbiznesu", które mam przyjemność mieć w gronie znajomych. Wiem, że mogę z nimi porozmawiać odważnie jak człowiek z człowiekiem i że te rozmowy doprowadzą nas do bardzo osobistych rejonów. Nie jestem też fanem takich stereotypowo kumpelskich gadek szmatek przy piwie, bo mnie generalnie mężczyźni męczą. Dzieje się tak dlatego, że wkładają nieproporcjonalnie dużo energii (wierząc, że warto) w to, żeby ukryć, co przeżywają. Zamiast po prostu podzielić się tym.

Na pewno nie wszyscy tak mają...

To prawda. Na szczęście zdarzają się faceci, którzy nie wstydzą się swoich słabości, bezsilności, bezradności i się do tego przyznają. Ciekawe jest to, teraz mi to przyszło do głowy, że ci moi przyjaciele albo bliscy koledzy, mężczyźni, którzy mają w sobie tę fundamentalną szczerość, otwartość i odwagę przeżywania, nie należą do ogólnie przyjętego i uznanego topu aktorskiego. Są wściekle zdolni, świetnie albo po mistrzowsku uprawiają ten zawód, ale nie są rozchwytywani. Mają w miarę szczęśliwe, poukładane życie, ale nie zostali gwiazdami show-biznesu. Nie przeczytasz o nich wiele. Właśnie teraz jak ich postawiłem w wyobraźni w jednym kąciku pokoju, to wychodzi na to, że wszyscy nie są jacyś wybitnie przebojowi.

Z kim z branży zbudowałeś silną relację?

Na przykład z Mirkiem Haniszewskim mam tak, jak z niektórymi kobietami, a ty pewnie masz z niektórymi mężczyznami. To taka relacja, w której w jakimś sensie jestem nim nieustannie zauroczony. Fascynuje mnie jako osoba i aktor. Pociąga mnie to, jak bardzo podobnie rozumiemy świat, ten zawód, ludzi. Kiedy się spotykamy, spędzamy ze sobą godziny na rozmowie i czuję, jakby coś nas wciągało, zasysało. Czasami musimy się w tych rozmowach zatrzymać, bo już się więcej we mnie i w nim nie mieści. Chyba dlatego musimy robić sobie przerwy. Jest też Mirek Kotowicz, z którym jestem bezwzględnie szczery i wiem, że to obustronne. Spotykamy się, jak czas pozwala, a jeśli nie pozwala, to jeden telefon wystarczy, żeby gadać godzinę. I to nie są rozmowy o byle czym, zapewniam cię. Są bolesne, szczere, trudne, ale prawdziwe.

Wspomniałeś właśnie o aktorach,
którzy pracują, ale nie są na topie.
A ty czujesz, że się w końcu dorobiłeś
po tylu latach pracy?

Nie, jeszcze nie. Nie dalej jak trzy lata temu dałem sobie najbliższe dziesięć lat na to, żeby stanąć finansowo na nogi, porządnie nas ustabilizować. Teraz przyszedł czas zarabiania pieniędzy.

A jednocześnie mówiłeś, że do nowych
propozycji podchodzisz z rozwagą…

Chodzi o to, że się już nie napalam jak szczerbaty na suchary na coś, co w pierwszej chwili wygląda na złoty strzał. Ale z drugiej strony, jeśli dostanę do ręki projekt, gdzie na etapie czytania scenariusza nie zbierze mi się na wymioty albo nie dostanę nerwowej wysypki, a będzie korzystny finansowo, to wezmę go. Nie będę się oglądał na nic, bo myślę, że cokolwiek by się o aktorstwie nie mówiło, to ten zawód dzieli się na aktorów, którzy grają, i tych którzy nie grają. Masz pracę albo jej nie masz. To jest jedyny sensowny i sprawiedliwy podział, jaki ja osobiście uznaję. W tym kontekście ocenianie kolegi, który zagrał na przykład w szeroko hejtowanym „Smoleńsku" (notabene ja nigdy nie widziałem tego filmu) czy jakimkolwiek innym projekcie, nie ma w ogóle sensu z tej perspektywy. Uważam, że nikt nie ma prawa oceniać aktora w ten sposób, a zwłaszcza inny aktor. Moim zdaniem można subiektywnie oceniać tylko to, czy ktoś zagrał dobrze, czy źle.

Jesteś teraz zadowolony z siebie jako aktora?

Mam poczucie, że wszystko, co mi się przytrafia w życiu zawodowym, to coś, co dostaję trochę na krzywy ryj. Że mnie się to jakoś tak szczęśliwie przytrafia, że ja na to nie zasłużyłem. I trochę boję się momentu, w którym przestanę tak myśleć. Jest mi dobrze z tym poczuciem, że to wszystko to jest jakaś taka zabawa... Biorę też pod uwagę to, że mogę kiedyś jeszcze zacząć pracować w zupełnie innym zawodzie.

Znów mówisz tak, żeby się asekurować. Masz teraz świetny czas, dużo zawodowych propozycji, wspaniały feedback od publiczności. A ty znów swoje: że to na krzywy ryj, że może będę musiał rzucić to aktorstwo, że nie wiem, czy zasługuję. Nie odbieraj sobie tego.

Istnieje mechanizm, który w sobie rozpoznaję, że jak jest mi po prostu dobrze, to muszę koniecznie sprowadzić na siebie jakąś biedę dla równowagi, dolać tę łyżkę dziegciu, bo „coś za

dobrze jest" i nie wiem za bardzo, jak się z tym ułożyć. Dobro, które dostaję od życia, staje się dla mnie nieautentyczne, jakby nie moje, nieprzystające do mnie. Nie wierzę w to, że mi się to należy.

Co masz na myśli mówiąc „dobro"? To, że teraz masz poczucie bezpieczeństwa, dostatek?

Do tego, co wymieniłaś, dodałbym jeszcze powodzenie i uznanie. Dostajesz to i za jakiś czas podejmujesz cały szereg mikrodecyzji, które prowadzą cię ukrytym skrótem na starą, ciemną drogę upokorzenia i autodestrukcji, którą masz we krwi. Przez długi czas towarzyszył mi niepokój, że to wszystko, co dobre w moim życiu, zaraz się zepsuje, zawali, runie jak stary dach. Bardzo często słyszałem i teraz też czasem słyszę w sobie przekonujący głos, który mówi: „Oj, za dobrze ci jest, zaraz to się skończy, zaraz coś pierdolnie, coś ci się stanie, coś ważnego odwołają albo zrezygnują". Kilka razy ostatnio naszła mnie taka myśl, z którą się nie identyfikuję, ale nie mogę zaprzeczyć jej istnieniu, że skoro teraz mi się wszystko poukładało, to zaraz zachoruję na raka i umrę. Wiem, że to jest myśl, tylko myśl. Znam ten mechanizm dobrze i wiem, do czego on prowadzi, staram się tę myśl ignorować, ale nie zmienia to faktu, że cały czas mam ją za uszami. W tym wszystkim ciągle przewija się wątek poczucia winy, odbierania sobie czegoś za karę, strachu przed radością z własnego szczęścia. Przypomina mi się fragment piosenki Toma Waits'a w tłumaczeniu Kołakowskiego (śpiewał Kazik) „(...) nigdy nie mów, że ktoś szczęśliwy jest, póki żyje, bo życie mści się srogo (...)". Z jednej strony na pewno ma to swoje źródło w moich doświadczeniach z dzieciństwa i młodości, ale też nie bez znaczenia jest mentalność, w której się wychowujemy.

W naszej kulturze trudno jest pozwolić sobie na kompletny brak poczucia winy, bo religia katolicka w polskim wydaniu opiera się właśnie na budowaniu w nas tego stanu. I nawet jeśli nie jesteś praktykującym katolikiem, to nie uciekniesz od tej mentalności.

Katolicyzm w polskim wydaniu oparty jest głównie na bezkrytycznej i bezwarunkowej adoracji cierpienia. I choć ja nie wyszedłem z bardzo religijnego domu i nie czuję się częścią Kościoła, to jestem konsumentem polskiej kultury, która jest tym przesiąknięta do cna. A przecież to jest nieludzkie, to wieczne wmawianie sobie, że tylko przez cierpienie, które w dodatku cię uszlachetni, możesz dojść do rzeczy wartościowych, że odbieranie sobie, karanie i kajanie się, niedostatek to coś, co nas ubogaca i wzmacnia. To jest sprzeczne z ideą miłości do siebie i do innych ludzi, a zostało wymyślone po to, żeby łatwiej było nami rządzić i sprawniej manipulować.

Współczesny katolicyzm, zwłaszcza ten w wydaniu polskim, czyli smutny, oparty na pustych rytuałach, oskarżycielski i wykluczający jest moim zdaniem coraz częściej antychrześcijański.

Zgadza się. Poza tym jest najlepiej wymyślonym interesem wszechczasów, marketingowym majstersztykiem. Jesteś z nami – idziesz do nieba. My mamy know-how i ci to załatwimy. Jesteś przeciwko nam – idziesz do piekła. I koniec, kropka nienawiści. Pełnowartościowym człowiekiem możesz stać się tylko poprzez zostanie członkiem naszej wspólnoty. Poza tym obrzydliwe jest to, że ktoś posługuje się obietnicą, która jest z oczywistych względów nieweryfikowalna. Podobnie zresztą jest w innych religiach. Jesteśmy skłonni się na to nabrać, bo jest to bardzo sprawnie wsączane nam do głowy od najmłodszych lat. No i przecież nie da się udowodnić, że Kościół na pewno nie ma racji. Indoktrynacja (eufemistycznie nazywana nauką Kościoła) zaczyna się bardzo, bardzo wcześnie. Już u małych dzieci, które w szkole niby uczą się religii. A nie ma takiego przedmiotu w polskich szkołach. Nie ma nauki religii, jest katecheza katolicka. To tak powinno się uczciwie to nazywać. Tylko oczywiście wtedy pojawiłby się problem konstytucyjny, bo przecież Polska podobno nie jest krajem wyznaniowym. W Wielkiej Brytanii na tak zwanej lekcji religii przez pół roku uczysz się o judaizmie, dalej o islamie, chrześcijaństwie i tak dalej. Dzięki temu możesz poznać świat inny od tego, który znasz, a to już pierwszy krok, żeby przestać się bać tego, co obce. W Polsce tego się nie robi, bo tu ważne jest od zawsze budowanie silnego poczucia lęku przed obcością. Społeczeństwem z dużym odsetkiem ksenofobów łatwiej się manipuluje. To też żyzna gleba do budowania radykalnych frontów i ruchów politycznych. Przecież tylko silną ręką możesz się obronić przed obcym.

A twoi synowie chodzą w szkolę na religię?

Nie. Nie są nawet ochrzczeni. Nie chodzą na religię i szkoła, choć ma taki obowiązek, nie stworzyła im lekcji etyki czy filozofii w ramach przewidzianych na „religię" godzin lekcyjnych. Nie chcę, by mój syn miał kontakt z czymś, co w moim odczuciu jest manipulacją. Bo wizja przedstawiana dzieciom na lekcjach religii jest bardzo atrakcyjna. Jest trochę podobna do reklamy, wszystko ukazuje się w jasnych, pastelowych barwach. Za nimi oczywiście stoi pranie mózgu, po którym z tych jasnych kolorów przechodzisz płynnie do gestu uderzania się w piersi w kościele i powtarzania najgorszej mantry świata: „moja wina, moja wina, moja bardzo wielka wina".

Ja z synami: Franciszkiem (starszy) i Piotrem (młodszy).

Zdjęcie: Bartosz Kowal/LatajacyKowal.pl.

Mieszkacie w Będzinie, małym mieście. Dzieci chodzą do szkoły w Sosnowcu – też nie jest to metropolia. Spotkaliście się z jakąś formą dyskryminacji w związku z tym, że jako rodzina jesteście poza Kościołem?

Dyskryminacji nie, ale w pewnych konkretnych sytuacjach niejako siłą rzeczy moi synowie mogli się poczuć inaczej niż ich rówieśnicy czy kuzyni. Większość dzieci dostała pieniądze już z okazji chrztu, później komunii. A oni nie. I nie chodzi mi o pieniądze, naprawdę, tylko o kościelny chwyt marketingowy. Dlatego gdy ich rówieśnicy mieli uroczystość komunijną, żeby zadośćuczynić im ten brak prezentowy, kupiliśmy każdemu coś, o czym marzył.

Nie było im przykro, że nie uczestniczą w czymś, co jest udziałem wszystkich ich kolegów? Próby przed komunią, uroczystość, impreza, prezenty. Tak to dziś wygląda. Dzieci są tym zwykle podekscytowane.

Rozmawialiśmy z nimi, staraliśmy się wytłumaczyć im tę sytuację. Myślę, że to było dla nich trudne, ale jednocześnie oni już wiele sami rozumieli. Wprawdzie to my jako rodzice podjęliśmy tę decyzję za nich, ale z drugiej strony tak samo decyzję podejmują rodzice, chrzcząc swoje dziecko, które jest w wieku, kiedy nie rozróżnia swojej ręki od nogi.

Nie mieli do was pretensji, że coś im odbieracie?

Na poziomie materialnym na pewno było im przykro, ale osłodziliśmy im to prezentami od nas. Wiedzieli co prawda, że ich koledzy dostali tony prezentów i jeszcze pieniądze, bo przecież ta religijna, bądź co bądź, uroczystość stała się kuriozalnym festiwalem pod hasłem „kto da więcej". Prezenty są zaś coraz większe i coraz bardziej absurdalne. Aspekt duchowy tego w sumie podniosłego momentu, jest w większości przypadków, które znam, zupełnie pomijany. Dzieci i rodzice nie zdają sobie sprawy z tego, czym w zasadzie jest komunia i co to ma oznaczać. Dużo wtedy z chłopcami rozmawialiśmy i zdaje się, że pojęli to, na ile tylko mogli. Dziś są nam wdzięczni, że nie muszą tam chodzić, bo patrzą na świat już po swojemu i widzą, co się w nim dzieje. Teraz polski Kościół już całkowicie się odsłonił, pokazał, o co tu tak naprawdę chodzi, więc też jest nam łatwiej rozmawiać z dziećmi. Kościół codziennie dostarcza nam nowych argumentów przeciw sobie samemu.

Twoim zdaniem, o co w nim chodzi?

To jest po prostu forma władzy nad ludźmi. Kościół zawsze idzie na układ z politykami niezależnie od tego, kto akurat rządzi. Czy to będą skrajnie prawicowi nacjonaliści, centrolewica czy lewica, to oni się dogadają, byle dostać jeszcze więcej władzy i pieniędzy. W średniowieczu papież był potężniejszy od cesarza. Teraz nie jesteśmy wcale od tego daleko. Jedynie Franciszek wyłamuje się tu trochę, jak na ironię, z tą swoją miłością, dobrocią i ekumenizmem. A wracając do tego, jak tłumaczyliśmy chłopcom fakt, że nie chcemy, by chodzili na religię, to przede wszystkim byliśmy z nimi w stu procentach szczerzy. Kiedy mówili nam o przygotowaniach kolegów do komunii, o próbach, akcjach organizacyjnych, to sami przyznali, że to jest powszechnie traktowane jak przykry i uciążliwy obowiązek, że nikt albo prawie nikt nie uczestniczy w tym z autentycznej potrzeby. Że nie ma w tym prawdziwej radości.

Uważasz, że żadna religia nie jest potrzebna?

Myślę, że jako system, żadna. Wiele złego dzieje się na świecie właśnie z powodu tego, że od ludzi wymaga się robienia strasznych rzeczy przeciwko innym i sobie w ramach przynależności do systemu religijnego. Mówię o strachu, pogardzie, doktrynerskiej nienawiści, odrzuceniu, wojnach, terroryzmie. Niestety lista jest dłuższa. Spotkałem się też z poglądem, że w religii można się schować przed złym światem, zwalniając się jednocześnie z obowiązku zmieniania go na lepsze.

A wartości?

Wartości są, podobnie jak w świecie plemion pierwotnych lub w świecie zwierząt, bezwzględne i uniwersalne. Doskonale sobie radzą bez religii i całego jej „personelu naziemnego" – jak śpiewał Lech Janerka. Nie zależą, ani nie pochodzą od człowieka. Miłość, poświęcenie, oddanie, przyjaźń były, są i będą. To elementy wchodzące w skład samopowtarzalnych wzorców, których nasz świat używa do każdorazowego odtwarzania życia po kolejnych katastrofach. Wartości jako ewolucyjne drogowskazy są częścią natury i religia jako system nie jest ani ich właścicielem, ani depozytariuszem. Jestem przekonany, że religia jako skodyfikowany system została stworzona po to, by ludziom służyć i ułatwiać im życie. Ale w praktyce jest wykorzystywana, by ludzi kontrolować.

Nie sądzisz, że ludzie dzięki religii budują swoją duchowość?

Wydaje mi się, że jak ktoś ma szczęście i trafi na mądrego pastora, imama czy księdza, to na pewno może mu to pomóc. Ale w moim przekonaniu można być człowiekiem dobrym, mądrym, empatycznym i uduchowionym niezależnie od wyznawanej religii, a nierzadko właśnie mimo niej. W każdej religii jest cząstka prawdy o świecie i człowieku, tego jestem pewien. Problem w tym, że kiedy religia ze wspólnoty staje się systemem, monolitem, to prawie zawsze jest wykorzystywana jako instrument sprawowania władzy i służy do jej umacniania i legitymizacji. I to nie jest dobre. Bez uczestnictwa w systemie można wspaniale rozwijać swoją duchowość. Od tego mamy naszą wrażliwość, serce i sumienie. W jaki sposób dajmy na to syberyjscy Czukcze mieliby dostęp do wartości, skoro żyją poza systemem religijnym? A przecież kochają swoje dzieci, pomagają sobie wzajemnie, objaśniają sobie ekstremalnie nieprzyjazny świat, w którym żyją, na swój niepowtarzalny sposób. A takich ludów jest przecież więcej na Ziemi. Mam świadomość, że jestem w swoich poglądach na wskroś postmodernistyczny i wybieram sobie z różnych religii to, co mi pomaga rozwijać swoją duchowość. Ale to jest dla mnie w porządku i znakomicie się sprawdza póki co. Mam zobowiązania wobec ludzi, z którymi żyję, i to wystarczy. Wobec systemu nie mam i nie chcę już mieć. Od pewnego czasu przestałem sobie utrudniać i „uszlachetniać" się cierpieniem. Teraz szukam rzeczy, które mi ułatwiają, pomagają żyć godnie i w zgodzie z tym, kim jestem. Kiedy patrzę na odległe gwiazdy czy na bezkresny ocean, doświadczam tego, co ludzie nazywają doświadczeniem Boga, absolutu czy transcendencji. Widzę swoją własną małość i śmieszną wręcz przemijalność. Ona zresztą zajmuje w moich myślach dużo miejsca. W zasadzie codziennie myślę o odchodzeniu, ale nie są to myśli ponure ani dołujące. Ale wydaje mi się, że moje życie jest egzemplifikacją pięknych i zupełnie nieprzypadkowych rzeczy, spotkań, zdarzeń ludzi, kontaktów z przyrodą.

Skoro jesteś niewierzący, w rozumieniu polsko-katolickim, to co odpowiadasz swoim dzieciom, gdy pytają cię o to, czy jest coś po śmierci?

Posługuję się tym, co mam, czyli intuicją. Zdaję się na to, co czuję i co jest w zgodzie ze mną. Pomocny jest mi też niezwykle sugestywny sen, który miałem wiele lat temu, właśnie na ten temat. Pamiętam go cały czas z najdrobniejszymi szczegółami. Wtedy po przebudzeniu czułem całym sobą, że zawarta jest w nim symbolika śmierci i jednocześnie nieśmiertelności. Wierzę w to do dziś i gdy moi chłopcy, będący wtedy w wieku przedszkolnym, zapytali, co może być po śmierci, to im opowiedziałem właśnie tę historię ze snu. Otóż przyśniło mi się, że jadę swoim ówczesnym samochodem, golfem czwórką kombi. Gdy wchodziło się nim w zakręt i dodawało gazu odrobinę wcześniej niż w zalecanym momencie na szczycie łuku, to siła odśrodkowa powodowała lekki przechył. Słychać to było po oponach, kiedy zaczynały hałasować bocznym ząbkowaniem. Bardzo mi się to podobało, robiłem tak często w rzeczywistości. Czułem w tym jakiś rodzaj podniecającego ryzyka. I w tym śnie jechałem właśnie tak na krawędzi. To było gdzieś wysoko w górach. Jechałem tuż przy zabezpieczającej przed przepaścią barierze energochłonnej i dodałem mocno gazu jak zwykle. Natychmiast poczułem w tym śnie, że tym razem przegiąłem. Że dodałem za dużo gazu i zrobiłem to w złym momencie, za wcześnie. Dotarło do mnie, że dojdzie do wypadku, że już z tego nie wyjdę. Samochód przebił barierę, poczułem uderzenie. Widziałem, że spadam w tę przepaść. A ponieważ była bardzo głęboka, zdawałem sobie sprawę, że uderzenie w ziemię tak błyskawicznie nie nastąpi, że jeszcze trochę będę spadał. Samochód leciał pionowo w dół, nic mi nie było, ale wiedziałem, że zaraz umrę. No i za kilka sekund samochód rzeczywiście uderzył w dno przepaści. Wszystkie moje sny o spadaniu kończyły się tuż przed upadkiem, najpóźniej w chwili uderzenia. Tym razem było jednak inaczej. Słyszałem trzask gniecionej blachy i wiedziałem, że moje życie się kończy, bo ginę od uderzenia. Ale sen trwał, ja nadal w nim byłem i odczuwałem wszystko bardzo intensywnie. Zaczęło się dziać coś niesamowitego – rozpoczął się proces zapominania wszystkich doświadczeń z całego mojego życia. Przebywałem w gęstej i nieprzeniknionej ciemności, ale było tam ciepło i przyjemnie. Nie było tam góry ani dołu, była po prostu trudna do zdefiniowania ziemskimi parametrami przestrzeń, w której czułem się dobrze. Powoli odpływały ode mnie obrazy, które pamiętałem z życia. Wiedziałem, że mam żonę, dzieci, przyjaciół, dom, ale to się oddalało, stawało się coraz mniej wyraźne, tak jak wyblakłe zdjęcie. Te obrazy powoli się zacierały, traciły dla mnie znaczenie, jakbym je zapominał, ale żegnałem je bez żalu, bez trudnych emocji. Nie było gwałtownej rozpaczy, niezgody, strachu, raczej coraz trudniej było sobie przypomnieć, że kimś byłem i coś miałem. To oddalanie się było spokojne, przyjemne. Przechodziłem z pozycji uczestnika do pozycji obserwatora. Cały ten konglomerat myśli, uczuć odchodził aż do zupełnego zaniknięcia. A ja zostałem w tej przestrzeni, w której było ciepło, cicho i spokojnie. To było najczystsze tu i teraz. Żadnych oczekiwań, planów, myśli i uczuć. Nic. To trwało chwilę, po czym nadeszło coś nowego. Myśl, że jestem w poczekalni i że zaraz mnie stąd zabiorą. Byłem absolutnie pewien, że to się skończy i znów wyjdę do światła. I wtedy się obudziłem. Od razu pomyślałem, że chciałbym, żeby tak wyglądała śmierć, odejście z tego świata, pozbycie się ciała. Do dziś nie mam lepszego pomysłu, na to, jak obrazowo opowiedzieć dzieciom, że życie nie kończy się nigdy. Że jest najwspanialszym continuum wynalezionym przez naturę i przyjmującym wszelkie możliwe formy. Mnie się wydaje, że w tym właśnie sensie dusza ludzka jest nieśmiertelna. W ogóle nasza wiedza o śmierci jest wiedzą jałową. Z prostego powodu – jeszcze się taki nie urodził, co by przeżył własną śmierć i potem wszystkim opowiedział, jak to naprawdę jest. Wszystko na jej temat musimy przyjąć na wiarę. Dlaczego miałbym więc nie wierzyć w swoją własną wizję z wyżej opisanego snu? Czuję ulgę na myśl o nim, taka wersja wydarzeń mi odpowiada. Jest wystarczająco dużo ponurych prognoz w rozmaitych religiach i filozofiach na temat życia po śmierci (bądź jego braku). To moje wyobrażenie z jakiegoś powodu przyszło właśnie do mnie i do dziś dodaje mi otuchy. A poza tym, kto powiedział, że nie jest możliwe, aby moment twojej śmierci wyglądał dokładnie tak, jak sobie go wymarzysz?

A twoi chłopcy uwierzyli ci?

Myślę, że tak. Słuchali tego z zapartym tchem, a gdy skończyłem, wyglądało na to, że są usatysfakcjonowani odpowiedzią. Później nawet podsłuchaliśmy z Lenką, że Franek opowiadał o tym swojemu kuzynowi, wyjaśniając właśnie tajemnicę życia i śmierci. Tamten mówił mu o wizji raju, który przyniósł z lekcji religii w szkole. Mały Franio tak mu na to odpowiedział: „A mój tata powiedział, że po śmierci idzie się do miejsca gdzie jest (tu ściszył głos do szeptu) ciemno, cicho i spokojnie...". Bardzo się wzruszyłem, bo widziałem, że mówi o tym bez lęku, ale i bez poczucia wyższości swojego poglądu. Powiedział to z namaszczeniem, po prostu. Mnie samego nadal ten sen dotyka i we mnie żyje. Jestem pewien, że będę go pamiętał do końca swoich dni.

A czy polskie tradycje katolickie mieszczą się jakoś w życiu twojej rodziny? Ubieracie choinkę na Boże Narodzenie? Obchodzicie święta?

Ubieramy choinkę i jemy uroczystą kolację, ale bez religijnego aspektu. U nas w rodzinie ten wieczór traktujemy (bardziej zresztą niż sylwestra) jako zakończenie i podsumowanie roku. Wigilia Bożego Narodzenia jest ostatnim dniem mroku i od tego momentu dzień jest coraz dłuższy. Symbolicznie rodzi się światło i życie ma coraz większe szanse dotrwać do zbawczej wiosny. Można to światło nazywać Jezusem, Synem Bożym, ale i bez tego jest to podniosły i wyjątkowy moment dla wszystkich istot żywych na naszej półkuli. Kiedy jedziemy do przyjaciół na święta do Anglii i oni dzielą się opłatkiem, składając sobie życzenia, to my też to robimy. Z szacunku do nich i do tego, w co wierzą. To święto jest na całym świecie tak mocno nacechowane wyjątkowością, że nie sposób temu zaprzeczyć. Udawać, że tego nie ma. Kiedy nie było na świecie jeszcze naszych dzieci, wyjechaliśmy na święta nad morze. Byliśmy we dwójkę przez cztery dni na lodowatym i opustoszałym jak nieszczęście zachodnim wybrzeżu, z dala od naszych rodzin. I był to bardzo smutny czas. Krótko mówiąc, mimo prób nie znaleźliśmy i nie wymyśliliśmy nic, co mogłoby dobrze zastąpić ten tradycyjny model spędzania świąt. Dlatego coś z tego dla siebie bierzemy.

A co robicie w Wielkanoc?

To nas zupełnie nie dotyczy, nie obchodzimy tego święta, bo go chyba nie rozumiemy do końca. Przynajmniej ja. Z reguły wyjeżdżamy wtedy gdzieś odpocząć. Ale oczywiście, gdyby chłopcy kiedyś chcieli pójść do kościoła katolickiego na mszę, to bez problemu ich zabiorę. Najlepiej do Dominikanów w Krakowie, na tak zwaną „dziewiętnastkę" dla studentów. Tam pierwszy raz w życiu widziałem ten spektakl, jakim bezsprzecznie jest msza, przeprowadzony porządnie i przede wszystkim z niespotykaną w kościele radością i prostotą. Gesty i słowa znaczyły to, co zawsze myślałem, że znaczyć powinny, grały gitary, ludzie siedzieli, gdzie i jak kto chciał. Atmosfera była podniosła, a zarazem intymna. To było wyjątkowe. Inna sprawa, że ja tam kiedyś u nich byłem u spowiedzi.

Skąd taki pomysł? Przecież jesteś od dawna poza Kościołem?

Tak, ale był taki moment w moim życiu, że myślałem, że bez pomocy duchownego się nie uda. Miałem poczucie, że mnie kompletnie oderwało od rzeczywistości, traktowałem to nawet w kategoriach opętania, stąd pomysł spowiedzi. Nasze małżeństwo zawisło na włosku cienkim tak, że prawie niewidocznym. Tak się zapętliłem, tak pogubiłem, że straciłem kontrolę nad sobą i tym, co się ze mną działo. Franio był malutki, a ja byłem w ciągu, nazwijmy to umownie, wyjazdowo-alkoholowym. Któregoś wieczoru doszło do przerażającej sytuacji. Lenka wyjechała z domu do rodziców, bo strasznie się pokłóciliśmy. Zostałem sam. Upiłem się, ale nie w trupa. W pewnym momencie, nie wiem do dziś dlaczego, czerwonym mazakiem narysowałem w całej łazience, która była pastelowo-brzoskwiniowa, czerwone linie, a później wziąłem czerwoną nitkę i utkałem z niej w całej łazience gęstą poziomą sieć na wysokości około półtora metra. To wszystko poszło mi bardzo szybko, działałem jak w transie. Następnie kilkoma bardzo pewnymi ruchami zrobiłem z bibuły dużego, czerwonego smoka i powiesiłem na tej pajęczynie. Wyglądał, jakby leciał w powietrzu. Wtedy uznałem, że dzieło jest skończone. Jednocześnie po chwili dotarło do mnie, że zwariowałem. Widziałem dwie opcje. Albo choroba psychiczna, albo opętanie. Postanowiłem wykluczyć najpierw drugą ewentualność, nie wiem też w zasadzie czemu.

Wtedy to poszedłem się wyspowiadać do dominikanów. I jestem wdzięczny temu zakonnikowi, bo sprowadził mnie na ziemię bardzo szybko. Jedyna rzecz, którą powiedział po tym wszystkim, co mu najszczerzej i w zupełnej desperacji wyznałem o sobie, swoim życiu, było zdanie: „No, ale wy nie macie ślubu kościelnego, co za tym idzie, żyjecie w grzechu. Najpierw naprawcie to, bo tu leży problem". Wtedy już wiedziałem, że jest po rozmowie. Nie spotkaliśmy się jako ludzie. Myślę, że gdybym sam usłyszał od kogoś taką historię, z jaką ja wtedy przyszedłem, to albo bym człowieka wysłał do psychologa, psychiatry, albo postarał się go skontaktować z egzorcystą. Postarałbym się po prostu pomóc w obszarze, w który ktoś wierzy. Nic takiego nie dostałem, za to zostałem pouczony co do kwestii formalnych.

Mnie to nie dziwi. Dostałeś prosty komunikat: jak sobie instytucjonalne sprawy poukładasz, czyli wejdziesz do naszej wspólnoty na sto procent, to wtedy ci pomogę. Dopóki tego nie zrobisz, nie mam narzędzi, żeby ci pomóc, bo nie jesteś od nas.

Tak to odczułem, dokładnie. Dlaczego miałby mi pomagać, skoro nie byłem od nich? Może sobie pomyślał to, co usłyszałem kiedyś z ust innego wierzącego katolika: „Michał, skoro nie powiedziałeś Panu Bogu «tak», to komu powiedziałeś?". A może po prostu, po ludzku się przestraszył wariata i tej mojej popieprzonej opowieści i chciał mnie spławić. Nie wiem i się nie dowiem.

Nie pomyślałeś, żeby jednak spróbować się do tej wspólnoty jakoś zbliżyć, skoro miałeś tak poważne problemy ze sobą i nie umiałeś znaleźć z tego wyjścia?

Próbowałem. W czasie kiedy kręciliśmy „Ratowników", przeżyłem coś w rodzaju zbliżenia się do Kościoła. Pamiętam, że pojechałem nawet do klasztoru do Tyńca, dużo czytałem, starałem się jakoś na nowo i z entuzjazmem zagłębić w te prawdy. U benedyktynów kupiłem sobie medalik, bo chciałem, żeby postać, którą grałem w „Ratownikach", taki nosiła. Spodobał mi się jego wzór. Emanowało z niego coś, co w moim odczuciu mi sprzyjało i mnie chroniło. Wyryto na nim napis po łacinie. Rozszyfrowałem go dopiero jakiś czas po zakupie. Brzmiał: „Niech smok nigdy nie będzie ci przewodnikiem". Kręciliśmy wtedy serial w Zakopanem i pamiętam, że chodziłem tam do małego drewnianego i całkiem pustego kościółka. Czułem się rzeczywiście lepiej i spokojniej. Wyszedłem z pierwszego najgłębszego kryzysu. Stąd mam poważne argumenty, żeby uważać, że wszystko może ci pomóc, jeśli tylko w to wierzysz.

Kiedy patrzysz na swoje życie z perspektywy czterdziestu lat, czy umiesz wskazać kogoś, kto naprawdę był dla ciebie autorytetem?

Na początku chciałem i próbowałem obsadzić jako autorytet ojca. Tylko że zanim zdążył nim zostać, umarł. Dostałem od niego zespół cech czy wartości, które przyjąłem niejako bez swojego udziału, nieświadomie. Taki pakiet startowy i tyle. Później szukałem sobie „ojców zastępczych". I w te miejsca różni mężczyźni się wpasowywali i różnych usiłowałem wpasować ja. Takich na przykład bardziej toksycznych jak, żeby daleko nie szukać, Krystian Lupa. Ale też mądrych, dojrzałych, wspaniałych ludzi, którzy mnie inspirowali, często nawet o tym nie wiedząc. Teraz zawodowo jestem dużo ostrożniejszy. Nie daję się uwodzić. Mam także świadomość, że narzędziem, którym pracuję, jest moje ciało, ale też moja dojrzałość, wszystkie te historie, których doświadczyłem. Z tego czerpię, pracując nad rolami. Takie rzeczy są weryfikowalne, choć na bardzo subtelnym poziomie. Patrzę czasem, jak grają albo pracują ze scenariuszem aktorzy, którzy jako ludzie byli trzymani pod kloszem, los oszczędzał im dołków, więc doświadczyli niewiele. W efekcie zakres emocji i skojarzeń, z którego mogą czerpać inspirację, jest bardzo wąski. Jestem przekonany, że im szersza jest paleta twoich świadomych doświadczeń, tym lepszym i ciekawszym jesteś aktorem.

Wracając do autorytetów, czy był nim Krzysztof Globisz? Często o nim mówisz, był twoim profesorem w krakowskiej szkole, robiłeś dyplom pod jego opieką.

Krzysiek nigdy nie był dla mnie autorytetem wprost, bo nigdy nie występował z pozycji mentora, od razu sam postawił się w roli naszego partnera i starszego kolegi. Znałem jego słabe strony, bo się ich nie wstydził, więc bardziej widziałem w nim człowieka z krwi i kości niż uosobioną świętość, autorytet z marmuru, który się podziwia, ale ma się też do niego duży dystans. Ale też prawdą jest, że właśnie Krzysiek powiedział zdanie, które najgłębiej ze wszystkich słów, jakie padły w szkole teatralnej, utkwiły mi w pamięci i jednocześnie na wstępie zbudowały mój wielki szacunek do niego. Na pierwszych zajęciach Krzysztof, nasz opiekun roku, powiedział nam: „Nie mam żadnego interesu, żeby zrobić z was dobrych aktorów, ponieważ potencjalnie jesteście dla mnie konkurencją. Jeżeli ktoś będzie chciał, może na mnie liczyć. Jeśli nie, to nie będę go zniechęcał do studiowania, ale też mu nie pomogę".

To było bardzo szczere, nawet jeśli trochę na wyrost z tą potencjalną konkurencją. Jednocześnie skutecznie zmotywowało mnie do tego, by nie zmarnować na głupoty tego czasu na studiach. Zachwycało mnie podejście Krzyśka do nas i sposób, w jaki pracował. Tak jak u Krystiana proces twórczy zaczynał się od zera: nie miałeś żadnych danych i wszystko budowałeś od podstaw, wyłącznie z własnych klocków, tak u Krzyśka jest odwrotnie. On ci wyrysowuje wyrazisty, formalny kontur tej figury, a ty go wypełniasz po swojemu, własną, niepowtarzalną ekspresją. Umiem pracować i tak, i tak, ale wolę taki „globiszowy" rodzaj pracy. Jest bezpieczniejszy. Zabezpiecza mnie, kiedy mam gorszy dzień, jestem w złej formie, bo ma powtarzalną konstrukcję, na której w razie czego mogę się oprzeć.

Za jakiego rodzaju męskim wzorcem ostatecznie wystartowałeś w życie?

To, jakim chcesz być, odbija się w świecie mężczyzn, których spotykasz. I albo to jest tak, że czujesz się wyalienowany i musisz zrobić coś, żeby dołączyć do tych wszystkich supermenów, mieć kaloryfer zamiast brzucha, wyciskać sto osiemdziesiąt kilogramów na klatę i zachowywać się jak samiec alfa, albo znajdziesz i dołączysz do takich, którzy są podobni do ciebie. Niekoniecznie muszą być przebojowi, ale nie wstydzą się emocji, wystarczy im to, co w życiu mają i ogarnięcie tej małej przestrzeni, którą chcą traktować poważnie, jest dla nich prawdziwym, męskim wyzwaniem. Przez wiele lat myślałem, patrząc na te wszystkie runmageddony, biegi rzeźników, górskie maratony, że to jest naprawdę coś. A później przyszło mi do głowy, że gdyby tych wszystkich asów z zerowym odsetkiem tłuszczu w BMP zostawić z dwójką dzieci na powiedzmy dwie doby, to ten runmageddon wydałby im się dziecinadą, czymś śmiesznie prostym, przy czym się naprawdę odpoczywa. Wiele lat sam miałem kompleks, że powinienem osiągać sukcesy albo przynajmniej startować w takich właśnie zawodach. A teraz jeden dzień z moimi synami to jest wyzwanie niewspółmiernie bardziej pociągające. I satysfakcja, jaką pod koniec dnia odczuwam, kiedy ten dzień się nam uda, jest nieporównywalna z żadną, którą bym mógł odczuć, osiągając cokolwiek w jakimkolwiek sporcie. Ten wzór męskości, który wybrałem sobie trochę w ciemno, bo długo nie miałem żadnego, jakoś się sprawdza. To jest namacalne, wymierne, umiem to zawrzeć w słowach i się tym legitymować.

Skoro najlepiej funkcjonujesz w rodzinie, to czym ty się naprawdę umiesz dzielić?

Z dzieleniem się u mnie nie jest łatwo, bo przez większość życia niosłem w sobie poczucie niedostatku, na różnych poziomach. Niedostatku uczuć, dotyku, bliskości, uwagi, relacji. A do tego jeszcze braki materialne. Z tymi ostatnimi wiąże się też ten paradoks, o którym ci wspominałem, bo z jednej strony urodziłem się w niezamożnej rodzinie, gdzie żyliśmy dość skromnie, ale jeśli już mama postanawiała mi coś kupić i szła ze mną do sklepu z zabawkami, to ja nigdy niczego nie chciałem. Tak jakbym od najmłodszych lat wszystko chciał sobie odebrać. Zawsze też wszystkim musiałem się dzielić z siostrą i przez długie lata towarzyszyło mi uczucie, że tak naprawdę nic nie mam tylko dla siebie. Może stąd ten permanentny niedosyt. Do dziś tak mam, że trudno jest mi się najeść do syta czy napić tak, żeby coś zostało w butelce. Jak otwierałem wino, to nie zostawiałem nic na później, piłem do końca. Jak kupowałem paczkę papierosów, to też wypalałem do ostatniego. Jakby mi miało tego zabraknąć albo ktoś miałby mi to zabrać. Teraz już jest lepiej. Bardzo mi w tym pomaga joga, po której czuję się na tyle odprężony i jednocześnie pełen dobrej energii, że odnajduję w sobie rodzaj zdrowego nasycenia.

Wspomniałeś o braku bliskości, nie tylko tej emocjonalnej, ale i fizycznej. Mówisz o braku dotyku w dzieciństwie. Jaki to miało wpływ na ciebie?

Ogromny. Każde dziecko potrzebuje bliskości rodzica, kontaktu fizycznego pełnego czułości, miłości, wyrażającego bezwzględną akceptację. Ja tego praktycznie nie doświadczyłem. Za to w pamięci zostały mi na przykład takie, co tu dużo mówić, dziwne i zastanawiające obrazki, gdzie jako malutki chłopczyk, w wieku przedszkolnym, stoję nago na parapecie okna na naszym pierwszym piętrze, patrzę w dal i dotykam się. Kiedyś może skwitowałbym to stwierdzeniem, że po prostu byłem nienormalny. Podejrzewam, że robiłem to dlatego, żeby zwrócić na siebie uwagę. Myślę też, że miało to wpływ na moje późniejsze nieuporządkowane relacje z kobietami. Bo myliłem seks z bliskością, traktowałem go kompulsywnie, podobnie jak jedzenie, palenie, alkohol. Dopiero lata różnych terapii, dziesiątki przeczytanych książek i zaglądanie w siebie pozwoliły mi to zrozumieć i próbować naprawiać.

Ale na pewno jest coś, czym umiesz się dzielić?

Tak, z całą pewnością potrafię się dzielić historiami i doświadczeniem, które mam. W tym się czuję mocny. To na poziomie międzyludzkim bardzo skraca dystans. Oczywiście pod warunkiem, że druga osoba na siłę nie trzyma tego dystansu. Z tego wynikają bardzo szczere i poruszające spotkania. One są oczywiście ryzykowne, jeśli jest to spotkanie z kobietą, bo wiadomo, że takie rozmowy znoszą wszelkie granice. Czasem na pewno powinienem przemyśleć, czym się dzielę, a czym nie, i z biegiem lat uczę się to robić. Na szczęście teraz już nie traktuję opowiadania swoich historii jak haczyka na kogoś.

Kiedyś to był twój lep?

Tak, zwłaszcza na kobiety, bo kobiety lubią pokomplikowanych i poranionych facetów. Czyli otwierałem się niejako ze złych powodów.

Dzieliłeś się historiami nie po to, żeby coś komuś dać, tylko żeby coś wziąć?

Dokładnie i to było bardzo nie fair. Szczególnie kiedy to z wyrachowaniem kalkulowałem. A bardzo często tak robiłem, wiedząc, że prawie na pewno zadziała. Oczywiście to byli dorośli ludzie, kobiety i mężczyźni, którzy szli na ten układ i też w jakimś sensie mnie wykorzystywali emocjonalnie, czy coś tam dla siebie brali.

A był ktoś, kto się na to nie łapał?

Zdarzało się, jasne. I wtedy ogarniał mnie wstyd, zażenowanie. Bo jeśli ten proces nie prowadzi do zaspokojenia, to odsłaniają się twoje intencje i widzisz jak na dłoni, że dzieliłeś się tymi intymnymi historiami nie z powodów szlachetnych, ale małych i w sumie dość niskich i prymitywnych.

Ja i Lenka. Zdjęcie: www.dobrowolskiweddings.com.

Zastanawia mnie, dlaczego to robiłeś, skoro to były czasy, kiedy tworzyłeś szczęśliwy związek, żyłeś w małżeństwie, które przecież dawało ci miłość i akceptację.

Tak, ale moja ówczesna niedojrzałość objawiała się tym, że nie rozumiałem, że nie można mieć blasku reflektorów nakierowanego na siebie cały czas. A ja tak skrajnie niedopieszczony w dzieciństwie, stałem się potwornym narcyzem, który w dorosłości chciał mieć tę oddaną i wpatrzoną publiczność cały czas. Nawet jeśli miałaby być jednoosobowa. Nie wiedziałem wtedy, nie rozumiałem i nie czułem, że najważniejszy jest mój własny obraz siebie. Bo jak będziesz się tylko próbować odbijać w czyimś zachwycie i akceptacji, to wszystko, co dostaniesz, to jedynie fałszywe, chwilowe złudzenie tego, że jesteś super. Przecież w normalnym, zdrowym związku jest tak, że dziś jesteś w porządku, ale jutro zrobisz coś, co drugą osobę zezłości czy zrani i ona zareaguje adekwatnie, czyli nie da ci głaska, tylko ci powie, że nie zachowałeś się w porządku. A mnie wystarczył jeden taki zły dzień czy moment i natychmiast szukałem kogoś, kto dawał mi bezwarunkową akceptację, wielbił mnie, kto nie wymagał ode mnie nic. Zmieniałem „dawcę", jak wampir.

Teraz nad tym panujesz?

Teraz dość szybko rozpoznaję te mechanizmy i z reguły umiem nad nimi zapanować. Ale cały czas zdaję sobie sprawę z tego, że tak jestem skonstruowany i że niewiele trzeba, żeby stare programy zaczęły znów działać. Staram się być bardzo czujny. I to się nie zmieni. To jest jak z nałogowym piciem. Dostrzegasz swoje deficyty, rozpoznajesz destrukcyjne mechanizmy, wiesz, dlaczego to robisz, ale żeby dokonać zmiany, musisz najpierw po prostu przestać pić. Wtedy widzisz rzeczywistość taką, jaka ona jest. Jeśli nałogowo paliłeś i pewnego dnia skutecznie rzucasz nałóg, to nagle zadajesz sobie sprawę, że kiedyś zbierałeś kiepy z ulicy, bo nie miałeś pieniędzy na papierosy. Wiem, jak obrzydliwie to brzmi, ale nie da się tego powiedzieć ładniej. Tak właśnie było. I choć używam teraz metafory, to przecież też moja prawdziwa historia. Jak nie miałem co jarać, to szedłem na ulicę albo na klatkę schodową i zbierałem niedopałki. Mogłem się zarazić każdą chorobą. Było mi wszystko jedno. Nie myślałem o tym. No a jak jesteś w ciągu, to myślisz sobie: „No i chuj!". Teraz na szczęście mam ten etap już za sobą.

Jak teraz traktujesz kobiety, skoro już ich nie uwodzisz, a jednocześnie wchodzisz z nimi w bliskie relacje? W sumie tego wymaga twój zawód.

Różnica między tym, jak kiedyś traktowałem kobiety, a jak teraz je traktuję, polega na zmianie intencji. Zachowuję się podobnie w tym sensie, że nikogo nie udaję, szybko skracam dystans. Każde spotkanie z drugim człowiekiem jest dla mnie spotkaniem ryzykownym, bo szkoda mi czasu na półśrodki, powierzchowne relacje i rozmowy o niczym. Jeśli spotkanie nas zaboli, coś w nas poruszy, otworzy, to dobrze, jeśli nie, to nie warto go kontynuować. Ale dopiero wtedy zaczyna być naprawdę wartościowe i przyjemne, gdy intencja jest inna, to znaczy nie zakłada destrukcji, wykorzystania kogoś, sprzedania siebie za pseudobliskość.

Swoją drogą to jest ciekawe, bo pytając cię o to, czym umiesz się dzielić, liczyłam, że rozpocznę ciepłą, pozytywną rozmowę o dawaniu. A odpowiedziałeś bardzo gorzko. O braniu i to takim toksycznym.

Pokazałem rewers tej monety. Teraz przedstawię awers. Gdy usłyszałem twoje pytanie, pierwsze, co przyszło mi do głowy, to były słowa, które z okazji Dnia Ojca napisali do mnie moi synowie. Że kochają mnie między innymi za to, że potrafię się z nimi dzielić moimi historiami. Robię to z dobrych powodów. Mam czyste intencje. Z nich też wzięła się ta książka. Nie żeby kimkolwiek manipulować czy znów grać na siebie, tylko żeby podzielić się swoim doświadczeniem i dać je tym, którzy będą chcieli wziąć. Chcę też sam zobaczyć czarno na białym, do jakiego miejsca te wszystkie spotkania, zdarzenia i zakręty mnie doprowadziły. Nie chcę i już nie kreuję się na kogoś, kim nie jestem. Dlatego odpowiadam tak szczerze, jak tylko potrafię, nie cenzuruję się, chociaż często przyznaję się do rzeczy, które nie stawiają mnie w najlepszym świetle.

A czy dzięki temu, że jesteś coraz bardziej czuły i wyrozumiały dla siebie, łatwiej też wybaczasz innym, zapominasz?

Zależy od sytuacji. Chyba lepiej niż kiedyś umiem ludzi zrozumieć i chyba bardziej niż kiedyś tego chcę. Po jakimś czasie dociera do mnie, że człowiek, który zrobił coś przeciwko mnie, jest przecież zbudowany z tych samych klocków co ja. I że na jego decyzje miała wpływ historia, którą ze sobą niesie. W takich sytuacjach pomaga mi też myślenie, że wszystko, co się nam przytrafia, jest nieprzypadkowe i że skoro się zdarzyło, było potrzebne i ma sens. Dzięki temu wszystkiemu łatwiej wybaczam, ale nie zapominam.

Nigdy nie zapominam doznanych upokorzeń i czyjejś nielojalności. Postępuję wtedy tak, jak w restauracji, kiedy dostanę nieświeże albo niesmaczne jedzenie. Nie robię awantury, nie skarżę się, nie żądam zwrotu pieniędzy, choć wiem, że zostałem oszukany. Po prostu tego nie jem i nigdy więcej do tej knajpy nie przychodzę. Taka bierna obrona. Na szczęście jakiś czas temu nauczyłem się też działać bardziej konfrontacyjnie i aktywnie walczyć o siebie, swoje bezpieczeństwo, komfort. Pierwszym sprawdzianem była dla mnie sytuacja w Teatrze Dramatycznym i wspomniany już konflikt z Tadeuszem Słobodziankiem. Ale życie lubi zadawać mi wciąż te same pytania i sprawdzać wciąż na nowo, czy aby na pewno mój system obronny działa bez zarzutu. Co jakiś czas pojawia się w moim otoczeniu osoba, która znów próbuje mnie wykorzystać, na coś naciągnąć, przekroczyć moje granice w mniej lub bardziej subtelny sposób. I znów muszę zdawać egzamin z samoobrony.

Żywisz do kogoś trwały uraz?

Tak, z tym, że nie tyle, że nie wybaczyłem tej osobie, ile nie zapomniałem, co mi zrobiła. Dotyczy to głównie sfery zawodowej. Bo prywatnie jako weteran relacji przyciągania-odpychania, szczególnie dotyczy to kobiet, raczej ja raniłem pierwszy, prewencyjnie. Czyli z reguły zrywałem kontakty, kiedy pojawiało się zagrożenie prawdziwą bliskością. Dlatego tutaj nie mam czego wybaczać i zdecydowanie więcej jest we mnie poczucia winy niż poczucia krzywdy. Ale w życiu zawodowym jest inaczej. Były zawodowe relacje, w których zostałem bardzo mocno wykorzystany. Kiedy na przykład ktoś namówił mnie do udziału w jakiejś akcji charytatywnej, która później okazała się być charytatywna jednostronnie. Czyli ja nie zarobiłem nic, a ktoś krocie. Albo gdy ktoś dał mi rolę, a później w bardzo prostacki sposób mi ją odebrał, nawet nie informując mnie o tym. Lub kiedy ktoś nadużył mojego zaufania i wykorzystał moją wrażliwość do własnych partykularnych celów. Ale jest też jedna rzecz z mojego życia prywatnego, której nie mogę ani zapomnieć, ani wybaczyć. To doświadczenie z mojego dzieciństwa, kiedy na harcerskim spływie wakacyjnym doświadczyłem molestowania przez wychowawcę pedofila. Pocieszam się myślą, że ten człowiek po wielu latach poszedł do więzienia za swoje czyny i że nie stało się wtedy to najgorsze, czyli że mnie nie zgwałcił. Najstraszniejsze w tej całej historii było to (co moim zdaniem jest w ogóle najstraszniejsze w pedofilii), że wtedy nie miałem świadomości, że jestem wykorzystywany. Że to, co się dzieje, jest bardzo, bardzo złe. Bo dorosły facet tak sprytnie potrafił mnie zmanipulować, że wydawało mi się, że nic strasznego się nie dzieje, że właśnie tak wygląda inicjacja w rozmowach o ciele i seksualności, że można pokazywać sobie intymne miejsca, bo między mężczyznami to normalne. Trafił na podatny grunt, bo ja nigdy z moim ojcem na ten temat nie zamieniłem słowa i nie wiedziałem, jak to powinno wyglądać.

Co się stało na tym obozie?

To był rok 1990. W tamtym czasie wiedza o pedofilii i jej przeciwdziałaniu była znikoma. Miałem dwanaście lat i pojechałem na spływ czółnami rzeką Wartą, który sam w sobie był wspaniałą, niezapomnianą przygodą. Jednym z wychowawców i jednocześnie kierownikiem obozu był, wspomniany wyżej, Roman. Od początku jakoś sobie mnie upodobał. Pamiętam, że pierwszego dnia przyjechaliśmy, założyliśmy obóz i pobiegliśmy wszyscy wykąpać się w Warcie. Pływaliśmy, a on nagle przyszedł i wydał komendę, że teraz wszyscy ściągamy kąpielówki. Nie, że poważny rozkaz, tylko tak bardziej dla zgrywy, takie wyzwanie. No i chłopaki to zrobili, wyrzucili swoje majtki na brzeg. Ale ja pomyślałem, że to jest jakieś dziwne, że w sumie dlaczego mam to robić, kiedy wcale nie chcę. I zostałem w slipach. Wszyscy podpłynęliśmy do czółna i po kolei wychodziliśmy przez nie na brzeg, bo był w tym miejscu dość stromy i przez łódkę było łatwiej. Kiedy i ja chciałem wyjść z wody, Roman zaczął odpychać mnie od burty pagajem, niby dla zabawy. Na początku, przez kilkanaście sekund, było to może i zabawne, ale po chwili zacząłem opadać z sił i cały czas znosił mnie silny nurt. Ostatecznie przestał to robić i wciągnięto mnie do tej łodzi, ale było to bardzo nieprzyjemne i dziwne uczucie.

Czułeś, że był wobec ciebie opresyjny?

Później przeszedł w fazę zupełnie odmienną. Myślę, że jego strategia polegała na tym, że stał się takim moim i chyba nie tylko moim starszym bratem, przewodnikiem, opiekunem. Imponował mi, bo był silny i bardzo sprawny fizycznie, ćwiczył aikido, miał broń na ostrą amunicję i wielki myśliwski nóż. Przeżywaliśmy wspólnie na tej rzece różne, często niebezpieczne przygody i ze wszystkiego wychodziliśmy obronną ręką, dzięki jego zaradności, przewidywaniu, umiejętnościom. Na dwunastolatka takie rzeczy działają jak magnes. Więc dzień po dniu zdobywał moje zaufanie. Aż pewnego wieczoru wziął mnie na wieczorny spacer. Wydawało mi się to fajne i zupełnie naturalne. Pamiętam, że szliśmy jakąś wąską drogą i on nagle zaczął mówić o masturbacji. Zapytał, czy to robię i zapewnił, że to jest zupełnie normalne i że na przykład w wojsku jest tak, że mężczyźni robią to w grupach, w swojej obecności i to jest taki normalny męski rytuał. Ja, młody chłopak, który nigdy nie miał żadnej bliskiej relacji z ojcem, który nigdy nie doświadczył takiej męskiej rozmowy, poczułem się wtedy jakoś wyróżniony. A ponieważ to była pierwsza taka rozmowa w moim życiu, którą w dodatku przeprowadził ze mną nie kolega rówieśnik, tylko facet po trzydziestce, to jego wersja opowieści o męskiej seksualności była dla mnie jedyną prawdziwą. Po prostu

Ja w obiektywie Lenki.

Zdjęcie: prywatne archiwum Autora.

we wszystko mu wierzyłem, przyjąłem za pewnik, bo mu ufałem. I nagle Roman zapytał: „A ty sprawdzałeś, czy z tobą tam jest wszystko OK? Czy ja mogę sprawdzić?", po czym włożył mi rękę w majtki i mnie dotknął. Tak po prostu. Dziś jak o tym myślę, to serce mi się zatrzymuje i czuję w żołądku lód, ale wtedy to mi się jakoś skleiło i z tą rozmową, i z tą naturalnością, którą on bardzo umiejętnie wprowadził. Po krótkiej chwili wyciągnął dłoń, pochwalił, że wszystko ze mną w porządku, a nawet lepiej i poszliśmy dalej. Był wprawnym manipulatorem.

Czy powtórzyły się podobne sytuacje?

Nie, to zdarzyło się tylko ten jeden raz. Za to wyżył się kiedyś na mnie i na moim koledze. Minęło kilka dni i znów mnie zabrał na spacer. Tym razem wziął jeszcze Rafała, mojego bliskiego kumpla z namiotu. Znów nas wyprowadził gdzieś na łąki z dala od obozu i w pewnej chwili zaczął nam pokazywać jakieś chwyty i dźwignie z aikido. Pamiętam, że wtedy się go na serio wystraszyłem. Zobaczyłem, że jeśliby chciał, to mógłby tam z nami zrobić wszystko. Pokazywał te techniki z dużym zaangażowaniem i jakby ciut za mocno. I nagle zupełnie dla nas niespodziewanie Roman oświadczył, że musi gdzieś jeszcze pójść i że musimy wrócić do obozowiska sami. Po prostu zostawił nas w tej głuszy. Dodał, żebyśmy przypadkiem nie spóźnili się na swoją wartę, która tej nocy wypadała o jedenastej. Zaczęliśmy iść szybkim marszem i po kilkunastu minutach okazało się, że zmierzamy w złym kierunku. Wybraliśmy niewłaściwą drogę. Wróciliśmy do miejsca, gdzie Roman nas zostawił, i wybraliśmy drugą z czterech widocznych ścieżek. Na nasze szczęście była pełnia i bezchmurne niebo ułatwiało orientację. Ale na tym się nasze szczęście skończyło. Weźliśmy w jakieś nieludzkie, kolczaste chaszcze, gdzie na domiar złego roiło się od komarów. Wróciliśmy, już biegiem, na rozstaje i wybraliśmy kolejną drogę. Ta zaprowadziła nas na grzęzawisko, w którym zapadaliśmy się po łydki. Minęła kolejna godzina, już dawno powinniśmy przejąć wartę, a my nawet nie wiedzieliśmy, gdzie tak na dobrą sprawę jesteśmy. Zaczęliśmy w końcu płakać za strachu i bezradności. Baliśmy się, że już nigdy nie trafimy do obozu. W końcu wróciliśmy po raz kolejny na skrzyżowanie. Byliśmy skrajnie wyczerpani, pogryzieni przez insekty, poranieni i przemoknięci. Postanowiliśmy zaniechać prób, usiąść na zbiegu dróg i czekać na pomoc albo na świt. Jak tylko usiedliśmy plecami do siebie, Rafał dojrzał jeszcze jedną małą dróżkę. Biegła w zarośla i była wąziutka, dlatego ją przeoczyliśmy. Poszliśmy nią i migiem dotarliśmy do obozu. Roman siedział przy dogasającym ognisku. Czekał na nas. Ale nie był już miłym wujkiem i bratem łatą. Postawił nas na baczność i w prostych żołnierskich słowach wysyczał, co myśli o ludziach, którzy nie stawiają się na wyznaczoną wartę, narażają bezpieczeństwo całego obozu i nie znają dyscypliny, której widać trzeba ich dopiero nauczyć. Kazał się nam rozebrać do naga. Ale myślę, że ponieważ było nas dwóch i prawie świtało, nie miał odwagi nas wykorzystać seksualnie. Postawił na sadyzm, który być może też go jakoś kręcił. Kazał nam się czołgać nago w bardzo ostrej, wysokiej trawie. Były to wyjątkowo niefartowne tortury. Oprócz tego, że obaj pocięliśmy sobie skórę do żywej krwi, to ja dostałem alergii, a moje ciało pokryło się pęcherzami. Później nas musztrował do samego świtu. Padnij, powstań i dziesiątki karnych pompek. A na koniec kazał nam wyszorować do czysta wielki obozowy kocioł. Używaliśmy tylko popiołu i piasku z rzeki. Kocioł był czarny jak smoła, kiedy zaczynaliśmy około czwartej rano. W okolicach siódmej lśnił srebrną, aluminiową czystością, a my mieliśmy pęcherze na dłoniach. Nie spaliśmy ani minuty. Po tym wszystkim już nas zostawił i do końca obozu dał mi spokój. A moja refleksja na temat tego, co się tam stało, przyszła oczywiście wiele, wiele lat później.

I nie wybaczyłeś?

Nie. Pewnie dlatego, że nie miałem jak się z tą sytuacją i z tym człowiekiem już później skonfrontować. Mojemu poczuciu sprawiedliwości stało się zadość, gdy Roman został złapany przez policję, skazany wyrokiem i w kryminale zrobiono z nim to, co zwykle tam spotyka przestępców molestujących dzieci, ale do pełnego wybaczenia to mi nie wystarcza. Był czas, że wielokrotnie, jak mantrę, oglądałem na YouTube film dokumentalny pod wiele mówiącym tytułem: „Nie sąd cię skaże, pedofilu" (pisownia oryginalna – przyp. red.). Polecam uwadze.

Jesteś mściwy?

Nie, zawsze byłem bardziej skłonny do tego, żeby leczyć swoje rany, niż je zadawać w akcie zemsty. W rzeczywistości nigdy nie posunąłem się do żadnego rewanżu. Jeśli już, to się broniłem. Można powiedzieć, że defensywa jest moją mocniejszą stroną. Nawet w piłkę nożną grałem zawsze jako obrońca, ewentualnie jako defensywny pomocnik.

A czy jest ktoś, kto tobie czegoś nie może wybaczyć?

Jest taki tekst Michała Bajora: „A za mną bezmyślnie podeptane kwiaty". To też widzę, kiedy patrzę wstecz. I niestety, mam do kogo te słowa przypisać. Nadużywałem relacji nie tylko z kobietami, a później wycofywałem się z nich rakiem ze zmyślonych powodów. Inicjowałem imitacje bliskich relacji i porzucałem je nagle zupełnie bez komentarza. Używałem innych do swoich celów i nie starczało mi odwagi, żeby się do tego przyznać. Po prostu odchodziłem lub przestawałem się odzywać. Liczyłem na to, że ktoś się obrazi, bądź ta relacja umrze śmiercią naturalną. Wiem, że tak robiłem, że to może nie być mi wybaczone i tego się wstydzę. To jest mój ciężar.

Wychodzi na to, że łatwo wychodzisz
z relacji.

Z tych prawdziwych nie, bo nie mam ich za wiele i za bardzo mi na nich zależy. Ale to, czy one są prawdziwe i czy zostały zawarte z dobrych intencji, zawsze weryfikuje czas. I nic to nie da, że myśląc o kimś, będziesz powtarzać jak zaklęcie, że relacja z nim jest bliska, bo chciałbyś z całych sił, żeby taka była. To nie wystarczy. Często na siłę kolorujemy niektóre nasze związki z ludźmi, z uporem godnym lepszej sprawy, malujemy trawę na zielono. Ale po jakimś czasie farba się łuszczy i odpada. Nawet jeśli spróbujemy zniszczyć autentyczną, szczerą relację, ona przetrwa. Oczywiście nie możemy tego robić w nieskończoność. Wydaje mi się, że już w gorszym miejscu niż byłem, nie będę. Osiągnąłem już dno dna, od którego się odbiłem. Rozdałem się ludziom na miliony sposobów i kawałków. Chadzałem już na najbardziej zgniłe kompromisy, które były przede wszystkim przeciwko mnie samemu i mam nadzieję, że tak źle już nigdy nie będzie. Wracając do relacji, to nie mam teraz ich wiele, bo z wielu zrezygnowałem. Czułem, że nic mi nie dają albo wręcz coś zabierają. Podczas rozmów z tobą zrozumiałem, że doświadczenia, które zebrałem przez czterdzieści lat, mają wymierną wartość, więc nie można ich rozdawać byle komu, za byle co.

Dlaczego tak mało jest wokół ciebie ludzi,
którzy są tego warci?

Myślę, że w ogóle jest mało ludzi, którzy mają odwagę wejść w relacje na serio. W relacje ryzykowne w tym sensie, że odsłania się w nich swoje miękkie podbrzusze, że zdejmuje się maski, przestaje grać i udawać. Mnie teraz interesuje tylko taka więź, która zbudowana jest ze szczerości, zaufania, bliskości i odwagi przyznania się do tego, jakim się jest naprawdę. I kilka takich relacji szczęśliwie mam, z facetami też. Dzięki temu mogę też rozparcelować swoje życie, które jest skomplikowane i trudne, na kilku powierników na różnych poziomach. Jednego mam bardziej od tematów zawodowych, innego od prywatnych, czytaj intymnych, od relacji z dziećmi, bo mamy na tych poziomach podobne doświadczenia.

Ludzie cię męczą?

Interesowność ludzi mnie męczy. Gdy ktoś rozmawia ze mną nie dlatego, że chce ze mną rozmawiać, tylko dlatego, że wietrzy w tym jakiś swój interes, a częściej jeszcze interesik. Jakaś część tego, co zrobiłem, wydaje mu się interesująca i cały czas chce grać tylko na tym jednym klawiszu. To mnie bardzo męczy i drenuje z sił w zastraszającym tempie. Tych ludzi trzeba eliminować bardzo szybko i bez sentymentów, bo zabierają mnóstwo czasu i energii. Ale też uważam, że nie ma przypadkowych spotkań i poza jakimiś szczególnymi przypadkami ekstremalnej interesowności czy innego zaślepienia staram się ludzi słuchać. Bo też wydaje mi się, że rzadko jest tak, że ktoś się myli do cna i we wszystkim. I nawet jeśli mam inne poglądy niż człowiek, z którym rozmawiam, staram się wyciągnąć z tego chociaż jedno pożyteczne dla mnie zdanie, jedną myśl, cokolwiek.

Od jakich ludzi czerpiesz energię?

Przede wszystkim musi zaistnieć między nami wymiana energii, myśli, humoru, czegokolwiek. Coś za coś. Układ *win-win*. W innym przypadku jest więcej niż pewne, że spotkałeś wampira energetycznego. Ja polegam na swojej intuicji. Jeżeli po piętnastu minutach zaczynam się męczyć, przysypiać, irytować, czuję, że uchodzi ze mnie energia bez wyraźnego powodu, to znaczy, że z tego nic już nie zaczerpnę, choćby nie wiem co. Tylko się rozmienię na drobne. Jeszcze kilka lat temu żyłem w przekonaniu, że integracja z ludźmi jest wartością samą w sobie, że muszę w nią inwestować, za wszelką cenę godzić się na spotkania, nawet jeśli gdzieś w środku czuję, że nic z tego nie biorę i nic się nie wydarza. Dziś tak nie uważam. Szanuję swoją energię i zachowuję ją dla siebie oraz dla ludzi, z którymi mam zbudowaną naprawdę bliską relację. Czasem ktoś się przysiada, zarzuca mnie jakimś słowotokiem i dodaje, że jakoś tak dobrze mu się ze mną siedzi. A mnie ta rozmowa nie interesuje. Stawiam wtedy wirtualną grubą szybę, która mnie oddziela od tego człowieka. W ten sposób się chronię. Albo działam wprost i mówię, że na kontakt nie mam siły ni ochoty. Odnoszę wrażenie, że od pewnego czasu jest tak, że ludzie z różnych powodów chętnie przebywają w moim towarzystwie, ale nie zawsze jest to dla mnie dobre.

Ale są też ludzie, którzy ciągle wnoszą do twojego życia nową jakość i sprawiają, że chce ci się uczyć nowych rzeczy, angażować w propagowanie ważnych społecznie tematów. Myślę tu na przykład o Iwonie Cichosz – głuchej aktorce, z którą grasz w „Leśniczówce" i dzięki której sam zacząłeś uczyć się języka migowego i go promować.

Iwona gra w „Leśniczówce" Marynę – niesłyszącą siostrę głównej bohaterki. W zasadzie powinienem powiedzieć „głuchą", bo Iwona woli to określenie, ku zaskoczeniu wszystkich, łącznie ze mną na początku. Mnie przymiotnik „głuchy" kojarzył się obraźliwie. To tak

„Leśniczówka", na zdjęciu ja i M. Dziędziel.

Zdjęcie: TVP/PAP/Tomasz Wawer.

jakby mówić na niewidomych „ślepi". Ale Iwona wyjaśniła mi, że w środowisku osób głuchych lub niedosłyszących to nazwa najszerzej przyjęta i określająca jednocześnie przynależność kulturową i językową. Głusi walczą szczególnie z określaniem „głuchoniemi", bo to sugeruje, że nie słyszą i do tego nie mówią – co jest nieprawdą. Mają przecież swój język migowy. Iwona w ogóle jest wyjątkowa, bo w wyniku wielu lat niełatwej pracy z logopedą, jako jedna z niewielu osób głuchych porozumiewa się swobodnie językiem fonicznym. Dzięki temu dowiedziałem się bardzo wiele na temat świata głuchych, ich kultury, zwyczajów dyktowanych zupełnie innymi kanałami komunikacji. Jest wiele stereotypów, które ja sam przez wiele lat powielałem z niewiedzy. Myślałem na przykład, że jest jeden język migowy dla wszystkich nacji. Tymczasem okazuje się, że nie tylko każdy kraj ma swój odrębny migowy, ale nawet w obrębie jednego państwa istnieją różnice między znakami określającymi jedną rzecz czy czynność. W Polsce na przykład inaczej gdańszczanie migają znak określający kobietę, a inaczej robią to warszawiacy. Można by o tym napisać osobną książkę, a nie o to przecież chodzi. Mam nadzieję, że kiedyś zrobi to Iwona, bo jej perspektywa jako osoby istniejącej w obu światach naraz jest niezwykła, tak jak historia jej życia. Dzięki temu, że zaczęto pisać więcej wspólnych scen Pawła i Maryny i nasze postaci zbliżyły się do siebie w scenariuszu, postanowiłem zaproponować reżyserowi, że nauczę swojego leśniczego migania na tyle, żeby niektóre kwestie mógł mówić właśnie w tym języku. Zamiar się powiódł i dzięki cierpliwości Iwony i każdorazowym przygotowaniom migam w serialu coraz więcej i zdaniem mojej nauczycielki, coraz lepiej.

Wiem, ze masz wrodzony talent do nauki języków obcych. Czy z migowym też poszło ci tak łatwo?

Nauka tego języka wymaga ode mnie dużego wysiłku. Ale też daje satysfakcję. Po pierwszej dwugodzinnej lekcji byłem jednocześnie wykończony i nadzwyczaj pobudzony – nie mogłem zasnąć do późnej nocy. Rozmawiałem potem z Iwoną i doszliśmy do wniosku, że ta ekscytacja mogła być związana z tym, że miganie zmusiło mój mózg do aktywności w takich rejonach, w jakich dotychczas nie funkcjonował tak intensywnie. Niezwykłe przeżycie.

Nie tylko w „Leśniczówce” przykładasz rękę do promowania mało popularnego języka. W „Diagnozie” jest podobnie.

I też był to mój pomysł. Postać doktora Sadzika miał grać Tomek Karolak, który tak jak ty pochodzi z Radomia i ze śląską mową nie ma nic wspólnego. Ja poprzez moje doświadczenia z dzieciństwa, nie najgorzej słyszę charakterystyczne pochylenie samogłosek i potrafię całkiem wiarygodnie imitować ten język. W pierwszym sezonie „Diagnozy” często z Sonią Bohosiewicz improwizowaliśmy i wzbogacaliśmy scenariusz o własne pomysły. Stacji pomysł przypadł do gustu i dzięki Dorocie Kośmickiej-Gacke, naszej producentce, mamy teraz konsultanta od języka śląskiego, który nasze dialogi i kwestie Ślązaków w scenariuszu pisze w całości po śląsku. To bardzo piękny, stary język i bardzo lubię słuchać, kiedy ktoś po śląsku mówi albo opowiada dowcipy. Jest na serwisie YouTube kanał, na którym można zobaczyć fragmenty ze znanych filmów z dorobionym śląskim dubbingiem – śmieszy mnie to do łez, ale też w przystępnej formie przybliża szerokiej widowni ten język. Podobnie zachwycam się pomysłowym twórcą śląskich memów, którymi katujemy się bez opamiętania na planie „Diagnozy”, a które bazują na obrazach Rubensa. Wracając do mojej „misji” językowej, nie robię tego z rozmysłem. Ale cieszę się, że moją pracę cechują takie skutki uboczne. Sądzę, że ma to związek z moją tendencją do, nazwijmy to, zakochiwania się w ludziach i ciekawych projektach.

Czym się to objawia?

Że gdy coś mnie uwiedzie, wsiąkam w to bez pamięci. Podczas przygotowań do filmu „Miasto 44”, w którym miałem grać ostatniego dowódcę na Czerniakowie, a ostatecznie przez złe planowanie zagrałem tylko epizod oficera rozpoczynającego Powstanie Warszawskie, bardzo dużo przed zdjęciami czytałem. Przeczytałem wszystkie materiały znalezione i dostarczone nam przez Akson Studio i przez Janka Komasę – reżysera. Pogrzebałem też na własną rękę i w tamtym czasie wiedziałem o Powstaniu naprawdę dużo. Poznałem je też z takiej strony, o której z reguły się nie mówi. Strzelaliśmy dla przykładu na strzelnicy z broni, której używali powstańcy. To bardzo zmienia perspektywę, weryfikuje wiedzę historyczną na poziomie czysto fizycznym. Kiedy wyobrazisz sobie, że biegniesz w upale po piętrzących się stosach gruzu, nie mając wojskowych butów, żadnych ochraniaczy, ani często nawet hełmu, jakie mają współcześni żołnierze, i musisz strzelać z tak ciężkiej i nieporęcznej broni, o potężnym odrzucie jak mauzer lub radziecki mosin, zaczynasz inaczej rozumieć powstańczą codzienność i heroizm tych ludzi jawi ci się w zupełnie innym świetle. Rozmawialiśmy też z panem Edwardem, członkiem jednej z grup szturmowych AK i to też było niezwykłe spotkanie. Poza tym pod względem militarnym i taktycznym przygotowywali nas do zdjęć wspaniali i niezwykle cierpliwi byli członkowie elitarnej jednostki GROM. Choć nie mogli i nie chcieli nam o tym opowiadać, czuć było, że na niejednej misji z ich udziałem nie wszystko szło gładko i ich doświadczenie bojowe nie zostało wypracowane bez ofiar. A wracając do zakochiwania się w projektach, Powstanie w owym czasie było jedynym tematem, który chętnie poruszałem w rozmowach, o którym oglądałem filmy, czytałem książki i artykuły. Rozmyślałem o nim, przechadzając się po Warszawie i szukając pozostałości po walkach z 1944 roku. Wyobrażałem sobie zrujnowaną starówkę, nieistniejący Pasaż Simonsa, podążałem szlakami wędrówek Jana Kurdwanowskiego, opisanymi w najlepszej moim zdaniem książce o insurekcji warszawskiej, czyli „Mrówki na szachownicy".

Wkręciłeś się tak samo, gdy grałeś strażaka czy ratownika górskiego?

Żebyś wiedziała. Przed wejściem na plan „Strażaków" dostałem od Leszka Borlika – zastępcy komendanta Jednostki Ratowniczo-Gaśniczej 17 na Ursynowie potężną ilość materiałów szkoleniowych i wszystko przeczytałem. Poza tym jako jedyny członek obsady, z racji tego, że nie jestem z Warszawy, zamieszkałem dzięki uprzejmości dowódcy JRG 17 Rafała Słodkiego ze strażakami w nowoczesnej i przestronnej strażnicy. Jadaliśmy razem, graliśmy w siatkę i bilard. Z wieloma z nich nawiązałem bliższe relacje, które przetrwały do dziś. Skutkiem ubocznym szkoleń i przewlekłego przebywania w strażackim entourage'u było na przykład to, że zwracałem większą niż zazwyczaj uwagę na umiejscowienie hydrantów, na czerwone samochody, ich typy i przeznaczenie. Kiedy wchodziłem na przykład do nowego budynku, zwracałem uwagę (i do dziś mi to zostało) na drogi ewakuacyjne, klapy oddymiające, gaśnice. Dodatkowo zadręczałem moją rodzinę nowinkami, przestrogami i rewelacjami zaczerpniętymi ze szkoleń. Potrafiłem podać wodę lub pianę z mana i renaulta, które były na wyposażeniu jednostki. Strażackich historii nazbierałem przez ten czas tyle, że sam jeden mógłbym napisać nowy sezon serialu. Były to historie śmieszne, straszne, wzruszające, a czasem zupełnie wydawałoby się niemożliwe, a jednak prawdziwe. Podobne żniwo zebrałem w „Ratownikach", rozmawiając godzinami z naszymi słowackimi nauczycielami i mentorami. Z nieodżałowanej pamięci Peterem Šperką, naczelnikiem Horskej Záchrannej Služby (słowackiego GOPR), z Miro, strażnikiem z Parku Narodowego, z Franto, Dušanem, Michalem i całą resztą. Zaufali mi i mówili często o sprawach, z którymi od lat nie potrafią sobie psychicznie poradzić. Często zżymaliśmy się i mieliśmy im za złe, że są cyniczni i surowo zadaniowi wobec ludzkich tragedii i śmierci, którą my w dolinach często aż do przesady sentymentalizujemy i celebrujemy. Mnie oduczyła tego historia Michala. Był

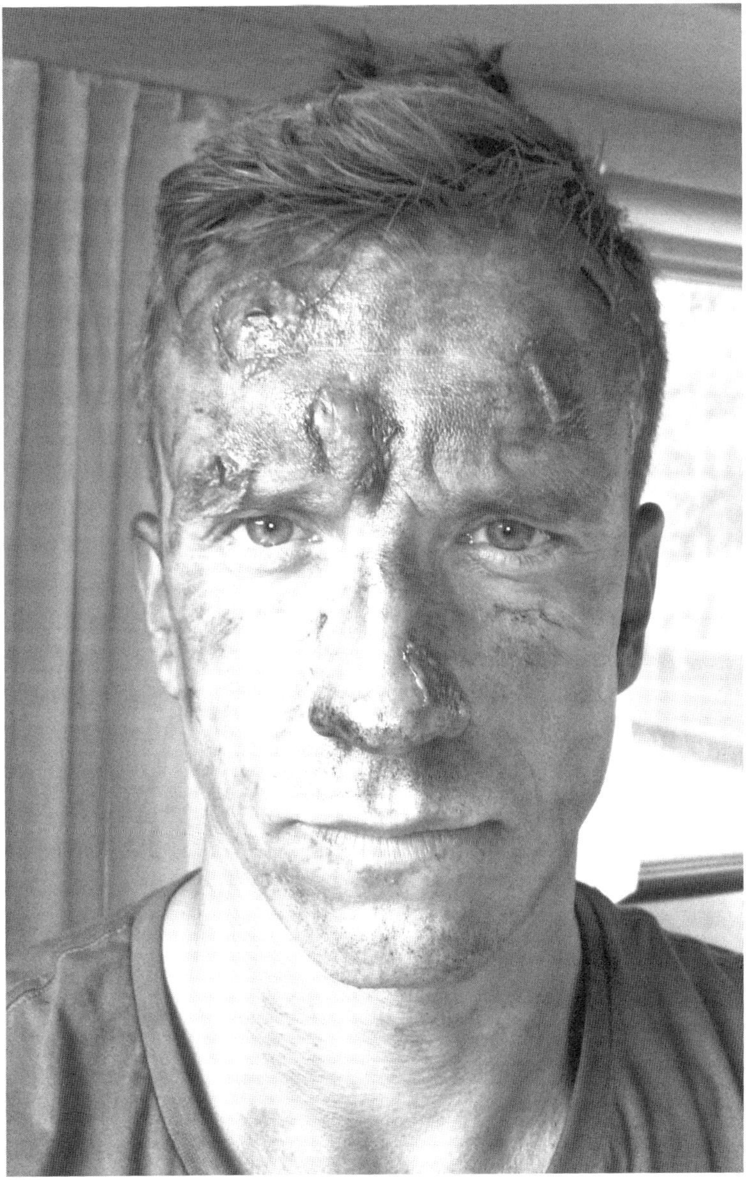

Charakteryzacja w „Strażakach" kiedy mój bohater, Kazik, ginie.
Zdjęcie: prywatne archiwum Autora.

ratownikiem, harleyowcem, twardym facetem, choć jeszcze bardzo młodym. Kiedy opowiadał o poszukiwaniach głowy oderwanej od ciała wspinacza, koziołkującej po ostrych skałach, robił to lekko, ze swadą i bez cienia empatii. Wszyscy byli w szoku i mieli do niego ambiwalentny stosunek. Kiedy przerwał opowiadanie i wyszedł na chwilę do toalety, Franto, jego kumpel powiedział nam, żebyśmy nie oceniali go przez pryzmat tego, co i jak mówi. Wyjaśnił, że Michal jest ostatnim żyjącym męskim członkiem swojej rodziny. Jego dziadek, ojciec i dwóch braci zginęło w Tatrach, ratując ludzkie życie. Usłyszeliśmy od słowackich ratowników tyle historii, że w końcu postanowiłem napisać do scenarzysty serialu i podzielić się z nim przynajmniej kilkoma z nich. O dziwo, odpisał i poprosił o wysłanie tego, co zapisałem. Jeszcze większe zdziwienie czekało mnie, kiedy dostaliśmy pierwsze odcinki planowanego drugiego sezonu. Otóż zasłyszane opowieści stały się częścią scenariusza. Drugi sezon miał szansę przykryć czapką ten pierwszy, scenariusz był dużo lepszy – zaglądał tym odważnym ludziom prosto w duszę i pokazywał ich bez osłonek, telewizyjnej ściemy i skrótu. Bardzo żałuję, że nie doszło do realizacji. Sądząc po pytaniach od widzów w social mediach i na spotkaniach, w których biorę udział, nie jestem w tym żalu odosobniony. W tamtym czasie intensywnie się wspinałem i na sztucznych panelach, i w terenie, czytałem pismo „Góry" i niesamowitą książkę Piotra „Narwańca" Korczaka „Dolina Białej Wody" o wspinaczce ekskrementalnej (to nie jest przejęzyczenie – zainteresowanych odsyłam do lektury). Odsyłam też do filmu naszego serialowego operatora Marcina Koszałki „Deklaracja nieśmiertelności". Zajmowało mnie to wszystko wtedy bez reszty. Śpieszę wyjaśnić, że z metodą Stanisławskiego nie ma to dla mnie żadnego związku. Ja nie po to się wspinałem, uczyłem, jak się zachować w czasie pożaru, powodzi czy resuscytacji osoby poszkodowanej, jak zszywać rany w „Diagnozie", żeby stawać się postaciami, które gram, utożsamiać się z nimi. Robiłem to, robię i będę robił po to, żeby dać reżyserowi, kiedy przyjdzie do scen improwizowanych, nieprzewidzianych przez scenarzystę, wiarygodny materiał do pracy. Robię to też i z mojej osobistej, ludzkiej ciekawości. Ciekawości ludzi, ekstremalnych profesji, którymi się parają, i skrajnych emocji, których wskutek tego doświadczają. To mnie syci i powoduje, że doświadczam życia w pełni i mam wrażenie, że nie tracę danego mi na ziemi czasu. A zawód, który uprawiam, jak żaden inny jest w stanie mi takie akcje ułatwić. Przeczytaj teraz motto tej książki, a zrozumiesz i poczujesz, co mam na myśli.

Chciałam cię jeszcze zapytać o miasto, w którym się urodziłeś i do którego, jak sam mówisz, jesteś bardzo przywiązany. Jacy ludzie mieszkają w Sosnowcu?

Jest spora część mieszkańców o mentalności bliższej śląskiej, która mnie kojarzy się z prostotą i rzetelnością. Ale jest też wielu cwaniaków. To jest pejoratywne określenie, ale w przypadku niektórych osób, z którymi miałem styczność, ta cecha przejawiała się w umiejętnościach adaptacyjnych i talencie do załatwiania sobie różnych rzeczy niekoniecznie w oficjalny sposób. Sosnowiec na pewnym poziomie życia niewiele różnił się od Śląska, bo przez wiele lat żyło się tu z węgla kamiennego. To było górniczo-hutnicze miasto, mieszkało tu dużo ludzi napływowych. Dominująca jest więc, można powiedzieć, mentalność ludzi ze wsi, którzy świetnie się odnaleźli w mieście.

Dlaczego Polska się śmieje z Sosnowca?

Pojęcia nie mam. Kiedyś na tapecie był Wąchock. I później przeszło trochę na Radom i trochę na nas. Wydaje mi się, że zdarzyło się to już w epoce internetu i memów, po kilku następujących po sobie głośnych i smutnych jednocześnie albo absurdalnych wydarzeniach, które wpłynęły na wizerunek tego miasta. Na przykład śmierć Madzi, zamordowanej przez swoją matkę, która później zrobiła karierę medialną. Wiem, że teraz prowadzone są różnego rodzaju akcje społeczne i medialne, które mają na celu odczarowanie tego obciachowego wizerunku miasta. Co mnie osobiście cieszy, bo jestem bardzo silnie z nim związany.

Ale wolałeś zamieszkać w Będzinie.

Właściwie nasz dom jest na granicy Sosnowca, z okien widzę blok sosnowiecki, w którym mieszkałem w dzieciństwie. Spędzamy też w Sosnowcu mnóstwo czasu. Moi synowie chodzą tam do szkoły, tam jeździmy na rolkach, chodzimy na spacery. Temu miastu zrobiono krzywdę w tym sensie, że było miastem pupilkiem za czasów Edwarda Gierka. Socrealizm był integralną częścią tego miejsca. A później odebrano mu tożsamość, burząc częściowo jego architekturę. Teraz na szczęście zaczyna się ten etap, kiedy miasto zaczyna ładnieć. Zaniedbane parki zostały odrestaurowane, w niedzielę korzysta z nich naprawdę dużo ludzi, miasto odżywa. Też bardzo pochwalam decyzję władz, na mocy której zrezygnowano z fajerwerków podczas sylwestra. Takie decyzje dają mi nadzieję, że coś się w ludziach przełamuje, że zaczynają w końcu rozumieć, że właśnie takimi drobnymi, ale bardzo sensownymi ruchami można zmienić wizerunek tego miejsca.

A dlaczego ty z żoną nie chcieliście nigdy mieszkać w Warszawie?

Chcieliśmy. Był taki moment, kiedy właściwie byliśmy zdecydowani. Uznaliśmy, że będzie nam dużo łatwiej, bo ja będę miał pracę na miejscu, a firma mojej żony była jeszcze na tyle w powijakach, że właściwie można było ją bez strat zacząć budować w Warszawie. Dostałem wtedy propozycję grania w serialu komediowym TVN-u „Wszyscy kochają Romana". Stacja prognozowała sukces na miarę „Niani", planowanych było siedem sezonów. No i jak dla mnie w zasadzie decyzja była podjęta. Miałem mieć tu stałą pracę na kilka lat, wszystko na miejscu, nie było się nad czym zastanawiać. Wtedy nic nas nie wiązało z Sosnowcem ani z Będzinem, bo nie mieliśmy nawet kredytu. Zaczęliśmy przygotowania i nagle tydzień przed rozpoczęciem zdjęć producent zwolnił prawie całą obsadę. Wstawiono nowych aktorów. Zostałem na lodzie i cała akcja przeprowadzkowa została wstrzymana. Puenta tej historii jest taka, że serial został zdjęty z emisji po trzecim odcinku, okazał się całkowitą porażką, więc to zwolnienie mnie było najlepszą rzeczą, jaka mogła mi się wtedy przydarzyć. Bo nie dość, że zadebiutowałbym w czymś tak złym, to nie mielibyśmy z czego żyć w Warszawie. Czyli to, co wydawało się mnie i mojej żonie największym pechem i porażką, po trzech miesiącach okazało się największym szczęściem i wybawieniem, jakie mogło nas wówczas spotkać. To mnie wyleczyło z pomysłu przeniesienia się do Warszawy. A później gdy firma mojej żony wyrobiła sobie renomę w Zagłębiu, postanowiliśmy zostać i kupiliśmy dom w Będzinie. Teraz myślę, że musimy poczekać do momentu, kiedy chłopcy zdecydują, gdzie pójdą na studia. Zapewne do mojej pięćdziesiątki zostaniemy w Będzinie. A później być może przeprowadzimy się do Warszawy. Ale na starość chciałbym mieszkać nad morzem.

Zdjęcie: Bartosz Kowal/LatajacyKowal.pl.

Zadam ci na koniec to samo pytanie, które padło, gdy pierwszy raz usiedliśmy razem do pracy. Dlaczego chcesz tej książki? Jestem ciekawa, czy coś się przez te dziewięć miesięcy zmieniło.

Myślę, że najbardziej potrzebowałem dać sobie prawo do opowiedzenia swojej historii tak, jak ją zapamiętałem. Zobaczyłem niektóre swoje relacje z ludźmi i pewne historie z dystansu. To dla mnie bardzo istotne, bo pozwala mi je przyswoić, strawić, wziąć z nich to, co wartościowe, a bezwartościową resztę w końcu odrzucić. Naprawdę mam wrażenie, że o niektórych sprawach mówiłem tobie i tutaj po raz ostatni. Może dlatego, że opowiedziałem o nich do końca w sposób pełny i tak szczery, jak tylko się da. W niektórych przypadkach udało mi się, nie zdejmując z siebie odpowiedzialności mnie przynależnej, oddać odpowiedzialność ludziom, którzy nie chcieli lub nie mogli jej wziąć we właściwym czasie. Z tych fragmentów naszej rozmowy jestem szczególnie dumny, bo czuję, że nie oceniam, ani nie potępiam innych za ich zachowanie. Po prostu opieram się na tym, co przeżyłem i ostateczną weryfikacją są moje własne emocje. One stanowią oś tej opowieści.

Czy twoje życie jest teraz inne?

Nie wiem. Póki co mierzę się z zawodową klęską urodzaju wynikającą tak z okoliczności, jak też z mojego lęku o pracę. Po prostu

„Wojenne dziewczyny", na zdjęciu ja i M. Mazurek.
Zdjęcie: TVP/PAP/Ola Grochowska.

uczony wieloletnim doświadczeniem w polskiej branży filmowo-telewizyjnej wziąłem cztery projekty, licząc, że gdyby któryś albo kilka nie wypaliło, to zostanie choć jeden, który zapewni mi finansowe bezpieczeństwo. Stało się inaczej. Wszystkie cztery seriale doczekały się realizacji. Doszedł jeszcze piąty projekt – film fabularny, w którym gram główną rolę. Gram teraz zatem w trzecim sezonie

„Diagnozy", w „Leśniczówce", „Znakach" i „Wojennych dziewczynach", a za kilka dni mam pierwszy dzień zdjęciowy w filmie o roboczym tytule „Polowanie". Nie mam pojęcia, czy i jak to wszystko zmieści się w moim kalendarzu i czy będzie jak odpoczywać w najbliższych miesiącach. Najlepszym sposobem będzie chyba odpuszczenie sobie kontrolowania przebiegu zdarzeń i zaufanie, że będzie to przebieg najwłaściwszy.

Obawiasz się teraz czegoś?

Boję się, czy zostanę zrozumiany i czy to, co powiedziałem, nie ma w sobie niszczącego potencjału. Albo czy plotkarskie media nie wyciągną moich słów z kontekstu i nie będą cytować jako skandalizujących i tanich sensacji, zupełnie wbrew moim intencjom. Obawiam się wreszcie, jak na tę książkę zareaguje moja najbliższa rodzina i czy to nie pogorszy albo wręcz nie pogrzebie naszych relacji. Nie chciałbym tego, ale też w imię tej niechęci nie zamierzam się cenzurować. Mam mimo wszystko nadzieję, że moja szczerość pozwoli moim krewnym zobaczyć pewne wydarzenia i relacje w nieco innym świetle i wyciągnąć wnioski dla samych siebie.

Wiem też, że mój obraz może być niepełny, że nie ukazałem wielu pozytywnych aspektów mojego życia i dzieciństwa, ale też mam świadomość, że dopiero po opowiedzeniu tych trudnych historii, zaczęły wypływać i dobre wspomnienia, których też jest wiele i które również stanowią o tym, kim jestem.

Dziękuję ci, Moniko, za twoją odwagę, uważność i cierpliwość – bo nie zawsze podczas naszej pracy było różowo. Dziękuję ci, bo to było prawdziwe spotkanie i duże wyzwanie tak zawodowe, jak i po prostu ludzkie.

Redakcja: Irena Słowik
Korekta: Katarzyna Zioła-Zemczak
Projekt graficzny okładki: Katarzyna Borkowska
Projekt makiety i skład: IMK
Zdjęcia na okładce: Bartosz Kowal/LatajacyKowal.pl
Pozostałe zdjęcia: prywatne archiwum Autora (s. 15, 22, 26 [oba], 49 [oba], 65, 79, 91, 95, 121, 199 [oba], 235, 247); Bartosz Kowal/LatajacyKowal.pl (s. 6, 82, 192, 211, 252); Andrzej Rubiś (s. 102 [góra]), Ryszard Kornecki (s. 102 [dół], 137); TVN/Mirosław Sosnowski (s. 126); Wojciech Krzywkowski (s. 153); Honorata Karapuda (s. 186); dobrowolskiweddings.com (s. 228); TVP/PAP/Tomasz Wawer (s. 242); TVP/PAP/Ola Grochowska (s. 254).

Redaktor prowadząca: Kinga Kościak
Redaktor projektu: Agnieszka Filas
Redaktor naczelna: Agnieszka Hetnał

Bielsko-Biała 2018
Wydawnictwo Pascal sp. z o.o.
ul. Zapora 25
43-382 Bielsko-Biała
tel. 338282828, fax 338282829
pascal@pascal.pl, www.pascal.pl

ISBN 978-83-8103-327-5